HEYNE
BÜCHER

SACHBUCH

Rolf Winter

Die amerikanische Zumutung

Plädoyers gegen das Land
des real existierenden Kapitalismus

Originalausgabe

WILHELM HEYNE VERLAG
MÜNCHEN

HEYNE SACHBUCH
Nr. 19/133

2. Auflage

ISBN 3-453-04719-2

INHALT

Vorwort: Die Sache mit dem Völkerrecht
7

Von der Amerikanisierung einer Republik
19

Was im kalten Krieg siegte
40

Heiter in den Abgrund
60

Die Vererber
81

Das Spiel mit dem Markt
100

Die Ordnung der Gewalt
117

Der Standard der Barbarei
134

Getrennt und ungleich
153

Der Dieb und die Moral
171

Pilger in der Pyramide
188

Am Ende wird der zivilisierte Mensch begreifen,
daß er Frieden nur bewahren kann, indem er seine
barbarischen Nachbarn unterdrückt.

US-Präsident Theodore Roosevelt 1902

Ich will in der Dominikanischen Republik nichts
anderes tun, als was ein Polizist zu tun hat.

US-Präsident Theodore Roosevelt 1904

Manchmal werde ich gefragt, wen ich für den größten
Präsidenten unseres Landes halte. Ich sage: Teddy
Roosevelt.

US-Präsident Ronald Reagan 1984

VORWORT: DIE SACHE MIT DEM VÖLKERRECHT

*Das Recht der Vereinigten Staaten auf Intervention
und Rechtsbruch ist institutionalisiert. Wer, wenn
nicht Europa, kann dem Weltpolizisten
widersprechen?*

Bis 1976 war es amerikanischen Geheimdiensten mit präsidialem Segen gestattet, im Ausland an Putschversuchen teilzunehmen oder sie selber zu inszenieren und Staats- oder Ministerpräsidenten zu töten, um die Umstürze zu besiegeln. Die »Central Intelligence Agency«, hat von dieser Möglichkeit reichen Gebrauch gemacht, ehe Präsident Ford mit einer »Executive order« das amtliche Morden verbot.

Am Ausgang des Jahres 1989 stellte sich der Direktor der CIA, William H. Webster, einigen Journalisten der »Washington Post« zu einem Interview, um über die Regeln Auskunft zu geben, nach denen seine global tätige Organisation in der Bush-Administration verfährt. Mr. Webster erklärte erstens, daß die Vereinigten Staaten für sich das Recht reklamieren, in jedem Land der Welt – und zwar ohne die Zustimmung oder auch nur das Wissen der jeweiligen Regierung – Personen zu verhaften, zu »kidnappen« und in die Vereinigten Staaten zu bringen. Und zweitens: Mr. Webster bekundete, daß die CIA nach den derzeit geltenden Richtlinien im Ausland Putschversuche unterstütze, »solange der Tod eines politischen Führers nicht erklärtermaßen das Ziel des Putsches ist«: eine Deutung, die er freilich schon in seinem nächsten Satz qualifizierte, indem er sagte, natürlich dürfe die CIA Umstürzen in fremden Ländern assistieren, in deren Verlauf ein Staatsmann »versehentlich getötet« werde. Während Mr. Webster derart die Allzuständigkeit seines Dienstes deutlich machte, lag dem US-Verteidigungsminister Richard Cheney ein Papier des für die Armee zuständigen Ministers vor, das darauf abzielte, die Armee so zu organisieren, daß sie »schneller als bisher an Krisenpunkten rund um die Welt verfügbar und einsatzbereit ist«.

Aber das Völkerrecht? Und die »inneren Angelegenheiten« eines Landes, in die sich fremde Mächte nicht einmischen dürfen? Und die »Souveränität« eines jeden Landes, das Zugriffe von außen nicht duldet, schon gar nicht »Kidnapping« oder den Eingriff der US-Army?

Das sind im amerikanischen Zeitalter des späten 20. Jahrhunderts naive Fragen. Die Vereinigten Staaten von Amerika stehen nach ihrem Selbstverständnis über dem Völkerrecht. Ihre Souveränität reicht weiter als die eines Landes, in dem jemand zu »kidnappen« ist. Innere Angelegenheiten eines fremden Staates, die vor dem Zugriff der Vereinigten Staaten sicher sind, kann es nicht geben, denn das Recht der Vereinigten Staaten auf die Wahrung einer von ihr definierten Ordnung greift über Grenzen und umfaßt alle Erdteile. Sie, und nur sie, dürfen Libyen bombardieren, den Libanon kanonieren, Grenada besetzen, Vietnam bekriegen, auch Laos und Kambodscha, ein »Kidnapping« in Panama inszenieren, einen iranischen Airbus abschießen, Wahlen in Nicaragua kaufen, politische Opposition auf den Philippinen durch demonstrative Tiefflüge amerikanischer Kampfflugzeuge einschüchtern, Telefon und Post in Deutschland überwachen, einen Stellvertreterkrieg in Afghanistan führen und Basen und Truppen in allen Teilen der Welt unterhalten. Sie dürfen alles – und der Rest der Welt hat längst aufgehört zu widersprechen, wie er übrigens auch den Ankündigungen Mr. Websters nicht widersprach.

Das Ausbleiben des Widerspruchs gegen das Imperiale hat aus dem amerikanischen Zeitalter eines der zunehmenden amerikanischen Arroganz gemacht. In keinem anderen Land der Welt besäße ein Politiker von einigem Rang die Unverfrorenheit, die Mr. Webster aufbrachte, als er mit gelassener Selbstverständlichkeit die amerikanischen Sonder- und Zugriffsrechte auch für fremde Territorien bekräftigte, aber er wußte, daß er sich das leisten durfte. Er kannte das weltweite und resignative Einverständnis mit den Verhaltensweisen des amerikanischen Zeitalters, und er, informiert wie kein zweiter Mensch auf dem Planeten, kannte es besser als irgend jemand sonst. Er wußte auch, daß die Vereinigten Staaten auf das Verständnis ihrer Verbündeten und die willenlose Ohnmacht des Restes der Welt zählen könnten, würden sie morgen wieder irgendwo putschen und »versehentlich töten«. Am Ende verhielte es sich mit dem Rest der Welt, wie es sich schon vor ein paar Jahrzehnten mit den Franzosen verhielt, die Präsident Eisenhower von oben herab »eine hoffnungs- und hilflose Masse Protoplasma« nannte.

Der überfällige und zunehmende Verfall des früher so genannten Ostblocks hat die amerikanische Arroganz weiter bestärkt. Die Vereinigten Staaten empfinden sich, wie an anderer Stelle in diesem Buch näher ausgeführt wird, als Sieger einer weltpolitischen Auseinandersetzung, bei der es um die definitive Durchsetzung bestimmter Ordnungsvorstellungen ging, gar als Macht, die »das Ende der Geschichte« herbeiführte. Sie sind Herren des Verfahrens, aller Verfahren. Sie sind in ihrem Bestreben, weltweit Ordnung zu schaffen, ohne nennenswerten Widerpart. Der zuvor nur selbsternannte Weltpolizist wächst in die Rolle, die ihn zunehmend in den Stand setzt, global seine Ronden zu machen, den »Big stick« des Präsidenten Theodore Roosevelt stets in der Hand.

Weltordnungsvorstellungen, Vorstellungen vom zivilisierten Umgang der Völker miteinander, die nach dem zweiten, von Deutschland ausgegangenen Krieg dieses Jahrhunderts etwa keimten, als sich die Vereinten Nationen etablierten, haben sich nicht realisiert. Weder die Sowjetunion Stalins noch die Vereinigten Staaten ließen zu, daß die UNO je erwachsen und kompetent wurde und ordnenden Einfluß erhielt. Was sie wert ist, zeigte sich vier Wochen nach dem Webster-Interview, als die Vollversammlung der Vereinten Nationen die amerikanische Invasion Panamas und das »Kidnapping« Noriegas verurteilte – die »Verurteilung« war politisch so gewichtig wie das Rauschen des East River, der am UNO-Gebäude in New York vorüberfloß, als die Delegierten für ein Recht votierten, das in Washington kein Mensch akzeptierte. Wer das Völkerrecht mißachtet, muß die UNO nicht respektieren, und wer ungestraft, mehr: wer unter dem Applaus der »freien Welt« das Völkerrecht in einer Dekade gleich im Dutzend bricht, muß sich vor künftigen Vergehen nicht fürchten.

Sein Verhalten ist akzeptiert. Seine Gesetzlosigkeit ist als Ordnung anerkannt. Seine Arroganz ist in den Augen der von ihm Geführten nur die unanfechtbare Legitimität des Weltenführers.

Wer sich ein bißchen in der amerikanischen Geschichte auskennt, wer vor allem das fatal nationalistische Agens der »Manifest destiny« zu würdigen vermag, aus dem die Nation stets ableitete, auserwählt und von Gott selbst mit globaler Wegweisung beauftragt zu sein, erkennt den gegenwärtigen Auftritt des Landes als sozusagen angeborenes Charakteristikum amerikanischer Außenpolitik, denn die »Manifest destiny« selbst ist permanente Aufforderung zur Intervention. Die »offenkundige Vorsehung« war nie eine, die bloß nach innen gerichtet war und etwa vorsah, das Land beispielhaft zu organisieren, sondern sie richtete sich stets nach außen, wo die Nation durch die Jahrhunderte Anlässe sah, Land und Leute zu erhöhen, und das heißt zu amerikanisieren.

Dem widerspricht nicht, daß es zuweilen in der amerikanischen Geschichte Anflüge von »Isolationismus« gab, von Weltabwendung, von ausschließlicher Beschäftigung mit sich selbst. Der »Isolationismus« nährte sich immer aus dem Glauben, der auch die »Internationalisten« oder, besser, die »Interventionisten« kräftigte: Die einen wußten sich zu gut, zu rein, zu erhaben, als daß sie den Umgang mit dem niederen Rest der Welt hätten ertragen können; die anderen verstanden eben diese Güte und Erhabenheit als höheren Auftrag, die Welt zu befreien und das rechte Leben zu lehren.

Das eine war natürlich so arrogant wie das andere. Es hat nie eine spezifisch amerikanische Qualität gegeben, deren die Welt bedurfte, so wenig irgend jemand je den Wunsch hatte, am »deutschen Wesen« zu genesen: Nur deutsche Toren hatten das angenommen. Während aber dem deutschen Wahn zum Glück für die Welt der Boden entzogen wurde – und während der missionarische Pseudokommunismus Moskaus sich selbst liquidierte, was seine Logik hatte, nachdem er quälend lange Jahrzehnte per Liquidierung regierte –, ist die amerikanische Arroganz seit zwei Jahrhunderten ungebrochen, ja gewachsen, und zwar im Denken und im Handeln. Was ich die

»habituelle Friedensunfähigkeit« der Vereinigten Staaten nenne, die sich aus der Arroganz ergibt, ist eben kein Phänomen, das erst nach dem Zweiten Weltkrieg aufgetreten ist, sondern so alt wie das Land, das mit dem Credo heranwuchs: »Conquer we must, for our case is just.« Die Ende 1989 erfolgte Invasion Panamas, nota bene, war die 44. nordamerikanische Intervention seit der 1903 vorgenommenen Gründung der kleinen Republik, und davor schon lag ein mit blutiger Arroganz befrachtetes amerikanisches Jahrhundert, in dem ein paar Millionen Indianer, Schwarze und Mexikaner die Opfer der »Manifest destiny« und der Gesetzlosigkeit wurden, die immer das Vehikel dieses nationalen Wahns war.

Der in Europa hochrespektierte und in Deutschland geradezu verehrte Weltenführer trägt des Kaisers neue Kleider. Der Vormund ist Mehrfachtäter, aber er ist weit davon entfernt, Reue zu empfinden; er besitzt nicht einmal ein Bewußtsein für Unrecht und kann es schwerlich haben, denn die Gesetzlosigkeiten, die sich bruchlos durch seine Geschichte ziehen, stellen sich ihm als patriotische Notwendigkeiten dar, als Maßnahmen zur Verbesserung der Welt und als amerikanische Opfer, die in Gottes Namen zu bringen waren.

Und außerdem: Die Gesetzlosigkeit hat sich für die Vereinigten Staaten stets ausgezahlt; sie selbst sind durch Gesetzlosigkeit entstanden und das geworden, was sie heute darstellen. Sie sind auf dem Weg durch ihre vergleichsweise junge Geschichte über eine Gesetzlosigkeit zum nächsten Völkerrechtsbruch gegangen und darüber immer mächtiger – und, wie das mit der Macht so geht: immer anerkannter – geworden: Wie sollten sie, was so erfolgreich und offensichtlich gesegnet war, ändern? Und weshalb ausgerechnet jetzt, da sie doch nahezu am Ziel der Weltbekehrung sind, jedenfalls unbestritten die mächtigste, die im Wortsinn führende Nation der Welt?

Wo sie in den vergangenen Jahrzehnten nicht selbst Gewalt anwendeten, um die Welt nach dem Bild ihrer Ordnung zu formieren, ehelichten sie Gewalt, um an ihr zu partizipieren. Die hanebüchene These der Mrs. Jeane J. Kirkpatrick, daß es im Interesse der Vereinigten Staaten liege, »autoritäre« Regime zu stützen und zu fördern, »diktatorische« Regime dagegen zu bekämpfen – eine These übrigens, die Ronald Reagan so enthusiasmierte, daß er der Urheberin unverzüglich Kabinettsrang und den Posten einer US-Botschafterin bei den Vereinten Nationen antrug –, ist so degoutant wie enthüllend: Es kam dem Führer der freien Welt bei der Bemühung, nach 1945 das »Ende der Geschichte« herbeizuführen, nie auf das demokratische Prinzip an – das hatte er schon nachgewiesen, als er am Ende des Zweiten Weltkrieges den Nazigeneral Gehlen und Hitlers Ostspionageapparat in seine Dienste nahm. Es kam ihm bei der Suche nach Verbündeten im Kampf gegen »das Böse« nicht darauf an, ob diese Verbündeten womöglich noch schlimmer als Kommunisten waren: Gegen die Kommunisten mußten sie sein, dann waren sie, obwohl »autoritär«, im Weißen Haus und anschließend an der Kasse willkommen und für die gerechte Sache rekrutiert.

Das ist Ausdruck einer von Moral nicht belasteten Politik, die sich selbst gern als »pragmatisch« bezeichnet; tatsächlich gibt es amerikanische Historiker, die den »Pragmatismus« für den einzigen originär amerikanischen Beitrag zum Verfahrenskodex der Politik halten. Auch er ist nichts anderes als Gesetzlosigkeit, nämlich die Verachtung des Prinzips. »Pragmatismus« im Licht der amerikanischen Politik ist die Gewissenlosigkeit, die es gestattete, sich mit einigen der schlimmsten Gestalten des 20. Jahrhunderts gemein zu machen. »Pragmatismus« gestattet alles. »Pragmatismus« ist die gefälligere Umschreibung einer Einsicht der Bedenkenlosen, derzufolge der Zweck die Mittel heiligt.

»Pragmatismus« ist beispielsweise die Unterstützung mittelamerikanischer Regimes, wenn die Linke daran hindern, jene kleinen Republiken zu beherrschen, die nach dem Verständnis der Amerikaner »in unserem Hintergarten« liegen. Zu diesem Zweck haben die Vereinigten Staaten seit dem Beginn der Reagan-Ära 1981 mehr als vier Milliarden Dollar – mehr als eine Million Dollar pro Tag –, an die kleinste mittelamerikanische Republik El Salvador gezahlt. Der amerikanische General Frederick Woerner Jr. strukturierte die Streitkräfte des fremden Landes, die von amerikanischen Offizieren gedrillt wurden und sich mit ultrarechten »Death squads« verbanden, auf deren Konto Tausende von Morden gehen. Insgesamt hat der amerikanisch finanzierte Bürgerkrieg in El Salvador mindestens 70 000 Opfer gekostet und kostet täglich mehr. Immer neu werden Offiziere der salvadorianischen Armee, insbesondere solche, die zu amerikanisch betreuten »Elite«-Einheiten gehören, des Mordes überführt. Oft müssen katholische Geistliche sterben, die dem rechten Regime widerstehen. Terror von oben herrscht in El Salvador, aber Präsident George Bush, ein »Pragmatiker«, rühmt die »ermutigenden Fortschritte der Demokratie« in El Salvador, wo 50 Prozent der Arbeitsfähigen keine Arbeit haben, während sich die Offiziere des Präsidenten Bush zuweilen für die Untaten der von ihnen Betreuten mit dem Argument rechtfertigen: »Es ist nun einmal schwer, ihnen beizubringen, daß sie Gefangene machen und ihnen nicht die Ohren abschneiden sollen.«

Zustände wie in El Salvador fand man, besonders seit dem Ende des Zweiten Weltkrieges, in vielen Ländern. »Pragmatismus« bahnte die unbekömmlichsten und abstoßendsten Verbindungen an und hat Millionen Menschenleben auf dem Gewissen, oder, genauer: eben nicht auf dem Gewissen, denn der Weltführungsmacht sind alle diese Verbindungen gerechte Sachen. 100 000 Tote in Guatemala, wo ähnliche Zustände wie in El Salvador herrschen, mindestens 30 000 Tote in Nicaragua, gegen das die Vereinigten Staaten Söldner kämpfen ließen, eine unbekannte Zahl von Toten in Afghanistan, wo die Vereinigten Staaten in jedem Monat 300 Millionen in Waffen und Munition investieren, um autoritär Rechtes an die Macht zu bringen – die Schauplätze wechseln, die »pragmatischen« Verfahrensweisen nicht.

Bemerkenswert ist längst nicht mehr der amerikanische Modus operandi; er ist alt. Bemerkenswert ist die ständig wachsende Bereitschaft der Welt, sich mit der amerikanischen Zumutung abzufinden, sie sozusagen zu ignorieren, sie fortzuschweigen oder so zu tun, als hätte es mit ihr vielleicht doch, irgendwie, seine Ordnung. Bemerkenswert ist, daß der blutige Alltag in El Salvador nirgendwo ein Thema darstellt, wo man sich der amerikanischen Führung unterwarf. Bemerkenswert ist die zunehmende Amerika-Hörigkeit der Welt, die, indem sie das Unerträgliche akzeptiert, selber auf das Niveau des kaltblütigen »Pragmatismus« absinkt und schweigender Teilhaber wird.

Das gilt gleichermaßen für die Auftritte der Weltführungsmacht nach außen wie für ihre innere Situation. Daß die Vereinigten Staaten »die gesamte westliche Welt in Gewalt, Kriminalität und Korruption anführen«, hat Gunnar Myrdal schon vor fast einem halben Jahrhundert ermittelt und geschrieben, und seitdem haben sich die von dem Schweden diagnostizierten Tatbestände dramatisch verschlimmert. Gleichwohl aber hat es die Welt nicht nur versäumt, kritische Distanz zur Unappetitlichkeit aufzunehmen, sondern sie im Gegenteil bewundert, zu kopieren versucht und dadurch den amerikanischen Führungsanspruch untermauert.

Sicher hat das auch mit Unwissen zu tun. Die bodenlos irrige Annahme, es handele sich bei den Vereinigten Staaten um ein nicht nur vorbildhaft geordnetes demokratisches und reiches, sondern auch glückliches Land, gar um ein Modell für die Welt, bleibt verbreitet. Selbst die Wissenden aber beschäftigen sich, etwa in den westlichen Medien, mit den Vereinigten Staaten im Wege einer sonderbaren Wahrheitsgenügsamkeit, als wäre es anstößig, den Großen und Mächtigen zu enthüllen und in seiner Unansehnlichkeit zu präsentieren.

Da ist eine Verschwörung am Werk – freilich keine, zu der Drahtzieher zusammengekommen wären, um Vorschriften zu machen und Nachrichten zu unterdrücken, aber eine Verschwörung gleichwohl, nämlich eine, die unausgesprochen aus eigenem Interesse entstand: Wer die Wahrheit über die Vereinigten Staaten verbreitet, verbreitet die nachhaltigste Kritik, die sich gegen den ungezügelten real existierenden Kapitalismus formulieren läßt. Die amerikanische Wirklichkeit dementiert den Kapitalismus, sie macht ihn verachtenswert – aber wie sollten jene Europäer, die mit den Amerikanern die Furcht vor allem Linken teilen, an einer solchen Wirklichkeitsvermittlung interessiert sein? Sie, zu einem großen Teil selbst in den Vereinigten Staaten wirtschaftlich engagiert, brauchen das Bild des vitalen, vernünftigen, vorbildlichen Weltenführers, weil anders sie fürchten müssen, das Fundament zu beschädigen, auf dem sie stehen. Ein »bürgerlicher« Rundfunk- oder Fernsehintendant oder Zeitungsverleger – die meisten Medien sind »bürgerlich«-konservativ beherrscht – hat jedes Interesse daran, das Bild von der »deutsch-amerikanischen Wertegemeinschaft« hübsch auszumalen, das Herr Dr. Kohl ersann, und genau das geschieht. Das Unwissen der Europäer über die Vereinigten Staaten ist hausgemacht. Es ist Mittel der Politik. Es macht den unangemessenen Spruch des Herrn Dr. Kohl überhaupt erst möglich. Es schafft den Vasallengeist, der daran hindert, mit der amerikanischen Wirklichkeit so redlich umzugehen, wie das Amerikaner selbst tun.

Im Frühjahr 1990 führten zwei Bücher die »Bestsellerliste« der »New York Times« an – eines von ihnen von Mitarbeitern des »Wall Street Journal« geschrieben –, in denen aus dem Herzen des Kapitalismus berichtet wird, der Wall Street. Von der kalten Skrupellosigkeit der Geldherren ist in diesen Büchern die Rede, von ihrer Infamie, von ihrem Betrug, von ihrem abgründigen Zynismus, von ihrer maßlosen Gier, kurz, von ihrer Gesetzlosigkeit, vom Regime der Haie.

Derlei Gedrucktes wird in Europa nicht gern protegiert, schon gar nicht gerät so etwas in der Alten Welt in die »Bestsellerlisten« nach ganz oben, denn: Europa geniert sich der amerikanischen Wahrheiten, wie sich ein Kind etwas merkwürdiger Verhaltensweisen seines Vaters geniert.

In Wahrheit ist der kapitalistische Weltenführer, der sich so horrend verschuldete, daß er 250 Milliarden Dollar pro Jahr allein für die Zinsen aufbringen muß, ein Verhängnis für die Welt. Auch seiner fiskalischen Bedenkenlosigkeit wegen, seiner Gewalttätigkeit, seiner gewaltbereiten Arroganz, die Mr. Webster verkörpert, und der Praxis, über die er gebietet. Auch des Rassismus wegen, der ihn zeichnet. Auch des Faschistoiden wegen, das seiner Gesellschaft immer zu eigen war. Aber nicht nur dieser Eigenschaften wegen.

Die Erde ist in ihrer Existenz bedroht; freilich war sie es kaum durch die vermeintliche Bedrohung aus dem »Reich des Bösen«, aus der die Vereinigten Staaten den Vorwand herleiteten, sich auf nichts weniger als gespenstische Weise zuschanden zu rüsten. Bedroht ist die Erde durch ökonomische Unvernunft, die Leben zerstört – der Weltenführer vorneweg: Die 250 Millionen Bürger der Vereinigten Staaten machen fünf Prozent der Weltbevölkerung aus, aber sie verbrauchen 26 Prozent des global geförderten Erdöls, bringen 22 Prozent aller Kohlendioxid-Emissionen hervor, verursachen 26 Prozent aller Stickoxide und fällen mehr Bäume als irgendein anderes Volk, nämlich das Doppelte Brasiliens. Sie produzieren jährlich 290 Millionen Tonnen Giftmüll, für deren Entsorgung auch nur annähernd hinreichende Faszilitäten nicht zur Verfügung stehen. Sie feuern, wenn zu ihrer Freude – und zum Preis von 200 Millionen Dollar – am Cape Canaveral in Florida wieder einmal ein Raumschiff abhebt, mit jedem Start 70000 Pfund Gift in die Atmosphäre und lassen dazu die Fahnen wehen. Sie gehen, wie an anderer Stelle in diesem Buch nachgewiesen wird, auf eine schreckenerregende Weise mit der Kernenergie um. Sie konsumieren 50 Prozent der harten Drogen, die auf der Welt vagabundieren, und exportieren die Pest ihrer Schickeria. Das, so der amerikanische »Rat für die Verbesserung der Umwelt«, »verschwenderischste Land der Welt« führt die Welt auch insoweit ins Nichts.

Und wiederum kann man altetablierte Verfahrensweisen beobachten, was die amerikanische Methode anlangt, mit der Erde umzugehen. Denn »habituell friedensunfähig« im Verhältnis zu ihrem eigenen Land waren schon die frühen Siedler, die das Land raubten und unverzüglich damit begannen, es eher auszubeuten als zu kultivieren: Natur war zum alsbaldigen Verbrauch bestimmt, war Profitproduzent, nicht mehr. »Russen lieben ein Land«, sagt nur halb im Scherz ein Sprichwort, »Amerikaner lieben ein Grundstück«, was bedeutet: Land, Terrain, auch die ganze Nation, sogar die Erde sind vom großen Freund der Kapitalisten, der oben im Himmel wohnt, zum Zwecke des Erwerbs und der Profiterwirtschaftung geschaffen worden, nicht zur Pflege, denn, wie schon Präsident Calvin Coolidge wußte: »America's business is business«, was sind schon ein paar Stick- und Kohlendioxide. Der Budgetdirektor des Präsidenten Bush, Richard Darman, ein einflußreicher Mann mit Kabinettsrang, drückte sehr präzise aus, wie sich die Weltordnungsmacht die ökologische Zukunft denkt. In der Harvard University warnte er vor den »radikalen Grünen«, die ein »globales Management« der Ressourcen erzwingen wollten, vor allem aber warnte er vor den »grünen Masken«, hinter denen sich »verschiedene politisch-ideologische Gesichter verstecken«, ehe er dann seine Einsichten mit dem Anmerken krönte: »Amerikaner haben die Kriege des 20. Jahrhunderts nicht geführt und gewonnen, um der Welt grünes Gemüse zu garantieren« – wohin führt eine Macht, die sich so artikuliert und, übrigens, für landwirtschaftliche Zwecke gedachte Chemikalien in die Dritte Welt exportiert, die im eigenen Land ihrer Gifte wegen verboten sind?

Und ferner: Die Welt brauchte eine Führung, die sich durch den alles überwältigenden Skandal unserer Zeit beeindrukken ließ, der darin besteht, daß in den armen Ländern in jeder Woche 250000 Kinder an Unterernährung, Krankheit oder einfach nur an Vernachlässigung sterben, aber zu einer solchen Führung waren die Vereinigten Staaten nie fähig. 14 Millionen Kinder verhungerten in jedem Jahr, in dem die Vereinigten Staaten den Moloch ihrer Rüstung fütterten und für einen neue Ordnung tätig zu sein vorgaben. 150 Millionen Kinder, ein Drittel aller Kinder unter fünf Jahren in der Dritten Welt, hungern, während die Vereinigten Staaten einen beschämenden Platz in der Rangliste jener Länder einnehmen, die helfen. Es steht auf der Höhe des amerikanischen Zeitalters wenig in schwarzen Zahlen unter dem Strich, der die Ära bilanziert, am Ende nicht sehr viel mehr als ein fürchterlicher militärischer Apparat, von dem jeder weiß, daß er für keine Zukunft stehen kann. Sie ist keine Ära der Humanität geworden, keine der Friedfertigkeit, sondern eine des fortgesetzten Muskelspiels und der Mißachtung der wirklich vitalen Probleme unserer Zeit.

Die osteuropäische Revolution, die einen selbsternannten Weltenführer auf das Maß reduzierte, das ihm zukommt, bedarf ihrer westlichen Entsprechung, wenn sich die internationale Politik wieder kultivieren, das heißt einen Zustand erreichen soll, der es Völkern gestattet, ohne Furcht vor Mr. Webster und der Macht und der Intervention des letzten verbliebenen Weltenführers ihren Weg zu gehen.

Im Westen, gottlob, bedarf es des revolutionären Mutes nicht, den Mittel- und Osteuropäer aufbrachten, um das östliche Imperium aufzulösen. Aber Mut braucht Europa gleichwohl, und zwar den, an sich zu glauben und dem erdrückend übermächtigen transatlantischen Führer – der Partner bleiben mag – beherzt zu raten, was überfällig ist: Ami, go home.

Spricht so Haß?

Es ist bemerkenswert, wie oft er mir von Kritikern meines Buches »Ami Go Home« vorgeworfen wurde; übrigens hauptsächlich mit dem Ziel, die sachlichen Inhalte des Buches durch den Grundvorwurf des vermeintlichen Hasses in Frage zu stellen. Tatsächlich hat keine Rezension meines Buches und ebenso keine Rundfunk- oder Fernsehdiskussion, die sich mit ihm beschäftigte, auch nur in einem Punkt eine meiner Sachangaben über Geschichte und aktuelle Situation der Vereinigten Staaten in Zweifel gezogen. Wenn aber wahr ist, was das Buch enthält – wie kann es vom Haß diktiert sein?

Wohl aber bekenne ich mich zu einem anderen Gefühl: dem des Zornes über die Weltmacht mit dem großen Anspruch einerseits und der bösen Geschichte und unansehnlichen Gegenwart andererseits. Und zur Furcht vor der sorglosen Militanz der Vereinigten Staaten bekenne ich mich, dem vermutlich einzigen Land der Welt, das noch in Euphorie gerät, wenn seine Truppen fremdes Gebiet besetzen, wie das auch wieder Ende 1989 der Fall war, als die Vereinigten Staaten das kleine Panama überfielen.

Ein paar Monate später beschloß das »Strategic Air Command«, einer der Atombombenträger der Vereinigten Staaten, sein Motto zu ändern. Bis dahin hatte es gelautet: »Friede ist unser Beruf.« Nun heißt es: »Krieg ist unser Beruf, Friede unser Produkt.« Wie sollte man einen Geist nicht fürchten, der solche Sätze formuliert?

Braderup/Sylt, September 1990   *Rolf Winter*

VON DER AMERIKANISIERUNG EINER REPUBLIK

Mit der Bemühung, dem Paten ähnlich zu sein,
verbinden sich nicht nur Äußerlichkeiten.
Auch die US-Normen der Politik, des Sozialen
und der Kriminalität werden importiert.

Noch vor wenigen Jahren waren die von Kinderhand formulierten Nachrichten an den Mülltonnen und Garagentoren in einem Vorort einer westdeutschen Großstadt simpel und nach alter Art: »Andreas liebt Julia«, konnten die etwas irritierten Eltern der beiden kleinen Kinder lesen, auch schon mal »Michi ist doof«, ein herzhaftes Bekenntnis gegen Schule und Lehrer oder für den örtlichen Sportverein, oder die Kleinen, gerade dabei, das Alphabet zu meistern, applizierten nur einfach liebenswerten Unsinn, weil sie dem Bedürfnis nicht widerstehen konnten, sich mit ihrer soeben erworbenen Fähigkeit des Schreibens einer größeren Öffentlichkeit mitzuteilen.

Inzwischen aber hat der Zeitgeist längst die Garagentore und jene Abfalltonnen erreicht, die nicht mehr »Tonnen« heißen, sondern »Container«. Aus »Michi« ist ein kräftig herangewachsener Bursche geworden, dem jemand gewidmet hat: »Mike sucks.« Andere Buben werden öffentlich und namentlich als »Toy-boys« erkennbar gemacht. Die Demonstrationen gegen die Lehranstalt haben sich in »School stinks« und »To hell with school« verwandelt, und der vorerst letzte und ganz besonders prominent vorgenommene Eintrag in das Diarium kindlicher Empfindungswelt lautet »Fuck the cops«, und diese unschöne Aufforderung ist nicht mehr, wie früher üblich, in simpler Druckschrift und per Kreide hinterlassen, sondern mit einem dauerhaften »Spray« in jenen nicht leicht lesbaren Hieroglyphen, die vor einer Reihe von Jahren von jungen Leuten in New York City wenn nicht kreiert, so doch popularisiert worden waren, bald sämtliche Züge der städti-

19

schen Untergrund- und Vorortbahnen am Hudson- und East River bedeckten, und dann auf eine staunenswert geschwinde weltweite Invasion gingen. New Yorks »Graffiti« wurde eine global verbreitete Form jugendlicher Äußerung – übrigens auch künstlerischer Äußerung –, beliebt vor allem auch deshalb, weil sie verboten, nämlich mit der Verunreinigung öffentlichen Eigentums und Demonstration gegen die grauhaarige Obrigkeit, mit ein bißchen Anarchie verbunden war, der die Behörden in New York lange Zeit nahezu machtlos gegenüberstanden.

Die längst allenthalben selbstverständliche Graffiti-Realität selbst in den entlegensten ländlichen Gebieten Deutschlands ist ein zugegeben peripheres Indiz für einen außerordentlich komplexen Vorgang, der seit Jahrzehnten von allen Teilen der Bevölkerung Besitz ergreift und täglich ein bißchen an Intensität gewinnt. Er ist so normal geworden, daß ihm ein öffentliches Interesse nicht mehr zukommt. Er ist im Verständnis der Menschen so gewöhnlich wie der allmorgendliche Sonnenaufgang. Er beeinflußt nachhaltig, vermutlich bleibend die Denkweise der Heranwachsenden wie jene der Erwachsenen, er verändert Verhaltensweisen, die für lange Zeit als etabliert galten; mit einem Wort: Er schafft eine Mentalität. Er setzt Normen. Er wird zum Alltag und erzeugt, da allgemein akzeptiert, Druck zur Anpassung – er amerikanisiert.

Die Kinder und Heranwachsenden der Nachbarschaft, in der seit einiger Zeit dazu aufgerufen wird, »to fuck the cops«, repräsentieren gewiß die freieste Generation, die je auf deutschem Boden heranwuchs, aber merkwürdigerweise entschlossen sie sich alle zur Uniformierung. Selbstverständlich tragen sie Jeans, am liebsten ein bißchen zerschlissen. Sie tragen amerikanische Baseball- oder Football-Jacken und im Sommer vorzugsweise T-Shirts mit möglichst prominenten amerikanischen Aufschriften, am liebsten solchen, die Reklame für amerikanische Colleges oder Universitäten, aber auch für amerikanische Sportclubs machen. Sie tragen längst keine Turnschuhe mehr, sondern »Sneakers« und bezeichnen das Schuhzeug auch so. Sie sind beste Kunden jener Geschäfte, die sich darauf spezialisiert haben, »American Sports-Wear« zu verkaufen. Wenn die Kinder einander begegnen, sagen sie: »Hi«, ganz wie ihre Altersgenossen in den Vereinigten Staaten von Amerika, und am späten Abend klemmen sie ihre »Skateboards« unter den Arm und verabschieden sich mit einem lässigen »Bye-bye«.

Im »Walkman«, den sie alle besitzen, hören sie fast ausschließlich amerikanische Bands und Sänger; Anfang 1990 war gerade »Hard Rock« der Rhythmus der Saison und der »Rap« stark im Kommen. Als Michael Jackson in der Stadt gastierte, in der diese Kinder leben, waren sie alle dabei, zahlten dafür kleine Vermögen und empfanden die Darbietungen des durch mehrfache Operationen schön gebliebenen Androiden als Höhepunkte ihres Lebens. In ihren Zimmern haben nicht Bilder, sondern »Poster« ihrer amerikanischen Idole an den Wänden die besten Plätze, und wenn sie ihren täglichen Musikkonsum abgeschlossen haben, wenden sie sich dem Fernsehen zu.

Manche von ihnen räumen ein, täglich drei Stunden vor der »Glotze« zu sitzen. Das ist zwar noch nicht ganz der Zeitraum, den das durchschnittliche amerikanische Kind vor dem Fernsehgerät verbringt, aber er nähert sich ihm, und ganz wie die amerikanischen Kinder lieben auch die in Deutschland die »Action« der Fernsehsendungen, das heißt: Sie lieben jene in reicher Fülle angebotenen Krimi- und Westernserien vorzugsweise amerikanischer Herkunft, in denen unausgesetzt geschossen und gestorben, geprügelt, gewürgt und gestöhnt und immer wieder darüber informiert wird, wie haarsträubend Verfolgungsjagden mit Autos verlaufen können.

Gewalt im Fernsehen ist den Kindern inzwischen eine liebe Gewohnheit geworden. Ihr Puls schlägt nicht mehr wesentlich schneller als normal, wenn auf der Mattscheibe eine Faust in ein Gesicht schlägt, der Gangster dem Kriminalinspektor auflauert, der Inspektor den Gangster endlich erschießt oder der Verbrecher in seinem Auto eine tiefe Schlucht hinabstürzt. Sie finden derlei, sagen sie, angenehm unterhaltsam; einige wissen auch schon, wie man das angemessen formuliert; sie sagen: »Neat.«

Nichts neben der amtlichen Bonner Politik seit der Konstituierung der Bundesrepublik Deutschland im Jahr 1949 hat Deutschland so amerikanisiert wie Rundfunk und Fernsehen, und nirgendwo verläuft die Amerikanisierung folgenreicher als bei Kindern und Heranwachsenden, denn sie muß zweifelsfrei zu jenen mentalen Störungen führen, die von amerikanischen Psychologen, Soziologen und Pädagogen an amerikanischen Kindern diagnostiziert wurden, seit das Fernsehen in den Vereinigten Staaten beschloß, und das war früh der Fall, das große Geschäft mit der Darstellung von Gewalt selbst in seinen abstoßendsten Formen zu machen.

Gewalt, wie jeder weiß, der sich ein bißchen Kultur und Zivilisation erhalten hat, ist unmenschlich. Gewaltanwendung hat stets mit Verachtung für anderes Leben und mit der Bereitschaft zur Lebensvernichtung zu tun. Gewalt ist pervers und die niedrigste Stufe, auf die Zwischenmenschlichkeit sinken kann.

Aber diese Interpretation wird von den »Action«-Serien natürlich nicht transportiert, sondern: Gewalt ist »okay«. Gewalt ist, wie insbesondere die »Western«-Serien beweisen, produktiv und gar patriotisch. Gewalt macht Helden. Gewalt ist auch heiter; vor allem aber: Gewalt löst Probleme. Ordnung kommt aus der Gewalt der Faust und der Handfeuerwaffe, und: Gewaltanwendung ist normal – in der Tat so normal inzwischen auch in Deutschland, daß im Verlauf einer typischen Fernsehwoche mehr als 1000 Opfer zu Boden sinken, die ersten in einem der »freien«, also profitwirtschaftlich betriebenen Fernsehsender schon morgens ab 8.30 Uhr, während ein anderer »Freier« für die Kinder um 16.30 Uhr mit der blutigen »Schlacht um Manhattan« damit beginnt, den Kleinen und Heranwachsenden ihr tägliches Mordsprogramm anzurichten.

So eine Kultur prägt. Die amerikanische Kriminalgeschichte ist voll von Beispielen dafür, daß Kinder blutig, auch mörderisch selbst ausprobierten, was sie im Fernsehen beobachteten. Es unterliegt nach Untersuchungen amerikanischer Psychologen ferner keinem Zweifel, daß durch die fortgesetzte Betrachtung von Gewaltanwendung im Fernsehen die Empfindungsschwelle der Kinder herabgesetzt wird. Ihre Sinne verrohen. Bei Kindern, die fleißige Beobachter von »Action«-Serien waren, fanden amerikanische Psychologen deutlich herabgesetzte Fähigkeiten zum Mitleiden und eine deutlich höhere Bereitschaft, für lebensnah – also für anwendbar – zu halten, was sich täglich und stundenlang vor ihnen auf dem Bildschirm abspielte. Sie identifizierten sich mit der Gewaltanwendung und krümmten, sozusagen, selbst den Finger am Abzug der Handfeuerwaffe, wenn die Situation danach zu rufen schien. Seit einigen Jahren können die Kleinen tatsächlich in die dargestellte Gewalt eingreifen, auf Videos schießen und den Erzbösen zur Hölle schicken.

Die durch die Gewöhnung an die Gewalt entstandenen psychischen Schäden amerikanischer Kinder sind reich dokumentiert; auch die Folgen, die sich unvermeidlich für die Gesellschaft ergeben. Die, wie es der große alte Mann der amerikanischen Kinderpsychologie, Dr. Benjamin Spock, nennt, »Brutalisierung« der Kinder ist als Verhängnis entlarvt. Eine Studie an Kindern einer ländlichen Gemeinde im Staat New York ergab, daß jene, die im Alter von acht Jahren damit begonnen hatten, regelmäßig Gewaltdarbietungen im Fernsehen zu betrachten, elf Jahre später die größte Neigung zeigten, gewalttätig zu sein. Als die einstigen Kinder 30 Jahre alt geworden waren, war ein Viertel von ihnen vorbestraft. Kein Zweifel, daß ähnliche Entwicklungen auch in Deutschland angelegt sind.

Es liegt nun freilich in der Logik der Amerikanisierung Deutschlands, daß Einwände gegen TV-Gewalt, die sich schon in den Vereinigten Staaten nie durchsetzen konnten, auch hier zwar möglicherweise gehört, aber ganz gewiß nicht berücksichtigt werden, denn sie kollidieren mit einem uramerikanischen, allem übergeordneten und inzwischen auch diesseits des Atlantiks festverwurzelten und geradezu tabuisierten Prinzip: dem kapitalistischen Prinzip von der Legitimität des Strebens nach Profit. Nicht, daß das deutsche Fernsehen in jener Zeit von perverser Gewalt frei war, als es noch ausschließlich von »öffentlich-rechtlichen« Anstalten betrieben wurde. Seit in Deutschland das Fernsehen jedoch durch das

Betreiben einer christlich-politischen Partei »frei« ist, was im allgemeinen nichts anderes als die Freiheit meint, das Programmniveau gnadenlos nach unten zu drücken und »Bild« nun auch im bewegten Bild zu machen, seit also jemand Fernsehen mit dem alleinigen Ziel betreibt, mit seinem Programm einen möglichst großen Gewinn zu erzielen, haben besorgte Einwände gegen die im Wortsinne programmatische Brutalisierung von Kindern vollends keine Chance mehr.

Vielmehr befindet sich die Amerikanisierung der deutschen Fernsehprogramme erst auf dem Weg zu ihrem Ziel, und das heißt: Die Programme müssen nach den Gesetzen des »freien Marktes« immer noch blutiger, noch aufregender, noch exzessiver, kurz, noch menschenverachtender werden, wenn sie großes Publikum – und das heißt: über die Werbung großes Geld – haben wollen. Daß die »Fuck the cops«-Kinder gelegentlich mäkeln, genau besehen handele es sich bei den von ihnen favorisierten »Action«-Serien um »immer dasselbe«, muß einen »freien« Fernseh-Programmdirektor tief beunruhigen und auf Abhilfe sinnen lassen, und das heißt: Die Eskalation im Fernsehen ist, wenn man Gewalt als publikumsattraktiv erkannt hat – und man hat sie nach amerikanischem Vorbild so erkannt –, unabweisbar. Wenn der Mord per Revolver, da tausendfach dargeboten, langweilig zu werden beginnt, müssen Mordvarianten her, muß vielleicht gar eines Tages eine ganz neue und wirklich schockierende Stufe der Technik in der Übertragung von Gewalt her: Es ist nicht wirklich überraschend, daß in den Vereinigten Staaten bereits Diskussionen darüber geführt werden, ob man im Fernsehen nicht bald den Mord »live«, den realen Mord, die wirkliche Lebensvernichtung, betrachten werde, da er doch zweifellos, laut genug werblich angekündigt, das größte Publikum haben und mithin den größten Profit erzielen würde.

Wenigstens die Vorstufe ist schon im amerikanischen Handel und wird nach dem Gesetz, nach dem sich die Amerikanisierung Europas vollzieht, in der Alten Welt nicht mehr lange auf sich warten lassen: die »Snuff movies« genannten »Clips«, die dem Betrachter zeigen, wie nun endlich nicht mehr bloß filmisch und unter den Anordnungen eines Regisseurs, sondern in Wirklichkeit jemand niedergeschossen wird, in seinem Blut liegt und röchelnd stirbt. Der von Fernsehleuten »live« gefilmte Selbstmord eines Politikers im Bundesstaat Pennsylvania, der sich während einer Pressekonferenz die Pistole in den Mund drückte und schoß, wurde in den Vereinigten Staaten ein kommerzieller Renner. Erste Kopien vagabundieren in Deutschland, wo es auch Bemühungen gibt, eine in den Vereinigten Staaten sehr populäre und profitable Art der Handelsmesse einzuführen: die »Horror Convention«, die alles in reicher Fülle anbietet, was das Blut gefrieren läßt.

In allen amerikanischen Fernsehstationen, bei denen Deutschlands »Freie« in die Lehre gingen, kennt man die redaktionelle Maxime: »When it bleeds it leads«; das meint: Liegt für die lokalen Fernsehnachrichten ein Film vor, in dem es blutig zugeht, so wird die Sendung mit ihm begonnen, weil Blutiges attraktiver als irgendein anderer Nachrichtenstoff ist und die Zuschauer mithin veranlaßt, bei dieser Sendung zu bleiben und nicht auf einen konkurrierenden Kanal umzuschalten. Wenigstens sinngemäß haben die »freien« Fernsehanstalten in Deutschland diese kranke Prämisse, die sich aus der traditionellen Faszination der meisten Amerikaner von der Gewalt ergibt, von Anfang an übernommen. Zwar erlaubte es ihre Infrastruktur nicht sofort, allenthalben ihre Nachrichtensendungen mit lokalem Blut zu eröffnen, wohl aber wateten sie mit ihrem landesweit sichtbaren Programm durch Hektoliter Blut und über ganze Leichenberge zum wirtschaftlichen Erfolg – ganz wie ihre amerikanischen Vorbilder. Der aus den Vereinigten Staaten importierte »freie Markt«, die heilige Kuh des Kapitalismus, verkaufte Schund und reüssierte, und niemand fand das anstößig, im Gegenteil: Das Auftauchen der »Freien« wurde allgemein als willkommene Belebung der Medienwelt begrüßt.

Die Amerikanisierung des europäischen Fernsehens, des mit weitem Abstand einflußreichsten Mediums der Gegenwart, läßt sich nicht nur nach der Zahl der täglich telegen Gemordeten messen, sondern auch in Währungseinheiten, und zwar in Relation zu der Zahl der telegen Gemordeten. 1989 lieferten die Vereinigten Staaten Fernsehprogramme im Wert von knapp einer Milliarde Dollar nach Europa. Das war dreimal soviel wie noch 1985 und entsprach 70 Prozent der in Europa ausgestrahlten Programme. Der Überflutung europäischer Fernsehsender mit amerikanischen Produktionen stand ein Austausch, der diesen Namen verdient, nicht gegenüber: 1989 kam gerade ein Prozent der über amerikanische Fernsehschirme laufenden Bilder aus europäischen Studios.

Hollywood, wenn man denn diesen Begriff als Herkunftsort der amerikanischen Fernseh- und Filmproduktion noch gelten läßt, was nicht mehr ganz korrekt ist, war in den vergangenen Jahren in einer im übrigen etwas heruntergekommenen Ausfuhrwirtschaft der Vereinigten Staaten der zweitgrößte Exporteur. Auch ein anderer markanter Indikator belegte die ungebrochene Vitalität des amerikanischen Kulturimperialismus: Nicht mehr die Heilige Schrift, auch nicht mehr Lenins umfängliche schriftliche Hinterlassenschaft, sondern die Erzeugnisse des Hauses Walt Disney waren 1989 die weltweit am häufigsten verbreiteten Schriften, die weitgehend freilich auf Schrift verzichteten und sie durch »Comics« substituierten, so daß auch Analphabeten an ihnen ihr Vergnügen haben konnten. Die Prognose für die »Entertainment«-Industrie war außerordentlich günstig: 1992, so errechnete man in den Vereinigten Staaten, wird sich der Umsatz mit Fernseh- und Filmproduktionen allein in Europa auf 2,6 Milliarden Dollar und weitere sechs Jahre später auf vier Milliarden Dollar belaufen und der Anteil amerikanischer Produktionen an Fernsehsendungen in Europa noch einmal drastisch erhöhen, während »Mickey Mouse« erstmals Europäer sein wird: Bei Paris soll 1992 »Euro Disney Land« fertiggestellt sein, mehr als bloß ein Freizeitpark, sondern eine veritable amerikanische Insel auf dem europäischen Festland, gegen die, als Disney-Repräsentanten nach Paris kamen, um ein bißchen Propaganda für ihre Aktien zu machen, die an der Pariser Börse eingeführt wurden, nur ein paar hoffnungslos vom »Trend« überholte französische Kommunisten demonstrierten, die den Spaß zu verderben suchten und Tomaten auf die Amerikaner warfen.

Wie im Fernsehen, so im Kino. Nach der Auskunft des deutschen Filmemachers Hark Bohm sahen nur vier Prozent der Deutschen, die 1988 in ein Lichtspielhaus gingen, einen deutschen Film; die überwältigende Mehrheit der Kinofilme, darunter die brutalsten Streifen, kam aus den Vereinigten Staaten und dominierte nicht nur in Deutschland, sondern überall in Europa den Markt. Und wie im Kino, so im Rundfunk, wo auf nahezu allen Frequenzen ein staunenswertes Phänomen ablief, denn pausenlos ergoß sich ein unendlich breiter Strom amerikanischer Pop- und Rockmusik auf ein Publikum, von dem nur ein kleiner Bruchteil verstand, was die Vokalisten sangen; eine überwältigende Mehrheit hörte – und verstand kein Wort.

Das bewies auf paradoxe Weise: Die Amerikanisierung des Programms hatte sich verselbständigt. Das Unverständliche war gleichwohl normal. Der offenkundige Widersinn war als zeitgemäß etabliert, und wer ihm widersprach, entlarvte sich als gestrig, weil notwendig gestrig und reaktionär oder gar dumm, wer sich als jemand zu erkennen gab, der Amerikanisches nicht verstand oder, schlimmer noch, nicht wollte. Der elementare Anspruch, im Wortsinn verstehen zu können, was täglich stundenlang aus dem Radio rieselte, war im Zuge der Amerikanisierung eines Landes einem akustischen Analphabetismus gewichen, der seinerseits als Kultur galt, gegen die nur Banausen etwas haben konnten.

Auf eine gewisse Weise entsprach die Akzeptanz der Radiohörer dem Habitus der »Fuck the cops«-Kinder: Sie gaben gleichsam vor, schon amerikanisch zu sein. Die einen waren auf dem Weg zur Akzeptanz schon ein bißchen weiter fortgeschritten und bekannten sich auch äußerlich und wenigstens rudimentär sprachlich, aber die anderen waren durch ihre passive Akzeptanz nur mehr graduell, nicht aber grundsätzlich von jenen unterschieden, die mit ihren T-Shirts so taten, als gehörten sie zur »Harvard University«, zu den »Dallas Cowboys« oder den »New Jersey Devils«.

Der fortgeschrittenen kulturellen Durchdringung haben jene, die man neudeutsch das »Establishment« nennt, stets tatenlos, womöglich sogar mit Sympathie zugesehen, was nicht verwunderlich ist, da doch seit 1949 die Invasion des Amerikanischen stets politisch-amtlich eingeladen war. Wer den militärischen Schutz und das politische Patronat der Amerikaner wollte, konnte nicht gut Vorbehalte gegen amerikanischen »Hard Rock« haben, und zwar auch dann nicht, wenn er von der Band »Megadeath« kam. Wer, wie Herr Dr. Kohl, eine »Wertegemeinschaft« mit den Vereinigten Staaten sah, mußte akzeptable Werte auch in den Mord-und-Totschlag-Produktionen der »Action«-Serien sehen und in der Dominanz amerikanischer Produktionen in deutschen Fernsehprogrammen nichts anderes als wünschenswerte Normalität. Die bedingungslose Unterordnung den Vereinigten Staaten gegenüber, die Räson des westdeutschen Staates war und Räson des vereinigten Deutschlands werden wird – so tapfer auch ein wiedervereinigter DDR-Minister der »Coca-Cola-Kultur« widersprach –, schloß jegliche kritische Distanzierung von Amerikanischem grundsätzlich aus.

Anders, zum Beispiel, in Frankreich, wo ein sozialistischer Kulturminister beherzte Attacken gegen die amerikanische Durchdringung der französischen Sprache ritt. In Paris verfaßten Produzenten, Regisseure und Schauspieler eine Resolution, verlangten mehr »Europa-Kultur im Fernsehen« und gaben ihrer Befürchtung Ausdruck, »daß die Enkel Molières zu Coca-Cola-Kindern gemacht« würden. Ihr Staatspräsident François Mitterrand warnte: »Es könnte schon bald so weit sein, daß wir nur noch amerikanische Bilder mittels japanischer Technik im Fernsehen empfangen. Deshalb habe ich ein ›audiovisuelles Eureka‹ vorgeschlagen, denn wir müssen alle europäischen Ressourcen zur Verteidigung unserer kulturellen Identität mobilisieren«, weil, so der Staatspräsident: »Unsere europäische Kultur, unsere Sprachen sind bedroht, und der Untergang einer Sprache bedeutet den Untergang eines Volkes.«

Derlei Abwehrversuche gegen den amerikanischen Kulturimperialismus sind von seiten eines deutschen Bundeskanzlers oder gar Bundespräsidenten ganz unvorstellbar. Einmal deshalb, weil ehrenwerterweise keiner von beiden auch nur in die Nähe eines Vokabulars geraten möchte, das »Nationales« verrät. Vor allem aber deshalb, weil man über einen Vorgesetzten nicht so redet wie Mitterrand.

Mitterrand empfand sich, als er seiner Sorge über die absehbar werdende Amerikanisierung ganz Europas Ausdruck gab, als der Sprecher einer Nation, die eine Identität besaß, ein Selbstverständnis, also etwas, das dem westdeutschen Staat stets fehlte. Westdeutschland, das Geschöpf der Vereinigten Staaten, war seiner Genesis nach ein Wechselbalg. Da es sich amerikanisch zeugen ließ, war es zum Widerspruch gegen überbordend Amerikanisches dauerhaft unfähig, übrigens auch politisch nicht willens, nicht einmal in Europas Namen. In Frankreich mochte es, wenn nicht Immunität, so doch zumindest Widerstandsfähigkeit gegen den amerikanischen Kulturimperialismus geben, nicht aber in Westdeutschland, das sich ihm willig auslieferte und in ihm sogar ein Stück Selbstverwirklichung sah, ein Stück Daseinszweck, ein Stück Beweis dafür, sichtbar zur freien Welt zu gehören.

Sowenig die westdeutsche Republik völker- und staatsrechtlich wirklich souverän war – immer blieben in der Zeit ihres Bestehens wesentliche Souveränitätsmerkmale bei den Siegermächten des Zweiten Weltkrieges –, sowenig war sie es je im Sinne einer Empfindungssouveränität. Sie war Vasall, und sie war es gern und aus Überzeugung und nicht daran interessiert, erwachsen und selbständig zu werden. Frankreich hatte sich der amerikanisch beherrschten Nato wesentlich entzogen, die westdeutsche Republik dagegen empfand diesen Militärpakt, nachdem sie ihm beitreten durfte, als amerikanische Weihe, gegen die man sich nicht versündigte. Schon das Frankreich des Staatspräsidenten Charles de Gaulle hatte der westdeutschen Republik eine gemeinsame Distanzierung von den Vereinigten Staaten vorgeschlagen, gleichsam die Europäisierung Europas, die Abnabelung von der Parvenü-Weltmacht, deren dauerhaften Einfluß de Gaulle mit guten Gründen fürchtete. Die westdeutsche Regierung wies ihn jedoch ab und brüskierte den Nachbarn, um fortan, wie schon seit ihren ersten Tagen, den Nachbarn in den Vereinigten Staaten zu sehen. Das war das Fundament, auf dem sich die Amerikanisierung der westdeutschen Republik vollzog. Das

»Fuck the cops« der Kinder und die Dauerpräsenz des amerikanisch inszenierten Fernsehmordes sowie amerikanischer Klangfolgen im Radio sind ganz unmittelbare Ausdrücke einer seit mehr als 40 Jahren mit großer Konsequenz betriebenen Politik – und natürlich nicht nur die Obszönität des kleinen Schmierfinken oder Amerikanisches auf Fernseh- und Hörfunkfrequenzen. Die westdeutsche Wirklichkeit ist voll von Indikatoren der Amerikanisierung.

In besseren Kreisen wird am Wochenende längst nicht mehr zum Mittagessen eingeladen, sondern zum »Brunch«, und bei ganz Vornehmen wird der nicht mehr vom »Party-Service« geliefert, sondern vom »Caterer«. Kommen am Abend mehr als drei Deutsche zusammen, handelt es sich um eine »Party« mit »Drinks« und »Snacks«. Der Mann des mittleren »Managements« »joggt«, um verläßlich fit zu sein, und zieht dafür, ein paar Nummern größer, eben jene Uniform an, die auch von seinen Kindern getragen wird. Während der Mittagspause, in seinen Kreisen »Lunch break«, kann er ein im Haus des »Spiegel« publiziertes Wirtschaftsmagazin lesen, in dem der Chefredakteur nicht etwa als Parodie auf offenkundig Albernes, sondern mit pausbäckigem Ernst und zum Beweis dafür, »with it« und auch sprachlich kompetent zu sein, in einem Leitartikel zu »konsequentem Corporate Restructuring« sowie »modernem Asset Management« auffordert, weil anders »Raider« zu befürchten seien. Ereilt den Leser dieses Magazins ein böses Schicksal, wird er nicht arbeitslos, sondern Gegenstand eines Verfahrens, das »Outplacement« heißt, und wenn er dann nach einem neuen »Job« sucht, braucht er nicht das Arbeitsamt, sondern die Hilfe von »Consultants«.

Wer ein Ladengeschäft eröffnet, wählt vorzugsweise einen amerikanischen Namen, weil nur der deutlich macht, daß es sich um eine Adresse handelt, die »in« und »im Trend« ist, wo sich natürlich die Werbung, die große Verführung, die Sturmtruppe des »freien Marktes«, befindet, den »Trend« formt, pflegt, vorantreibt und immerzu annonciert, daß schlechterdings von gestern ist, wer in seinen »Slogans« oder »Headlines« auf Amerikanismen verzichtet.

In einer Ende 1989 erschienenen Ausgabe des »Spiegel« – der seinerseits ursprünglich dem amerikanischen Nachrichtenmagazin »Time« nachempfunden war – befanden sich 55 Inserate, deren »Headlines« entweder ganz und gar in der amerikanischen Sprache formuliert waren oder zumindest Wortbrocken jener Sprache enthielten, die den richtigen Zeitgeist verkörpert. Der »Stern«, als er Anfang 1990 eine Sonderausgabe veröffentlichte, die sich an die Wähler der Deutschen Demokratischen Republik wandte, hatte es zwar nur auf neun Anzeigenseiten gebracht, aber auch auf diese wenigen Seiten verteilte sich die Amerikaphilie repräsentativ: Eine Seite warb für Zigaretten und begrüßte die Leser aus der DDR mit dem Spruch: »Come together and learn to live as friends.« Eine weitere lud ein: »Come to Marlboro Country«, während eine dritte empfahl: »Test the West«; drei überaus sinnfällige Hinweise auf die Mentalität eines Gemeinwesens, das im Begriff stand, ein »einig Vaterland« zu schaffen und einen Landesteil heimzuholen, in dem freilich der Amerikanismus ebenfalls, zuweilen auch auf groteske Weise, blühte: Als sich die kommunistische PDS, die vormalige SED, zum Wahlkampf rüstete, empfahl sie ihren Vorsitzenden, denn auch sie wußte, woher der Wind wehte, mit den Worten: »Don't worry, take Gysi.«

Im Herbst 1989, an jenem bewegenden Wochenende, an dem Bürger der Deutschen Demokratischen Republik erstmals den Westen besuchen durften, wurden sie abends auf dem Heimweg vom Norddeutschen Rundfunk, der gerade die amerikanischen »Charts« abspielte, mit »Bye-bye« verabschiedet. Als im Februar 1990 unter dem Kommando der Westdeutschen der Wahlkampf in der Deutschen Demokratischen Republik begann, brachte die CDU aus Bonn den Brüdern und Schwestern jenseits der Elbe massenhaft Transparente mit, auf denen das Wahlvolk zum »Let's go Deutschland« aufgefordert wurde. Die westdeutsche »Bundeszentrale für politische Bildung« setzte in ihrer Bemühung, die Bürger der Deutschen Demokratischen Republik die richtige Demokratie zu lehren, noch eins drauf und ließ »Political Consultants« aus den Vereinigten Staaten nach Berlin einfliegen, die über amerikanisches Wahlkampfverständnis, also über politisches »Marketing«, referierten und über die Gewißheit, daß natürlich nicht ein politisches Argument einen Wahlkampf entscheidet, sondern das Geld, das man zur Verfügung haben muß, um ein politisches Argument unter die Leute zu bringen.

Nichts von alledem kam den Deutschen sonderbar vor, am wenigsten die Metamorphose ihrer Sprache. Es war ja nicht so – was begrüßenswert gewesen wäre –, daß sie sich des Amerikanischen bemächtigten, um zu dem längst eingesetzten Prozeß beizutragen, der aus dem Amerikanischen eine Weltverständigungssprache machte. Sie amerikanisierten ihre Sprache für den Hausgebrauch. Das Amerikanische wurde ihnen zum Persönlichkeitsausdruck. Die Sprache wurde Beleg der krampfhaften Bemühung um amerikanische Identität. Sie führten die Amerikaphilie auf der Zunge und bekannten sich auch individuell, und wiederum gehörte, wer sich so bekannte, zur Avantgarde. Der »I love N. Y.«-»Sticker« am Auto blieb jahrelang Ausdruck einer solchen Avantgarde, freilich war der »I love S. F.«-Aufkleber noch ein bißchen schicker und avantgardistischer, aber selbst dieses Bekenntnis zu San Francisco war nicht ganz so schick wie das Nationalitätenkennzeichen »USA« am Autoheck, mit dem man als veritabler Amerikaner durchgehen konnte, als jemand, der Bewohner des Traumlandes war, das die Deutschen in seinen Bann geschlagen hatte.

Kaum waren die »Yuppies« in den Vereinigten Staaten als soziale Schicht identifiziert worden, begannen sie auch in Deutschland damit, zu bestimmen, was wirklich »Style« hat. Es war eine gesellschaftliche Auszeichnung, als »Yuppie« zu gelten und die textilen Insignien spätjugendlicher Dekadenz zu tragen, aber jenen, die »Yuppies« nicht werden konnten, blieb immerhin die »Disco«, in der der »Deejay«, perfekt amerikanisch parlierend, die »Hits« der »Charts« abspielte und in der es neben der amerikanischen Musik auch sonst noch ein bißchen Amerika-Verschnitt gab: »Guys« und »Dolls« stand an den Toilettentüren, und überall war neben härteren Sachen »Coke the real thing«, ehe dann, ganz wie in den Vereinigten Staaten, »Coke« nicht mehr nur flüssig, sondern auch in anderer Form zu haben war und nachgefragt wurde, denn es war auch in den Vereinigten Staaten gefragt und schickes Belebungsmittel der »In-Crowd« geworden.

In Wirtschaftskreisen wurde fortgesetzt »Brainstorming« betrieben, »Marketing«-Probleme wurden bewältigt, ganz andere »Charts« als jene aus den Diskotheken wurden projiziert, »Direct Mail« wurde angewandt und der »Initial Response« überprüft, und nur die »Bottom Line« war noch wichtiger als der »Cash Flow«. Die Leute von den »Public Relations« wurden für »Image«-Kampagnen konsultiert, von der »Corporate Identity« war die Rede, und überall sprach derjenige am Tisch mit besonderer Autorität, der in Harvard war und dort nicht ordinäre Volkswirtschaft studiert hatte, sondern »Economics« und nur ganz selten ohne seinen »Laptop« anzutreffen war.

Die deutsche Geldstadt nahm eine geradezu gespenstische Bemühung auf sich, das Exterieur einer amerikanischen Metropole zu haben und dem Paten ähnlich zu sein. Banken, ganz wie in den Vereinigten Staaten, erhoben sich in den Himmel, verschatteten den unten lebenden Plebs und ahmten nach, was amerikanische Psychologen schon mal als kranke und apart-kuriose Variante eines Männlichkeitswahnes enttarnten: den öffentlich geführten Nachweis, »den längsten« zu haben, viriler als der andere zu sein, aggressiver und deshalb erfolgreicher. Nur zum Wochenende verließen die Banker in Frankfurt ihre Türme und fuhren in ihren »Bungalow« – seinerseits ein früher Amerikatraum der Nachkriegsdeutschen – mit »Pool« und neuerdings, da er doch in den Vereinigten Staaten en vogue ist, auch mit »Whirlpool«. Übrigens, ist es wirklich nur ein Zufall, daß die auch äußerlich in der Amerikanisierung am weitesten fortgeschrittene deutsche Stadt auch die mit der verbreitetsten Korruption ist?

Auch in der Politik ging es ohne Amerikanismen nicht mehr ab. Man traf sich zu »Hearings«. Man verständigte sich auf »Agreements«. Man arbeitete an seinem »Standing«, um vielleicht eines Tages auf dem »Cover« eines Magazins zu sein, und um das »Standing« zu verbessern, besuchte man in

Bonn eine nach amerikanischem Vorbild gegründete Schule, die lehrte, daß man als erfolgreicher Politiker wie ein sprachlich und mimisch guter Schauspieler sein muß, denn es kommt nicht darauf an, eine Überzeugung zu haben, sondern darauf, daß man eine Überzeugung rednerisch geschickt »verkauft« und eine gute »Show« macht, denn ein bißchen Darstellungskunst, wie Ronald Reagan bewies, kann nicht schaden.

Und so fort. In dem Maße, in dem in Deutschland der kultivierte Umgang mit der eigenen Sprache verkam, wurde sie mit Amerikanismen durchsetzt und erhielt dadurch zeitgemäße Kompetenz, vor allem aber »Power«. Gut möglich, eher wahrscheinlich, daß das deutsche Volk das erste sein wird, das nicht nur eine, sondern zwei Sprachen mangelhaft beherrscht. Schon jetzt klagen Pädagogen in Deutschland über eine ständig nachlassende Fähigkeit vieler Schüler, fehlerfrei mit der eigenen Sprache umzugehen. Da aber zunehmend der »American way of life« in Deutschland Platz beansprucht, ist der Zeitpunkt abzusehen, zu dem auch, was die Beherrschung der eigenen Sprache anlangt, amerikanische Zustände erreicht sein werden: Solche, die Ende 1989 den amerikanischen Präsidenten Bush zwangen, eine Initiative im Kampf gegen das Analphabetentum zu ergreifen, dem, so schätzen amerikanische Experten, 60 Millionen erwachsene Amerikaner zum Opfer gefallen sind.

Die sprachliche Zuwendung, besser: die sprachliche Hingabe an das Amerikanische ist nun freilich nur die Oberfläche eines Vorganges, der seine sehr viel tiefer reichende Entsprechung in nahezu allen Bereichen des Lebens findet; zum Beispiel: Mit dem dauerhaften, von den »freien« Fernsehanstalten ständig belieferten Gewaltkonsum der deutschen Kinder korrespondieren besorgte Mitteilungen von Polizeibehörden, insbesondere in den Großstädten. Nicht nur dort ist die Rede von der Zunahme krimineller Betätigungen jugendlicher Banden, auch von Kinderbanden, wie man sie in den Vereinigten Staaten seit langem kennt. Der Anteil Jugendlicher an der Kriminalität, auch und insbesondere an der Gewaltkriminalität, steigt in Deutschland ständig – wie zuvor

schon in den Vereinigten Staaten. Die amerikanische Drogen-
kriminalität hat längst Europa erreicht, wie noch jedes amerikanische Phänomen, vom »Hula-Hoop«-Reifen bis zu den
»Aerobics«, früher oder später Europa erreichte, wo niemand intensiver an die Vorbildfunktion der Amerikaner
glaubt als die Deutschen.

Das heißt: Die Deutschen laden natürlich nicht nur amerikanische Äußerlichkeiten, sondern sie laden auch amerikanische Wirklichkeiten, Ordnungsvorstellungen und politische
Verhaltensmuster ein.

Die Folgen sind ablesbar. Wie in den Vereinigten Staaten
hat sich auch in der westdeutschen Republik mehr und mehr
eine »Zweidrittelgesellschaft« herausgebildet, die erwirbt,
besitzt, vom Gesetzgeber poussiert und zu weiterem Erwerb
befähigt wird, während das andere Drittel, politisch nahezu
unbeachtet, ein Schattendasein im Armutsbereich führt und
sich der Politik entfremdet. Der Slum, der lange als Kennzeichen amerikanischer Urbanität galt, entsteht langsam, aber
unaufhaltsam auch in Deutschland, sogar die Entsprechung
des amerikanischen Slumbewohners, des Schwarzen, gibt es:
Türken und andere Fremde, deren Physiognomie sie als
fremd verrät und deutschem Rassismus neuen Impetus gibt.

Während in den Vereinigten Staaten bereits Millionen von
Menschen obdachlos sind, nimmt die Zahl der Obdachlosen
in Deutschland dramatisch zu: In Hamburg sprachen Wohl-
fahrtsverbände im Frühsommer 1990 von knapp 50 000 Obdachlosen oder Menschen, die in unzumutbaren Notquartie-
ren lebten – das hatte schon fast das Format einer amerikanischen Großstadt. In ganz Westdeutschland gab es 520 000 Obdachlose – wenigstens annähernd war das eine amerikanische
Quantität. Hilferufe von Wohlfahrtsvereinigungen, die man
seit Jahren in den Vereinigten Staaten hören konnte, werden
nun auch in Deutschland immer lauter, aber, eine weitere Pa-
rallele: Sie werden hier so wenig wie in den Vereinigten Staaten gehört. Die Besitzenden haben hier wie dort mit den
Armen und Gestrauchelten kaum mehr etwas zu tun. Die
Westdeutschen sind, nach amerikanischem Vorbild, keine So-
lidargemeinschaft mehr. Das Soziale hat, vergleicht man die

politische Wirklichkeit mit den Vorstellungen, die unmittelbar nach dem Zweiten Weltkrieg insbesondere von der Christlich-Demokratischen Union entwickelt wurden, seinen bedeutenden Rang verloren; in den Vereinigten Staaten hatte es nie einen hohen Rang.

Die zu Beginn des Jahres 1990 in Kraft getretene Steuerreform in Westdeutschland sah bei Einkommen von 3000 DM brutto eine monatliche Entlastung von 82 DM vor, bei Einkommen von 15000 DM brutto dagegen eine Steuerlastminderung von 747 DM. Zum mindesten tendenziell war das nichts anderes als eine deutsche Kopie jener traditionellen amerikanischen Politik, die stets darauf abzielte, die Reichen reicher, die Armen ärmer und den Staat zu einer Interessengemeinschaft jener zu machen, die in Wohlstand leben und dem Staat infolgedessen loyal verbunden sind und bereit, allem entschlossen zu widerstehen, insbesondere wohlstandsgefährdenden Linken, die der Interessengemeinschaft widersprechen.

Die soziale Verhärtung, die den Vereinigten Staaten seit ihrer Entstehung eigen war, ist auch in Deutschland Bestandteil politischer Mentalität geworden. Es gibt in Deutschland weitaus mehr Besitzmillionäre als Arbeitslose – das zählt. Wir sind wieder wer, weil wir wieder etwas haben – das zählt. Nichts ist erfolgreicher als der Erfolg – das zählt, auch wenn das früher eine nur amerikanische Maxime war, bei der einem Europäer fröstelte.

Auch die Vergötterung wirtschaftlicher Größe, die in den Vereinigten Staaten früh in den Stand der Heiligkeit versetzt wurde, vollzieht sich immer nachhaltiger in Deutschland. Die »Merger-Mania«, von der die gierigen 80er Jahre dieses Jahrhunderts in den Vereinigten Staaten geprägt waren, geht auch in Deutschland intensiv um. Wirtschaftliche – und damit natürlich auch eine eminente politische – Macht konzentriert sich, wie in den Vereinigten Staaten, auch in Deutschland in immer weniger Händen, und andererseits streben die deutschen Gewerkschaften mit zunehmendem Tempo – und nicht ohne eigenes Verschulden – jenem Stadium absoluter Kraft- und Bedeutungslosigkeit zu, in dem sich die amerikanischen

Gewerkschaften längst befinden; sie repräsentieren nur noch 16 Prozent der Arbeiter. Der westdeutsche Unternehmer wird wieder »Herr im Hause« und somit seinem amerikanischen Kollegen ähnlicher denn je, gelegentlich auch, was seine obszönen Einkommen angeht.

Die westdeutsche Republik hatte, als sie sich rüstete, die Deutsche Demokratische Republik heimzuholen, einen weiten Weg zur Amerikanisierung zurückgelegt; wenngleich: Sie war noch nicht am Ziel. Denn wie das »Fuck the cops«-Kind erst noch dabei ist, sich in der amerikanisiertesten Republik außerhalb der Vereinigten Staaten zu entwickeln und sozusagen amerikanisch zu reifen, so entwickeln sich alle Vorgänge der Amerikanisierung und wollen »erwachsen« werden, nämlich so, wie die Verhältnisse in den Vereinigten Staaten sind.

Das heißt eben nicht nur, daß es noch ein paar »McDonald's«-Filialen mehr geben wird, noch mehr amerikanische Gewalt in Fernsehen und Kino oder noch mehr Amerika im Rundfunk. Das heißt auch die Einführung der sozialen Pathologie der Vereinigten Staaten in Deutschland. So befaßten sich im Frühjahr 1990 die westdeutschen Innenminister mit einer Studie, die für die nahe Zukunft »eine ganz neue Dimension der Drogen-, Verrechnungs-, Umwelt- und Betrugskriminalität« prophezeite, eine »weitere Verdichtug des professionellen kriminellen Milieus« sowie »Gefahren politischer Korruption«, nämlich »Zustände wie in den Vereinigten Staaten von Amerika«.

Der für 1992 geplante wirtschaftliche Zusammenschluß Europas wird das verhindern? Die Schaffung eines gemeinsamen europäischen Marktes kann den amerikanischen Einfluß dämpfen? Europa wird sich endlich konsolidieren und emanzipiieren?

Nichts spricht dafür. Ausdrücklich fordert vielmehr das westdeutsche Establishment im »europäischen Haus« einen angemessenen Platz für die Vereinigten Staaten, denn selbst einen so evidenten geographischen Widersinn macht die fortgeschrittene Amerikanisierung der Deutschen möglich. Ende 1989, nachdem in Berlin die Mauer gefallen war und der Ostblock, wie man ihn kannte, zu bestehen aufgehört hatte, eilte der amerikanische Außenminister Baker an die Spree und gab sich in einer Rede, die zum Ziel hatte, auch nach dem faktischen Ende des kalten Krieges amerikanischen Einfluß in Europa zu sichern, als Vertreter einer »europäischen Macht« zu erkennen – niemand lachte ihn freundlich zum Saal hinaus, vielmehr applaudierte das im Ballsaal eines Hotels versammelte Publikum dankbar, darunter auch der westdeutsche Außenminister, denn nach seinem Weltbild, nach dem Weltbild der meisten Deutschen, hatte es so ganz seine Ordnung: Europa war Amerika. Eine Entamerikanisierung war der Anfang vom Ende, war Identitätsverlust, war ein böser Alptraum und der Sturz ins Bodenlose, war nicht vorstellbar. Die Deutschen hatten auf dem Weg in die Vereinigten Staaten sozusagen den »Point of no return« überschritten. Sie waren missioniert und hatten ihre Seelen hingegeben, was am Ende des Jahres 1989 im konkreten Fall auch bedeutete: Sie waren Verbündete des augenfälligen Unrechts, das ausgerechnet in jenen Tagen geschah, in denen Mr. Baker in Berlin seine erstaunliche Korrektur der geographischen Wirklichkeit vornahm, denn just zu dieser Zeit fielen die Vereinigten Staaten – zum 44. Mal seit dem Bestehen der kleinen mittelamerikanischen Republik – über Panama her, brachen mindestens sechs internationale Abkommen, töteten Hunderte von Zivilpersonen, installierten auf einer ihrer Militärbasen in Panama eine Regierung – die Claque wurde von den gerade siegreich gewesenen Fallschirmjägern der USA beschafft – und setzten ihre Tradition des Völkerrechtsbruches fort. Der Vasall in Bonn bekundete für das Unrecht amtlich »Verständnis«.

Er konnte nicht mehr anders. Das Prinzip des westdeutschen Staates, das er hinübernehmen wird in die vereinigte Republik, die unter seine Fuchtel gerät, ist die Subordination. Er ist eher durch freien Willen ein Satellit als durch Anordnung des Seniorpartners. Das »Verständnis« für das Panama-Abenteuer der Amerikaner war nicht von Washington abverlangt, sondern mit der freiwilligen Servilität bezeugt, mit der die deutsche Politik den Amerikanern stets gegenübertrat und die ausdrücklich stets das Placet einer großen deutschen Bevölkerungsmehrheit fand. Die Amerikanisierung der Republik wird natürlich nicht von finsteren Mächten an der Wall Street oder von Drahtziehern in Washington kommandiert, sondern ist Ausdruck des deutschen Volkswillens, der einen mächtigen, omnipotenten, sieghaften – ja: Führer will.

So wird Deutschland 1992 amerikanisiert nach Europa gehen und die europäische Renaissance verhindern, an die der letzte selbstbewußte Europäer, Charles de Gaulle, noch glaubte. Die Ursünde der westdeutschen Republik, nämlich der bereitwillige Opportunismus, der sie bei ihrer Entstehung bewog, sich der Macht jenseits des Atlantischen Ozeans untertan zu machen und zu öffnen, schloß immer – und schließt weiter – eine europäische Politik aus, die diesen Namen verdient. Denn nicht nur die politisch, sondern vor allem moralisch gebotene Haltung der Deutschen wäre von Anfang an eine wirkliche, eine auch vom Volk nicht nur getragene, sondern geforderte Bemühung um europäische Wiedergutmachung und Annäherung gewesen, eine Bemühung um europäische Osmose, um Verbrüderung und eine vorbehaltlose Zuwendung denen gegenüber, die von den Deutschen während des Zweiten Weltkrieges geschunden und gedemütigt wurden.

Dazu kam es nie. Die »deutsch-französische Freundschaft«, zum Beispiel, war stets nur eine, derer sich Politiker wechselseitig versicherten, wenn sie zu nicht sehr beachteten Ritualen zusammenkamen. Sie war eine Formalie, nicht mehr. Sie war Pflicht, aber die Kür absolvierten die Deutschen woanders. Die logische und historisch überfällige Bemühung um den französischen, den polnischen, den tschechoslowakischen Nachbarn und um die anderen europäischen Länder war in Deutschland nie populär. Populär dagegen war es, doch wenigstens ein bißchen amerikanisch zu werden.

Die Deutschen wollten »McDonald's«, nicht Polens Kultur. Sie wollten amerikanische »Action«, nicht Mitterrands »Eureka«. Sie lernten »Fuck the cops«, nicht europäisch.

WAS IM KALTEN KRIEG SIEGTE

*Gorbatschow versuchte, den Sozialismus zu
humanisieren. Die Humanisierung des vulgären
Kapitalismus, der die Rechte seiner eigenen Bürger
mißachtet, wird von niemandem eingeklagt.*

Natürlich hat der in der Sowjetunion unternommene Versuch, den fälschlich Kommunismus genannten gigantischen Apparat zu humanisieren, von dem man mutmaßlich nie genau wissen wird, wie viele Menschenleben, Leiden und Tränen er auf dem Gewissen hat, viel zu spät eingesetzt. Das wissen selbst Leute, die in diesem Apparat widerspruchslos dienten und – allenfalls gedanklich beschwert –, Unrecht vor sich herschoben.

Gleichwohl: Der Kommunismus hat dieses Experiment gewagt. Michail Gorbatschow, wie auch immer sein politisches Ende aussehen wird, hat eine politische Zäsur geschaffen, die ihresgleichen in der Weltgeschichte sucht. Der Mann, der durch die Jahrzehnte ein »Politruk« war, ein roter Mitläufer und dann ein Karrierist, gar ein verantwortlicher Bankrotteur der sowjetischen Landwirtschaft, ein Profiteur offenkundigen Unrechts nicht nur, sondern evidenten politischen Widersinns, hat – freilich zu spät – versucht, das Rote menschlich zu machen.

Ahnte er die Folgen? Wußte er, daß mit der Revolution von oben, die er in Moskau begann, der Zusammenbruch dessen verbunden sein würde, was man früher den »Ostblock« nannte? Hoffte er wirklich, seine Revolution kontrollieren und kanalisieren zu können? Und wußte er, daß er immer in der – unverschuldeten – Gefahr war, der Ableiter für die Blitze des Volkszornes zu werden, der sich über die Langsamkeit seiner Reformen empörte? Glaubte er, daß die fälschlich so genannten Kommunisten – in Wirklichkeit waren sie bloß politische Triebtäter, die aus »Kommunismus« und »Sozialismus« unanständige Wörter machten – im »Ostblock« die Macht behalten und aus ihm ein Terrain gestalten könnten, in dem nun ein wirklicher, nämlich menschlicher Sozialismus herrschen würde?

Oder kalkulierte er die Möglichkeit ein, daß der »Ostblock«, der noch homogen war, als Gorbatschow das Zeitalter der regierenden Greise in Moskau beendete, ins politisch Rechte driften könnte? Daß es zum Beispiel in der Deutschen Demokratischen Republik, die der Sowjetunion stets so bedingungslos ergeben gewesen war wie auf der anderen Seite die Bundesrepublik Deutschland den Vereinigten Staaten von Amerika, infolge seiner Revolution eine stramm rechtsorientierte Christlich-Soziale Union geben würde – hatte er das bedacht, als er im Herbst 1989 in Berlin den roten Statthaltern die Sentenz mit in den Exitus gab, es werde bestraft, wer im Leben zu spät komme?

Und daß sich die jahrzehntelang in der Sowjetunion zur Politik erhobene Unterdrückung vieler Völker angesichts der plötzlich in Moskau erhobenen freiheitlichen Töne in Partikularisierung umsetzen würden, in Massenflucht, in Separatismus im Baltikum und anderen peripher gelegenen Sowjetrepubliken – wußte oder ahnte Michail Gorbatschow das, als er beschloß, wirklichen Sozialismus zu institutionalisieren?

Es ist schwer vorstellbar, daß er das nicht wenigstens ahnte, wie auch das andere: Daß nämlich mit seiner Politik nach Jahrzehnten nicht nur militärischer, sondern auch politischer Systemkonfrontation – hier der von den kapitalistischen Vereinigten Staaten angeführte »freie Westen«, dort das von Moskau geleitete »sozialistische Lager« – etwas verbunden sein würde, das man im Siegestaumel in Washington schon »das Ende der Geschichte« nannte, nämlich den Endsieg des Kapitalismus, den finalen Triumph des Guten über das »Reich des Bösen«, die globale Einladung zur Freiheit, nämlich zum »American way of life«.

Es besteht kein Zweifel, daß diese Interpretation der Sekundärfolgen, die sich aus Michail Gorbatschows waghalsigem Manöver ergaben, nicht nur von den weitaus meisten Amerikanern, sondern auch von Mehrheiten der mit den Vereinigten Staaten verbündeten Völker, ja selbst von Majoritäten in den Ländern geteilt wird, die früher zum Ostblock gehörten. In dem Maße, in dem es im Osten Europs immer turbulenter zuging – und die Menschenschlangen in der Sowjetunion vor den unterversorgten Geschäften immer länger wurden, die Gesichter immer verdrossener, die allgemeine Stimmung zunehmend bedrückender –, erstrahlte, was die Vereinigten Staaten verkörperten, immer heller. Es ist gewiß nur eine Randnotiz einer bewegten Zeit, aber eine mit hohem symptomatischem Rang, daß es im Frühjahr 1990 in Moskau eine Menschenschlange gab, die alle anderen in ihrer Länge und auch in ihrer Erwartungsfreude noch übertraf: Sie bildete sich nicht weit vom Roten Platz und dem Kreml, weil ein begreifbares Stück des »American way of life« angekommen war und auf Anhieb seine freundlich lächelnde Attraktivität vermittelte. Es gab »Big Macs« bei »McDonald's«, und die Moskauer waren ganz verrückt danach.

In gewisser Weise wiederholte sich vor dem ersten »McDonald's« in Moskau die Geschichte: Die tiefe Amerikagläubigkeit, von der Westdeutschland unmittelbar nach dem Zweiten Weltkrieg gekennzeichnet war, herrschte nun auch in der Sowjetunion. In eben jenem Moskau, in dem Michail Gorbatschow für seinen Befreiungsversuch mit einem deprimierenden und offenkundig unlösbaren Berg von schwierigsten Problemen belohnt wurde, waren seine Mitbürger über ihre erste unmittelbare Begegnung mit etwas Amerikanischem so glücklich wie die Westdeutschen nach dem Krieg über den ersten tiefen Zug aus einer »Lucky Strike«. Die einen wie die anderen wußten, daß es Amerika nicht nur besser hat, sondern daß Amerika besser ist. Die uramerikanische Gewißheit, daß die Vereinigten Staaten nach Gottes Willen die Wegweiserin der ganzen Menschheit sind, dämmerte nun auch den Menschen im Osten Europas. Das politische System der Vereinigten Staaten, nach dem sie seit mehr als zwei Jahrhunderten lebten und prosperierten, war ganz augenscheinlich effizienter, auch menschenfreundlicher, also erstrebenswert: der Kapitalismus.

Es war nicht nur die unansehnliche Präsenz des dahinsiechenden real existierenden Sozialismus, die den Kapitalismus glorifizierte, es war auch die Geschichte des Sozialismus, und sie womöglich noch nachhaltiger, denn sie ließ sich auf das überzeugendste personifizieren, so daß Schauder erzeugt werden konnte, wenn der Name des Mannes fiel, der mit dem zum »Kommunismus« gewordenen Sozialismus identisch war: Josef Stalin.

Der Schlächter. Der Hitler-Zwilling. Der Gulag-Erbauer. Der Mann, der Millionen töten ließ, am Ende gar seine eigenen Ärzte. Der Mensch als Knute. Einer, der keine Skrupel kannte. Der prototypische Politikverbrecher – und zwar, so lautet das gängige Urteil in den konservativen Kreisen der ganzen Welt, weil dem Kommunismus das Verbrechen innewohnt, weil es das eine ohne das andere nicht geben kann, weil Kommunismus selbst ein Verbrechen ist.

Wenig interessierte es in Washington, wo der stellvertretende Direktor für politische Planungen im Außenministerium, Francis Fukuyama, aus dem Ende des kalten Krieges das »Ende der Geschichte« machte, ob die Identifizierung Stalins mit dem Kommunismus oder gar Sozialismus intellektuell redlich war. Die Chance, alles Linke diffamieren zu können, war zu reizvoll. Die Frage, ob sich Sozialismus oder auch Kommunismus notwendig so verformen müssen, wie das zunächst unter dem roten Gott Wladimir Iljitsch Lenin, dann unter Stalin und schließlich unter seinen gerontokratischen Nachfolgern, auch unter dem vom Bundeskanzler a. D. Helmut Schmidt so hochgeschätzten Leonid Breschnew, geschah, bis Gorbatschow dem schlimmen Spuk ein Ende machte, hat allenfalls in zunehmend deprimiert diskutierenden linken Zirkeln eine Rolle gespielt. Die zur argumentativen Grobschlächtigkeit neigenden Mehrheiten der Erde waren sich hingegen einig: Sozialismus und Kommunismus tragen die Entartung zum Stalinismus in sich, und nun will die Menschheit ein für allemal nichts mehr von Linkem und gar Rotem hören. Das Rechte hat triumphiert, und zwar unter so dramatischen Umständen, wie sie bisher unvorstellbar waren. Eine höhere Gerechtigkeit, die Humanität, auch Gott – waren die Kommunisten nicht Gottesleugner? –, vor allem aber die großartige Idee der menschlichen Freiheit hatte gesiegt, und Bannerträger der Freiheit waren die mächtigen

Vereinigten Staaten, die es auf sich genommen hatten, die Roten buchstäblich auf die Knie zu rüsten, und denen es überdies gelang, sich eine attraktive, von allen Ländern beneidete innere Ordnung zu geben.

Das war eine schöne, süffige Beweiskette für eine Menschheit, die Hollywood das wohlige Gefühl des »Happy-End« gelehrt hatte. Es war außerdem eine, nach der eine Menschheit hungerte, die nun wahrlich lange genug unter der physischen Beklemmung und dem Terror des »kalten Krieges« gelitten hatte, aus dem mehr als einmal ein heißes Schlachten hätte werden können.

Wie oft war die Erde nahe am Abgrund, während sich die beiden »Supermächte« und ihre Verbündeten mit kalter Gnadenlosigkeit gegenüberstanden? Erinnerten nicht die Krisen in Korea, Berlin, Vietnam und Afghanistan daran, die Krise im Persischen Golf und vor allem die permanente Krise, die einfach in der grauenhaften Wahrheit lag, daß es Atomwaffen in einer solchen Menge und mit einer solchen Vernichtungskraft gab, daß alles Leben auf dem Planeten mehrfach ausgelöscht und in der Tat ein »Ende der Geschichte« herbeigeführt werden konnte?

Nun, als Michail Gorbatschow den lebensbedrohenden Kreislauf der Rüstung unterbrochen hatte und in Moskau mit Trümmerbeseitigung beschäftigt war, konnte man die schrecklichen Krisen und die ganz große Krise endlich vergessen, wenn auch die Vereinigten Staaten einstweilen noch weiterrüsteten, als hätte es Gorbatschow nie gegeben. Aber eine Last war von der Menschheit genommen. Im letzten Jahrzehnt des 20. Jahrhunderts war die akute Gefahr des ganz großen und vermutlich alles auslöschenden Brandes gebannt.

Natürlich ist es begreiflich, daß die Vereinigten Staaten, die sich für ihre Rüstung so verschuldeten, daß sie schon morgen die Welt in eine Finanzkatastrophe führen könnten, die Kapitulation der Sowjetunion als Sieg für sich reklamieren, aber der dramatische Verlauf der vergangenen Jahre erlaubt auch eine andere Interpretation: Hat nicht im irrsinnigsten Streit, im lebensbedrohendsten, den die Weltgeschichte je kannte, in Wahrheit der Klügere, nämlich Michail Gorbatschow, nachgegeben? War es nicht so, daß er schon im Oktober 1986 auf Island dem US-Präsidenten Ronald Reagan die gänzliche Abschaffung aller Atomwaffen anbot, worauf der amerikanische Präsident um ein Haar eingegangen wäre – zum Schrecken seiner Mitarbeiter, vollends aber zum blassen Entsetzen der westdeutschen Bundesregierung, deren Bundeskanzler damals noch Gorbatschow für einen Goebbels hielt? Ging also nicht in Wahrheit die Initiative zur Befriedung der Welt vom Erben des »Reiches des Bösen« aus? Und erklärte sich nicht eben daraus die ungewöhnliche Popularität Gorbatschows im Westen, wo aus dem Kommunisten ein geradezu geliebter »Gorbi« wurde, dem gehuldigt wurde, wo immer er sich in der »freien Welt« sehen ließ?

Es mag sein, daß sich Gorbatschow »auf die Knie« gerüstet sah und begriff, im immer idiotischer werdenden Rennen um immer perversere Waffen nicht mehr mithalten zu können. Aber wie, wenn er nur einfach – ganz im Unterschied zu den Waffennarren in der »freien Welt«, die Sicherheit immer nur per Megatonne TNT zu definieren vermochten – verstand, daß die Hoch- und schließlich die Überrüstung so wenig vernünftig und menschlich waren wie das Regime, das man ihm vermachte? Wie, wenn er – wiederum anders als die im Bündnis der Freien vereinten Staatsmänner der Vereinigten Staaten und des christlichen Abendlandes – realisierte, daß die Hochrüstung eine Sünde gegen alle Völker, ein gigantischer Diebstahl an ihnen war, und deshalb einlenkte? Wie also, wenn es in Wahrheit so war, daß ein Kommunist den großen moralischen Sieger dieser Zeit abgab, während seine vormaligen Gegner immer noch mit bizarr-komischer Hektik neue Nato-Doktrinen erarbeiteten und sich nur mühevoll von einem Feindbild zu trennen vermochten, das ihnen sichtlich lieb geworden war?

War es nicht wirklich so? Und war es nicht so, daß Gorbatschow, indem er auf die Breschnew-Doktrin verzichtete, Osteuropa befreite? »In dem großen historischen Prozeß unserer Befreiung«, sagte der DDR-Ministerpräsident Lothar de Maizière in seiner ersten Regierungserklärung vor der Volkskammer in Ost-Berlin, »haben wir einem Politiker die wirksame Bündelung vieler positiver Impulse zu verdanken: Michail Gorbatschow« – ist das nicht Wort für Wort wahr?

Freilich, in der real existierenden Welt ist die Argumentation anders, eindeutig und täglich in allen Medien zu lesen, zu sehen und zu hören: Die Vereinigten Staaten haben, indem sie sich für die »freie Welt« opferten und enorme Lasten auf sich nahmen, den Sieg des Guten gesichert, den Frieden hergestellt, allseitigen Wohlstand vorbereitet, und: Ein Lump, der das in Frage stellt und es an Dankbarkeit fehlen läßt.

Mit der Entscheidung der öffentlichen Meinungen, daß die Vereinigten Staaten den »kalten Krieg« gewonnen hätten, geht, ausgesprochen oder nicht, das Verdikt einher, daß das politisch-moralisch überlegene System siegte. Die Vereinigten Staaten werden mit »Demokratie« identifiziert und mit allem, was zu ihr gehört; erst das macht ihren Sieg im Sinne einer idealisierenden Geschichtsbetrachtung stimmig. Aber auch diese Idealisierung, besser: diese Idolisierung hält einer sorgfältigen Betrachtung der historischen Abläufe nicht stand. Denn nahezu alle Tatbestände, die aus der Sowjetunion in den Augen der öffentlichen Meinungen »das Schlechte« im Wettkampf der Systeme ausmachten, finden sich auch in der Geschichte der Vereinigten Staaten, nur: Sie waren im allgemeinen mit ihrem blutigen und repressiven Geschäft der Staatskonsolidierung bereits fertig, als die Kommunisten im ersten Quartal dieses Jahrhunderts mit ihm begannen.

Denn es ist ja wahr, daß Stalin und seine Nachfahren vom eisernen Prinzip der Erniedrigung lebten, aber hielten es die Begründer des nun sieghaften Kapitalismus in den Vereinigten Staaten anders? Auf sowjetischen Kolchosen, Sowchosen und in Industriebetrieben wurde ausgebeutet und für Hungerlöhne gearbeitet – nicht auch bei den »Robber barons«, den Räubern im »Gilded age« der Vereinigten Staaten, die sich zu dieser Zeit wirtschaftspolitisch konstituierten und von dieser Konstitution im wesentlichen nie mehr ablassen würden? Stalin hatte nichts als Verachtung übrig für den »kleinen Mann«, der irgendwo im roten Riesenreich eher sklavte als arbeitete – hielten es die Erzkapitalisten in den Vereinigten Staaten anders?

Im Imperium Stalins war der Götze Lenin zu verehren, im Reich des Kapitalismus der Erfolg in der Gestalt des Dollars – zum mindesten moralisch neigt sich die Waage nach keiner Seite; das eine war so menschenverachtend wie das andere, das die Glücklosigkeit verachtete.

In der Sowjetunion Stalins und seiner Nachfolger war, was Lenin über den toleranten Umgang mit völkischen Minoritäten auch immer befohlen hatte, das Russische das dominierende und barsch kommandierende Element – und wie verhält es sich mit den Weißen einerseits, den Schwarzen und den »Latinos« und den Indianern andererseits in den Vereinigten Staaten? Kurz: Davon, daß der Kapitalismus in seinen konstitutiven Grundsätzen humaner als der in der Sowjetunion praktizierte »Kommunismus« war, kann im Licht seiner Geschichte schlechterdings nicht die Rede sein. Weder der »Kommunismus« Stalins noch der Kapitalismus der amerikanischen »Founding Fathers« und ihrer Epigonen zielte auf Demokratie oder auf Wohlfahrt für möglichst viele; sie waren vielmehr gleichermaßen auf Ausbeutung aus – und, natürlich, auf die Sicherung der jeweiligen Systeme, in denen Liberales im Osten so wenig eine Chance hatte wie wirklich Soziales in den Vereinigten Staaten.

Der amerikanische Historiker Charles A. Beard, und nicht nur er, vertritt die begründete Meinung, daß die verfassunggebenden Grundlagen der Vereinigten Staaten im Wege eines kalten Staatsstreiches erarbeitet wurden, und in der Tat: technisch unterschied sich die rote Machtergreifung in Petersburg von jener der Kapitalisten in Philadelphia nur dadurch, daß Lenin in der später nach ihm benannten Stadt die Revolution für vollzogen erklärte, während sich die besitzende Oberschicht – nur sie durfte sich politisch betätigen – in Philadelphia heimlich versammelte, den Staat usurpierte und nur sich selbst, den Stand der Besitzer und Sklavenhalter, meinte, wenn sie vom »Volk« redete und Freiheiten entwarf, die für die in Ketten gehaltenen Schwarzen und andere nicht galten.

Genauso, nach den Intentionen der Besitzenden, formten sich die Vereinigten Staaten und verformten sich notwendig zu einer Besitz- und Geldhuldigungsstätte. Es war zynisch, aber es war nicht weit hergeholt, daß Mark Twain das amerikanische Glaubensbekenntnis später so formulierte: »Was ist das Ziel des menschlichen Lebens? Reich zu werden. Wie? Unehrlich, wenn wir können; ehrlich, wenn wir müssen. Wer ist der einzige und wahre Gott? Geld ist Gott. Gold, Dollar und Aktien – Vater, Sohn und ihr Geist.«

Stalin ließ, wenn er Widerstand ahnte, rote Milizionäre schießen; Amerikas Kapitalisten schufen sich ihre eigene Miliz, die »National Guard«, die Streikende für Widerständler hielt. Stalin füllte seine »Parlamente« mit kopflosen Handhebern; in Washington saßen auf dem Kapitolshügel stets von Kapitalisten gekaufte Handheber, die schon als ehrlich galten, wenn sie »einmal gekauft, auch wirklich gekauft blieben«. Stalin haßte, was nicht rot war; die Kapitalisten in den Vereinigten Staaten haßten, was rot war, kurz: Die Unansehnlichkeit des einen war von der des anderen nicht wesensverschieden. Stalins Sowjetunion hat nie eine Demokratie gekannt, aber was die Vereinigten Staaten regierte, war, bei allen formalen Freiheiten – die auch in der Sowjetunion auf dem Papier standen –, ebensowenig eine Demokratie, sondern eine gierige, ihren Besitzstand mehrende und damit Macht verewigende Plutokratie.

Sie herrscht noch heute. Gewiß hat sie sich im Lauf der Zeit ihre gröbsten Unsauberkeiten gereinigt, aber sie hat sich gleichwohl zusehends konsolidiert; zum Beispiel: Die reichsten 5000 Bürger des Landes besitzen mehr als die restlichen 248 Millionen Mitbürger auf ihren Spar- und Bankkonten haben; das spiegelt natürlich nicht nur pekuniären Status, sondern politische Wirklichkeit, und zwar eine, die nachweist, daß die in Philadelphia begründete Herrschaft der wenigen ganz unangefochten ist, während sich andererseits der ehemals »kommunistische« Ostblock längst auf dem überfälligen Weg befindet, der zur Herrschaft der Mehrheiten führt.

In anderen Worten: Während im Osten unter dem ermutigenden Beifall der öffentlichen Meinungen der ganzen Welt ein Versuch der Demokratisierung unternommen wird, ist von Bemühungen, den vulgären Kapitalismus zu humanisieren, der in den Vereinigten Staaten regiert, nicht die Rede.

Sie werden von niemandem eingeklagt. Das Elend in den Großstadtgettos in den Vereinigten Staaten, das Elend der Massenobdachlosigkeit, das Elend der um ihre Identität gebrachten und obendrein mit mehr als 50 Prozent Arbeitslosigkeit bestraften Indianer, das Elend der Armut – jeder achte Bürger des Landes ist arm –, das Elend jener Schwarzen, die unter dem verbreiteten Rassismus leiden, das aus einer mangelnden Sozialpolitik entstandene Elend der Gewaltkriminalität, das Elend der Kindersterblichkeit, das in vielen Gettos jenes der Entwicklungsländer noch übersteigt, das Elend, das sich aus den rüden »Hire and fire«-Möglichkeiten der Kapitalisten ergibt und zum jähen Sturz ins soziale Nichts führen kann – nichts davon ist Gegenstand einer ernsthaften politischen Bemühung, die auf Besserung abzielt oder gar auf Beseitigung, und nichts davon ist Gegenstand des Interesses jener öffentlichen Meinungen, die entschlossen sind, in den Vereinigten Staaten den moralischen Sieger im Wettstreit der Systeme zu sehen und zu feiern.

Dabei hat in Wahrheit jedes einzelne dieser Phänomene, zumal sie nicht vorübergehend auftraten, sondern institutionalisiert und sogar gesellschaftlich akzeptiert sind, eine Kränkung und Verachtung der Menschlichkeit zum Inhalt. Jedes von ihnen stellt einen Entzug der Menschenwürde dar. Es existiert ganz offenkundig keine Gleichheit aller Bürger, wo solche Phänomene dauerhaft auftreten und auf nichts anderes als Nonchalance der Regierenden hoffen dürfen. Dennoch verlangt niemand von den Vereinigten Staaten, sich zu humanisieren, und kaum jemand kommt auf den Gedanken, daß sich die Führungsnation der Welt eine glaubhafte Anstrengung schuldig ist, die Häßlichkeit vom Antlitz des real existierenden Kapitalismus zu entfernen.

Im Gegenteil. Die vernichtende Niederlage des osteuropäischen »Kommunismus« stabilisiert den amerikanischen Kapitalismus und enthebt ihn der Verpflichtung zur Korrektur seiner inneren Befindlichkeit. Sieger stehen nicht unter Reformzwang. Sieger siegten, weil sie besser als die Besiegten waren, und »never change a winning team.« Sieger bestimmen auch darüber, was gerecht und was Moral ist.

Moralisch ist etwa die Bestrafung des Unglücks: In Schweden erhält, wen das Unglück der Arbeitslosigkeit trifft, 78 Prozent des zuletzt erarbeiteten Lohnes, in Österreich 70 Prozent, im Westdeutschland des Jahres 1989 immerhin noch 63 Prozent, in den Vereinigten Staaten aber nur 44 Prozent. Als Ronald Reagan 1981 damit begann, tiefe Einschnitte in ein ohnehin erbärmliches Sozialsystem vorzunehmen, um seine Rüstung finanzieren zu können, gaben die Franzosen, die Westdeutschen und die Italiener je rund 30 Prozent ihrer staatlichen Gelder für die soziale Fürsorge aus, die Amerikaner dagegen nur 21 Prozent. Andererseits wurde seit 1977 die Steuerbelastung für ein Prozent der Bevölkerung – nämlich für die Reichsten im Lande, die Erben der »Founding Fathers« von Philadelphia – um durchschnittlich 44.440 Dollar pro Jahr gesenkt, für die restlichen 99 Prozent aber um durchschnittlich 212 Dollar pro Jahr angehoben.

Das ist, was früher die Begünstigung der roten »Nomenklatura« in der Sowjetunion war. Wer einmal zu ihr gehörte und tat, was er nur irgend konnte, um den »Kommunismus« als Staatsinhaber zu erhalten und zu festigen, hatte ausgesorgt und wußte nichts mehr von den Entbehrungen der anderen im Lande. In den Vereinigten Staaten gehört der Staat der »Nomenklatura« der Kapitalisten, und deshalb ist die Begünstigung des Reichtums und die Benachteiligung der Armut so folgerichtig und staatserhaltend, wie es in den Zeiten vor Gorbatschow die Selbstbedienung der parteilichen Apparate war, aber wiederum: Anders als in Moskau, wo es mit den Privilegien der wenigen Unverschämten ebenso zu Ende geht wie in den Ländern, die mit Moskau verbunden waren, ist das Privileg der wenigen, die über die Vereinigten Staaten herrschen, unerschüttert und im Verständnis der weitaus meisten Amerikaner noch nicht einmal diskussionswürdig, sondern nur einfach das sichtbar gesegnete Fundament, auf dem die Nation zu ihrer Größe und schließlich zu der Fähigkeit wuchs, den alles entscheidenden Wettkampf der Systeme zu gewinnen. In der Sowjetunion mag es den einen oder den anderen Genossen in der Gorbatschow-Generation geben, der sich seiner Rolle schämt, die er in den Zeiten spielte, zu denen Stalin und seine Nachfolger herrschten. In den Vereinigten Staaten dagegen gibt es niemanden, der einen Gedanken daran verschwendet, daß mit seiner Ankunft bei den wenigen, bei der »Nomenklatura« des Geldes, ein Unrecht verbunden sein könnte.

Daß »hinter jedem großen Vermögen ein Verbrechen steht«, ist zwar in den Vereinigten Staaten eine verbreitete Gewißheit, aber sie wird eher einsichtig und lächelnd geäußert, denn »such is life«. Es verbindet sich kein Handlungsbedarf mit den in der Tat vielfach dokumentierten großen Vermögen und ihrer verbrecherischen Entstehung. Es besteht im Selbstverständnis der weitaus meisten Amerikaner überhaupt kein Handlungsbedarf für soziale Korrekturen. Der Obdachlose, der sich unter Zeitungspapier zur Nachtruhe begibt, ist ihnen nicht Appell zu sozialer Aktivität, sondern Augenkränkung: In New York City, und nicht nur hier, ist man dazu übergegangen, Parkbänke und Bänke in Busbahnhöfen oder anderen öffentlichen Anlagen für die Nutzung zum Schlaf unbrauchbar zu machen. Abfalltonnen werden neuerdings so gesichert, daß niemand, der hungert, in ihnen nach Eßbarem suchen kann.

Alles systemimmanent. Der Kapitalismus kann nicht anders als egoistisch sein, vollends nicht in den Vereinigten Staaten, wo ihn nie Sozialdemokraten oder andere Linke bändigen durften, und die Nation seit ihrem Bestehen kapitalistisch indoktriniert wurde, wie sich die Völker der Sowjetunion vor Gorbatschow ständiger Indoktrinierung ausgesetzt sahen. Hier wie dort waren alle wichtigen Medien in den Händen der »Nomenklatura«, der sie in Osteuropa mehr und mehr entglitten, nicht aber in den Vereinigten Staaten, wo sie wie immer genau jene Rolle spielen, die Lenin seiner Presse zugedacht und dann oktroyiert hat: Sie sind Stabilisatoren der Partei, wenn man mit »Partei« den staatstragenden, den mit dem Staat identischen Kapitalismus übersetzt.

Kein nennenswertes Organ, das nicht in den Händen der »Nomenklatura« wäre. Keine Zeitung von einigem Rang, kein Rundfunksender, keine Fernsehstation trägt zu einem Meinungsaustausch in dem Sinne bei, daß über Grundsätze staatlicher, wirtschaftlicher und vor allem sozialer Ordnung gestritten wird. Gewiß werden unterschiedliche Meinungen zu allerlei außen- und innenpolitischen Problemen geäußert, aber das kapitalistische Prinzip ist das große Tabu. Es ist Religion, wie Lenin vor Gorbatschow ein Ersatzgott war: Es ist eine Sünde, es ist unamerikanisch, es ist ein schwerer Verstoß gegen die Räson der Nation, die Diktatur des Kapitalismus in Frage zu stellen.

Die amerikanischen Gehirne sind, da das Regime mehr als zwei Jahrhunderte lang unangefochten blieb – und seine Unanfechtbarkeit fortgesetzt sicherte und ausbaute –, gewaschen, und der mit jeder Gehirnwäsche unvermeidlich verbundene Realitätsverlust ist evident. Die objektiv vorhandene und jedermann sichtbare schwere soziale Krankheit der Nation wird subjektiv als Gesundheit verstanden, die Ausgrenzung der Armut als legitime Folge des allseits akzeptierten »Survival of the fittest«-Prinzips und die Verelendung der Indianervölker als belanglose Folge des Unwillens, sich dem kapitalistischen »Mainstream« anzupassen. Das Elend in den Gettos der Schwarzen ist im Verständnis des anerzogenen Realitätsverlusts wiederum nur Konsequenz menschlichen Versagens, also gerechte Strafe, keinesfalls aber Ausweis kapitalistischer Schwäche. Kein Makel am Volkskörper gilt der Nation als bedenklich; im Gegenteil: Bei allen Schwären erhielt sich die Nation einen überbordenden Chauvinismus und die absolute Gewißheit, aller Welt in allen Belangen weit überlegen zu sein.

War es zu Zeiten Stalins anders, als zu den angeordneten Feiertagen des »Kommunismus« Millionen von Sowjetbürgern kranke Zustände feierten und ihrer Überzeugung Ausdruck zu geben hatten, daß der »Kommunismus« morgen die ganze Welt beherrschen werde? Hat nicht die von den Systemen erzwungene Abwesenheit jedes Grundsatzstreits hier wie dort zu schwindelhaften Weltbildern und demokratischen Farcen geführt? Wahlen waren in der Sowjetunion immer klar erkennbare Farcen, weil sie keine Wahlen waren, sondern nur unter Drohungen angeordnete Konfirmationen des Bestehenden darstellten, aber andererseits: Formal gesehen sind

Wahlen in den Vereinigten Staaten gewiß frei, nur entrieten auch sie, da Linkes früh als verderblich denunziert wurde, der wirklichen Alternative und sind nur Mechanismen zur Stabilisierung des Systems und überdies so sehr zu einer Sache des großen Geldes geworden, daß sich das »kleine Geld« zunehmend vom Prozeß des demokratischen Willens abwandte, mit der Folge, daß Präsident George Bush beispielsweise nur von einem Viertel der amerikanischen Wähler in sein Amt entsandt wurde, während die große Mehrheit der wahlberechtigten Bevölkerung weder ihm noch einem Senator oder einem Mitglied des Repräsentantenhauses wirkliche Mehrheiten gab. Wahr ist also, daß Minderheiten über Mehrheiten regieren und das demokratische Prinzip auf den Kopf stellen – gewiß auf andere Weise, als Stalin sie praktizierte, aber eben doch mit dem Ergebnis, daß von funktionierender Demokratie schlechterdings nicht die Rede sein kann.

Aber die GPU? Und der KGB?

Macht es einen qualitativen Unterschied, wann sich ein Regime entschloß zu »säubern«? Die Sowjets begannen mit ihrer blutigen »Säuberung« im ersten Quartal dieses Jahrhunderts, aber zu dieser Zeit hatten die Amerikaner schon »gesäubert« und »liquidiert«, was sich ihrem räuberisch-revolutionären Zug der Landnahme in den Weg stellte, nämlich Indianer und Mexikaner. Die Sowjets errichteten ihr System der Zwangsarbeit, kaum daß sie die Macht ergriffen hatten, aber wiederum: Zu diesem Zeitpunkt war der Import der schwarzen Zwangsarbeiter, der Sklaven, schon abgeschlossen, der nach den Angaben der Princeton-Lehrerin und Pulitzer-Preisträgerin Toni Morrison 60 Millionen Afrikaner das Leben kostete – ein Tatbestand, von dem sie sagt, er sei seither »dem nationalen Vergessen anheimgefallen«. Es läßt sich mithin argumentieren, daß der nordamerikanische Imperialismus und Kapitalismus im 18. und 19. Jahrhundert mehr Menschen liquidierte als der rote Tyrann im 20. Jahrhundert, ehe er am Ziel war und damit beginnen konnte, das so »gesäuberte« und mit schwarzer Arbeitskraft versehene Land zu zivilisieren.

Und was im übrigen die staatlich verordnete Verfolgung politisch Unerwünschter angeht: Seit Charles J. Bonaparte, ein Neffe Napoleons III., 1908 der erste Direktor des damals noch »Bureau of Investigation« genannten und späteren »Federal Bureau of Investigation« wurde und seinem Präsidenten Theodore Roosevelt über politisch Unliebsame berichtete, hat das FBI stets Linke beobachtet, verfolgt, bestrafen lassen und dafür gesorgt, daß ordentlich gewählte Mandatsträger ihre Parlamentssitze verloren. Der Sozialistenführer Eugene Debs, der als Kandidat seiner Partei bei den Präsidentschaftswahlen des Jahres 1912 mit etwas mehr als 900 000 Stimmen und sechs Prozent des Gesamtvotums das beste linke Ergebnis aller amerikanischen Zeiten erzielt hatte, wurde ein paar Jahre später wegen »Aufwiegelung« angeklagt und zu zehn Jahren Haft verurteilt, weil er gegen den Eintritt der Vereinigten Staaten in den Ersten Weltkrieg und generell gegen Kriege agitiert hatte. Er quittierte das Urteil mit den Worten: »Euer Ehren, ich habe vor vielen Jahren erkannt, daß ich mit allen Menschen dieser Erde verwandt bin. Ich habe verstanden, daß ich keine Spur besser bin, als der Geringste auf der Erde. Ich sagte damals und sage heute: Solange es eine untere Klasse gibt, gehöre ich ihr an. Und solange es kriminelle Elemente gibt, gehöre ich zu ihnen. Und solange auch nur eine Seele in einem Gefängnis sitzt, bin ich nicht frei.« So eine Sprache ertrug die Nation nicht; der tapfere Mann ging in den Knast.

A. Mitchell Palmer, Justizminister im Kabinett des in Europa als »Friedenspräsidenten« gefeierten Präsidenten T. Woodrow Wilson – von ihm stammt die Aufforderung: »Palmer, ich will nicht, daß dieses Land etwas Rotes sieht« –, begründete die »red scare« und ließ wahllos verfolgen und verhaften. Am 7. November 1919 suchten Bundesbeamte in zwölf Städten die Büros »radikaler« Vereinigungen heim, beschlagnahmten Unterlagen, zerstörten Möbel und Büromaschinen und verhafteten 250 Personen, von denen 199 später an Bord der »Buford« in die Sowjetunion deportiert wurden. Am 2. Januar 1920 legte Minister Palmer mit einer noch größeren Razzia in 33 Städten nach; diesmal wurden 4000 Personen festgenommen, viele von ihnen in der Mitte der Nacht aus ihren Wohnungen abgeholt und in ausgesucht heruntergekommene Gefängnisse gebracht. Es war ihnen nicht gestattet, mit Rechtsanwälten oder Familienmitgliedern zu kommunizieren; von »due process« war keine Rede. Ein Komitee in New York State verhaftete 500 Sozialisten, während 24 Bundesstaaten sogenannte »Red Flag Laws« in Kraft setzten, die das öffentliche Tragen sozialistischer Symbole unter Strafe setzten. Im Januar 1920 schloß das Parlament des Staates New York fünf ordentlich gewählte Angehörige der Sozialistischen Partei aus, während gleichzeitig Wilsons Postminister Burleson eine Anzahl sozialistischer Zeitungen verbot. Der Herausgeber des »Milwaukee Leader«, Victor Berger, wurde überdies verhaftet, verurteilt und aus dem Kongress geworfen, in den ihn Bürger Milwaukees gewählt hatten.

Überall im Land bildeten sich aufgeputschte »Vigilantes«-Organisationen und verteufelten alles Linke, das in einem berühmten Cartoon sinnbildhaft dargestellt wurde: Uncle Sam trägt in seinen mit Ekel abgespreizten Händen menschliches Gewürm und fragt: »Wem gehört eigentlich dieses Land?«

J. Edgar Hoover, der 1921 im FBI seinen Dienst als »Assistent Director« aufnahm, 1927 »Acting Director« wurde und es bis zu seinem Tod 1972 blieb, sah überall rote Gefahr und hat sie mit bisweilen komischer Entschlossenheit bekämpft. Hoover, der unmittelbaren Zugang zu allen Präsidenten hatte, denen er diente – und von denen der bösartige Mann peinliche Dossiers anzulegen pflegte –, war überzeugt davon, daß die Bürgerrechtsbewegung der Schwarzen in den 60er Jahren eine gigantische kommunistische Verschwörung und der Bürgerrechtsführer Martin Luther King eine Marionette der Kommunisten sei. Jeder, der sich für die Bürgerrechte der Schwarzen engagierte, wurde in den Dateien des FBI gespeichert, während andererseits die Agenten des FBI in den Südstaaten tatenlos zusahen, wie weiße Rassisten die schwarzen Bürgerrechtskämpfer malträtierten.

1968 hatte das FBI Tausende von Barbesitzern, Hausmeistern, Inhabern von Schnapsläden und Friseuren als freiwillige Informanten angeworben und dazu verpflichtet, verdächtig »Linkes« unverzüglich zu melden; als »links« galten alle, die sich dafür aussprachen, den Schwarzen den Weg zur Wahlurne und in weiße Wohnquartiere zu ebnen. FBI-Beamte fingen in dieser Zeit jährlich 130000 Privatbriefe ab und lasen und fotokopierten sie, während 15000 amerikanische Bürger ständig beobachtet wurden, die im Verdacht standen, »Linke« zu sein, subversiv, und deshalb in Hoovers »Security Index« registriert waren.

In der ersten Amtszeit des Präsidenten Richard Nixon, der 1969 ins Weiße Haus in Washington zog – das der notorische Lügner 1974 nach der »Watergate«-Affäre in Schande verlassen mußte –, umfaßte die FBI-Liste der »subversiv« und »extremistisch« genannten amerikanischen Sozialisten 70000 Namen. Sie wurden mit einer solchen Hysterie beobachtet, daß zu ihrer Bekämpfung selbst die »Central Intelligence Agency« eingeschaltet wurde, die CIA, obwohl sie dem Gesetz nach ausschließlich im Ausland tätig sein durfte. 1973 beobachtete und infiltrierte das FBI 2873 Organisationen, die im Verdacht linker Neigungen standen. Unternehmen wurden diskret entmutigt, vermeintliche oder wirklich Linke zu engagieren. Universitäten erhielten von den FBI-Agenten diskrete Tips über Lehrer und Studenten, die durch linke Meinungen aufgefallen waren. Niemand, der der grotesk kleinen und ganz und gar bedeutungslosen »Sozialistischen Partei« des Landes oder gar der CPUSA je angehörte, der »kommunistischen« Branche Stalins, durfte damit rechnen, unbeaufsichtigt und unbespitzelt zu bleiben.

So blieb es bis heute. Nein, die Verfolgung des politisch Unliebsamen hat in den Vereinigten Staaten nicht das schaurige Ausmaß angenommen, für das Stalin in seiner Sowjetunion sorgte, aber auch der Kapitalismus hat seinen Gegner stets schnüffelnd und bösartig verfolgt und das demokratische Prinzip der Gedanken- und Redefreiheit mißachtet, vor allem aber hat er alle Linken – und was er dafür hielt – durch seine staatlichen Organe bis zur Unkenntlichkeit entstellt und bösartige Untermenschen aus ihnen gemacht.

Der Erfolg hätte nicht durchschlagender sein können. An der Legitimität der Arbeiten der amerikanischen Stasi-Variante hegt ein patriotischer amerikanischer Bürger nicht den geringsten Zweifel, denn er ist linientreu und weiß, daß Toleranz bestimmten politischen Ansichten gegenüber eigentlich schon Landesverrat ist. Freiheit, so weiß er, darf nur genießen, wer ihre kapitalistische Spielart meint, und wer einmal als Ausländer einer kommunistischen Partei angehörte und die Vereinigten Staaten zu besuchen wünschte, erhielt bis 1990 entweder kein Visum oder wurde bei der Einreise angehalten und wieder heimgeschickt. Herbert Wehner übrigens, der zeitweilige Kommunist, zog daraus still eine Konsequenz. Er war der einzige führende westdeutsche Politiker, der die Vereinigten Staaten nie besuchte.

Aber doch wenigstens zu Stalins Straflagern gab es in den Vereinigten Staaten keine Entsprechung?

Waren die amerikanischen Gefängnisse je etwas anderes, die voll von schwarzen Bürgern sind, denen man ihre Rechte so lange verweigerte, bis sie der fortgesetzten Diskriminierungen müde waren und notwendig gegen das formale Recht des weißen Kapitalismus verstießen, um überleben zu können? In einem gewissen Sinn sind viele, wenn nicht die meisten schwarzen Amerikaner in den Gefängnissen des Landes politische Gefangene, weil politische Umstände, besonders der Rassismus, sie in die Kriminalität trieben.

Stalins »Kommunismus« war, wie sich zeigte, reformierbar. Er hatte, wie Gorbatschow bewies, nicht jede Fähigkeit zerstört, über den Sinn sozialistischer Politik nachzudenken und dann dramatische, gar existentiell bedrohliche Wenden einzuleiten. Der amerikanische Kapitalismus dagegen trägt keinerlei Anzeichen von Reformierbarkeit. Er ist selbstsicherer denn je und seinem Ziel der Weltbeglückung näher als irgendwann in seiner Geschichte. Er ist seinerseits, ganz anders als Chruschtschow das prognostizierte, auf dem Wege, den Sozialismus, jeden Sozialismus zu beerdigen.

Was ist das eigentlich, der Sozialismus?

Als die ersten sozialistischen Gedanken gedacht und aufgeschrieben wurden, waren das Gedanken der Humanität. Der Sozialismus, der rote Sozialismus in allen seinen Schattierungen wie der schwarze Sozialismus, der sich christlich motivierte, war die sorgende Hinwendung zum anderen, zum

Schwachen, zu dem, der der Hilfe bedurfte. Sozialismus war nichts anderes als die Bemühung um Fairneß, um Partizipation, um Recht in einer Zeit, in der alle Rechte den Kapitalisten gehörten, auch und besonders das Recht, Arbeitskraft zu Bedingungen zu kaufen, die sie, sie allein, bestimmten. Sozialisten, natürlich nicht Kapitalisten, sahen Unmenschlichkeit in der Ausbeutung, in der Tragödie der Kinderarbeit und in der Degradierung des Menschen zu einem industriellen Wegwerfartikel.

Es ist wahr, daß sich die schöne Hoffnung auf eine sozialistische Gemeinschaft nie erfüllte. Es ist auch wahr, daß noch kein Land vermochte, eine Ordnung zu errichten, in der ein Sozialismus, der diesen Namen verdient, Gerechtigkeit und Wohlstand hätte schaffen können. Es ist schließlich auch wahr, daß ein Bastard, der sich Kommunismus nannte, mit Grauen regierte und hochverdient scheiterte.

Aber das nimmt dem Sozialismus nicht seine humane Wurzel, und, vor allem: das Scheitern des real existierenden Sozialismus begründet nicht die Legitimation der Profitgier, die sich Kapitalismus nennt.

Sie, nichts anderes, war die Wurzel des Kapitalismus und ist es im vulgären Kapitalismus der Vereinigten Staaten noch heute. Nichts ging ihm über den eigenen Nutzen, schon gar nicht das Schicksal derer, die er sich an die frühen Werkbänke rund um Manchester gekauft hatte. Waren die Gedanken der frühen Sozialisten auf Solidarität gerichtet, auf Gemeinsamkeit, so die der Kapitalisten auf den eigenen Nutzen, auf Rendite, auf Profit. Niemand konnte in ihm reüssieren, der nicht egoistisch und kaltherzig war. Kinder im Bergwerk? Arbeiter bei Schichten, die 15 Stunden lang währten? Löhne, von denen keine Familie zu leben vermochte? Arbeitsbedingungen, unter denen der Zeitpunkt absehbar war, zu dem die Arbeiter physisch am Ende sein würden? Ein Kapitalist sah derlei mit der Kälte, mit der ein Schlachter das Vieh betrachtet, das ihm zugetrieben wird.

Es ist wahr, daß sich der Kapitalismus im Vergleich zu seinen barbarischen Erscheinungsweisen des 18. und frühen 19. Jahrhunderts abgeschliffen hat – in den Vereinigten Staaten viel weniger als in anderen Ländern, in denen soziale Bewegungen oder sozialdemokratische Parteien ihn dazu zwangen –, aber er kann ohne Egoismus nicht funktionieren. Der amerikanische Kapitalismus kam zu seiner heutigen Macht, weil es nirgendwo anders ungehemmteren Egoismus gab – und weil er nirgendwo anders so verherrlicht wurde.

Er hat den »kalten Krieg« gewonnen und aus seinem Triumph neue Kraft bezogen. Der Egoismus, eine der verwerflichsten Eigenschaften, die von Menschen entwickelt, in wirtschaftliche und politische Taten und schließlich in staatliche Organisationsformen umgesetzt werden können, siegt am Ende des 20. Jahrhunderts über einen der schönsten Träume, den Menschen je träumten: Worüber freut sich die Welt?

HEITER IN DEN ABGRUND

*Der Kapitalismus beweist, wie er mit dem Geld
umgeht: Kein Land ist höher verschuldet als die
Vereinigten Staaten, niemand privat verschuldeter,
als die Bürger dieses Landes.*

Jeder, der einmal durch die Vereinigten Staaten von Amerika gereist ist, hat die dringliche Kaufeinladung gesehen, mit der sich die Wirtschaft des Landes – und nicht nur auf der Ebene des Einzelhandels – immer wieder stimuliert: »No Money Down«. Möbel, Autos, Grundstücke, Häuser – alles ist ohne Anzahlung auf den Kaufpreis zu haben, und zwar in der Regel rasch und unbürokratisch. Auch die Raten, die fällig werden, wenn der anzahlungslose Kauf vollzogen ist – »Easy Payments« –, verlocken eher zum Erwerb, als daß sie beim Käufer vorsichtige Kalkulation und Nachdenklichkeit erzeugen.

Die überall präsente Einladung zur Verschuldung ist sehr viel mehr als ein bloßer »Gimmick« des Handels. Sie ist das Rückgrat der amerikanischen Volkswirtschaft und, wie Walter Russell Mead vom »World Policy Institute« in New York feststellt, der »Grundstein des amerikanischen Traumes«, nämlich des Traumes vom spezifisch amerikanischen Glück. Schuldendruck belastet nicht. Die Besorgnis, die sich für viele Europäer mit dem Vorgang der Verschuldung, insbesondere der hohen, der womöglich lebenslangen Verschuldung, verbindet, das moralische Bedenken, daß man nicht kaufen soll, wenn man nicht bezahlen kann, der triste Ausblick auf viele Jahre, in denen man wird zahlen müssen, gleichgültig, wie dann die wirtschaftlichen Verhältnisse sind – alles das ist den meisten Amerikanern weitgehend unbekannt. »No Money Down« oder auch »Buy Now – Pay Later« war uramerikanische Gewohnheit, längst ehe derlei Verhaltensweisen unter dem amerikanischen Einfluß, der sich nach dem Zweiten Weltkrieg in Europa ausbreitete, auch diesseits des Atlantischen Ozeans zunehmend heimisch wurden.

Amerikanische Verbraucher haben es inzwischen, fortgesetzt von der Welt rabiatester Werbung zum Konsum aufgefordert, auf Schulden in Höhe von 720 Milliarden Dollar gebracht, zu denen weitere 40 Milliarden Dollar Steuerschulden kommen. Kein anderes Volk der Welt, gleichgültig, welchen Maßstab man anlegt, steckt auch nur annähernd so aussichtslos tief in roten Zahlen wie das amerikanische. Niemand rechnet damit, daß der immense Schuldenberg je abgetragen werden könnte, aber dennoch ist im amerikanischen Verständnis auch weitere Verschuldung kein Makel; im Gegenteil: Verschuldung ist »smart«. Der offenkundige Widersinn, der darin liegt, daß jeder Schuldner über seine Verhältnisse gekauft oder investiert hat – und von schlechteren Verhältnissen, die er zum Zeitpunkt des Kaufs oder der Investition nicht abzusehen vermochte, eingeholt werden kann –, gilt in den Vereinigten Staaten nicht, wo wenig gilt, was Konsum und Wachstum bremsen könnte: Wachstum an sich ist gut. Es gibt keinen gesünderen Indikator für die Volkswirtschaft als Wachstum. »Growth« ist die Formel, um die sich die amerikanische Volkswirtschaft auf allen Ebenen dreht. Der private Haushalt hat ebensosehr »Growth« im Sinn wie der mittelständische und der Großbetrieb. Es gibt keinen Ersatz für Wachstum. Wichtig ist nicht die Solidität der Basis, auf der etwas wächst; wichtig ist Wachstum an sich.

1944, als die Vereinigten Staaten zur Regelung der weltwirtschaftlichen Verhältnisse nach der absehbar werdenden Beendigung des Zweiten Weltkrieges ins kleine Bretton Woods in den Bundesstaat New Hampshire einluden, hatten sie Wachstum im Sinn, amerikanisch geführtes Wachstum in einem Weltmarkt ohne Handelsgrenzen. Im wesentlichen trugen die Vereinigten Staaten den 44 in Bretton Woods vertretenen Nationen an: Erstens muß der Einfluß der Sowjetunion eingedämmt werden. Zweitens muß ein internationales, finanzielles, am Dollar orientiertes System geschaffen werden. Drittens müssen die Vereinigten Staaten dieses Finanzsystem führen, und viertens muß mit dem Finanz- ein freies Handelssystem korrespondieren und von allen in Bretton Woods vertretenen Ländern unterstützt werden.

Damals wurde die Wirtschaftsführung der »freien Welt« durch die Vereinigten Staaten begründet. Das war ein logischer Vorgang, der sich aus der politischen und wirtschaftlichen Vormacht der Vereinigten Staaten ergab. Der Dollar war sozusagen der König unter den Währungen und trat seinen Führungszug an.

Seither hat er die Hälfte seines Wertes verloren und ist dabei, alle Welt mit seiner Schwäche zu infizieren. Im November 1989 unterzeichnete Präsident George Bush im Weißen Haus in Washington ein Dokument, durch das er die Obergrenze der Staatsverschuldung auf 3,12 Billionen Dollar aufstockte. Der Präsident war ein bißchen in Eile, als er seinen Namenszug unter das Papier mit der astronomischen Zahl setzte, denn die Vereinigten Staaten drohten in wenigen Tagen zahlungsunfähig zu werden.

Wie aber konnte es soweit mit jenen Vereinigten Staaten kommen, die noch im geschichtlichen Gestern in Bretton Woods mächtig und steinreich waren und sich deshalb in der Lage befanden, der gesamten nichtkommunistischen Welt die Bedingungen zu diktieren, nach denen künftig wirtschafts- und finanzpolitisch zu verfahren war? Daß jede amerikanische Familie, der das Ausland noch 1981 etwa 2.500 Dollar schuldete, acht Jahre später selber mit 11.000 Dollar bei Ausländern verschuldet war – wie war das möglich? Daß die Vereinigten Staaten, die 1945 sozusagen die Erde neu schöpften und nach ihrem Bild zu formen begannen, 1990 das am höchsten verschuldete Land dieser Erde waren, nämlich höher verschuldet als die drei Großschuldnerländer Brasilien, Argentinien und Mexiko zusammen – wie konnte das geschehen? Daß Verschuldung in einem Ausmaß entstand, das den Industriellen Lee Iacocca zu der Gewißheit veranlaßt, sie werde nie abgetragen werden können – wie war das möglich? Daß der Dollar, der Fixpunkt der »freien Welt« und Hoffnungsträger von 1944, nur noch ist, was ihn japanische, aber auch westeuropäische Gläubiger sein lassen – wie ist der Sturz ins beinahe Bodenlose zu erklären?

Daß die Vereinigten Staaten schon morgen in katastrophale Zustände geworfen sein können, wenn andere Länder

aufhören, die amerikanische Verschuldung zu finanzieren –
wie kam es dazu?

Dazu kam es, weil der fragwürdigen Zahlungsmoral der
amerikanischen Bürger eine ganz gleichartige Moral der Regierenden beim Umgang mit dem Geld entsprach. Die amerikanische Lust an der Verschuldung, die ihrerseits jahrzehntelang den »kalten Krieg« und die mit ihm verbundene Hochrüstung sowie die Vergötterung des Wachstums finanzierte,
mußte notwendig in das Desaster führen, oder: Die fiskalische Bedenkenlosigkeit, die kommende Generationen so
horrend verschuldete, daß Iacocca von »Grausamkeit im
Umgang mit Kindern« sprach, war Ausdruck des Verständnisses, das die Nation vom Geld hat. Sie brachte sich sehenden
Auges in eine Situation, in der die westlich des Mississippi
aufkommenden Bundessteuern für nichts anderes als die Bedienung der Staatsverschuldung gebraucht werden, und zwar
nicht zum Abtrag der Schulden, sondern lediglich zur Zahlung der Zinsen.

Der finanzielle Niedergang der Führungsnation der »freien
Welt« zeichnete sich früh ab und ist keineswegs nur auf die
Zeit zurückzuführen, in der Präsident Ronald Reagan –
unter dem enthusiastischen Beifall seiner Wähler – die Nation
so verschuldete, als gäbe es kein Morgen. Fast alle Administrationen, die seit dem Ende des Zweiten Weltkrieges in Washington regierten, haben zur Verschuldung beigetragen,
indem sie entweder Rüstung für gesundes Wachstum hielten
oder Verschuldungen bagatellisierten und fortgesetzt Wechsel
auf die Zukunft ausstellten. So schloß sich der »No Money
Down«-Kreis oben und unten: Oben exerzierte die Obrigkeit
vor, daß selbst eine horrende Verschuldung das staatliche Dekorum nicht wirklich beeinträchtigte, und unten verfuhren
die Bürger in ihrer Eigenschaft als Konsumenten ganz ähnlich und machten den unseriösen Umgang mit dem Geld zur
Norm.

An Daten läßt sich ablesen, daß die in Bretton Woods etablierten Normen nur hielten, solange es die Vereinigten Staaten mit impotenten Partnern zu tun hatten, die ein Jahrzehnt
brauchten, um aus ihren im Zweiten Weltkrieg entweder zer-

störten oder zumindest hoffnungslos desorganisierten Ländern wieder produktive Volkswirtschaften und damit auch Konkurrenten des amerikanischen Kolosses zu machen. In der Tat erzielten die Vereinigten Staaten bis 1957 in dem von ihnen in Bretton Woods diktierten freien Finanz- und Handelssystem ansehnliche Exportwachstumsraten. Allein 1957 bilanzierten die Amerikaner einen Exportüberschuß von sieben Milliarden Dollar und hofften, ihn insbesondere in jenem Westeuropa noch kräftig ausdehnen zu können, das sich damals zu einer Wirtschaftsgemeinschaft zu formieren begann. Aber die Hoffnung trog. Schon ein Jahr später war der Exportüberschuß auf unter vier Milliarden Dollar gesunken, und wiederum zwei Jahre später, also 1959, ergab sich wenigstens kurzzeitig erstmals im Vergleich des Exports mit dem Import ein Überschuß jener Güter, die von außen in die Vereinigten Staaten gekommen waren.

Das war eine Situation, die nach wirtschaftspolitischer Führung verlangte, nach Ursachenforschung und Regulation, nach Ermutigung der Produktivität, kurz: nach einer Regierung, die sich auch als wirtschaftspolitisches Direktorium verstand, aber im Selbstverständnis der amerikanischen Administrationen waren sie genau das nicht. Das Direktorium – das war der »freie Markt«. Das Direktorium – das waren die Kräfte des Angebotes und der Nachfrage, die nach kapitalistischem Wissen alles, aber auch wirklich alles, zum Guten wenden und regulieren konnten, was allenfalls der Regulierung bedurfte.

Der »freie Markt« begann damit, von seiner Substanz zu leben. Die Goldvorräte des Landes, 1945 noch mit einem Wert von 25 Milliarden Dollar die reichsten der Welt, schrumpften in nur 15 Jahren auf einen Wert von 19 Milliarden Dollar. Die Produktivität der amerikanischen Industrie verlor in dem Maße, in dem sich jene der vom Krieg genesenen Länder steigerte. Der »Hunger« jener Länder, die im Krieg schwer gelitten hatten und nun für bessere Zeiten nicht zu arbeiten, sondern zu schuften begonnen hatten, nahm der Sattheit der Vereinigten Staaten, die sich in ihrer Führungsposition für unabsetzbar hielten, Marktanteile ab. Schließlich setzte in den Vereinigten Staaten 1958 auch noch eine Rezession ein, die das jähe Ende des nur 13 Jahre währenden Traumes von der wirtschaftlichen Vorherrschaft der Vereinigten Staaten markiert. Das kapitalistische System, das sich in allen Belangen stärker und besser als irgendein anderes dünkte und noch vor wenigen Jahren infolge des Zweiten Weltkrieges weitaus stärker als irgendein anderes Land war, stieg wirtschaftlich ab, und zwar ausschließlich aus hausgemachten Gründen. Es zeigte nicht Schwächen, die aus fremden Einflüssen resultierten, es zeigte seine systemimmanenten Schwächen. Ganze Branchen, die den Wettbewerb des »freien Marktes« nicht mehr ertrugen, dankten ab. Der lange Marsch begann, der aus dem Weltmonopolisten der Industrie eine Dienstleistungsgesellschaft machte: 1990 ist nur noch eine Minderheit der amerikanischen Arbeitnehmer mit der Herstellung von Gütern beschäftigt.

Vergeblich versuchte der Chef der »Federal Reserve Board«, einer Institution, die der Deutschen Bundesbank ähnelt, seine Landsleute 1960 zu alarmieren, indem er sagte, »daß zum erstenmal in meinem Leben die Kreditwürdigkeit der Vereinigen Staaten angezweifelt« worden sei. In der Tat war schon zu dieser Zeit deutlich, daß es erheblicher Anstrengungen bedurfte, das Land aus einer zunehmend prekär werdenden Situation zu befreien, aber der »freie Markt« hörte nicht auf die Warnung des obersten Bankiers. Er regulierte nichts und offenbarte sich als die Chimäre, die er in Wahrheit ist.

Der Staat, die Wirtschaft, auch die Bürger lebten – »No Money Down« – weiter über ihre Verhältnisse, und vor allem: Die Vereinigten Staaten waren im Rausch des kalten Krieges, der geradezu hysterisch geführt und mit seiner Rüstung zum wirtschaftlichen Verhängnis wurde. Denn der sogenannte »Rüstungsboom« war in Wirklichkeit unproduktiv. Er war nicht der »Growth«-Faktor und Indikator für amerikanische Kraft und wirtschaftliche Vitalität, als der er angesehen wurde, sondern er war – und wurde zunehmend – die gigantischste und infamste Geldverschwendung der Menschheitsgeschichte.

Schon am Ende der Präsidentschaft Dwight D. Eisenhowers, der eher maßvoll mit der Aufrüstung umgegangen war und Wert auf ausgeglichene Staatsetats legte, also 1961, als der ganz große Rüstungswahn erst noch bevorstand, fand der Historiker H. W. Brands, der zum Präsidenten gewordene General habe »eine Last von Verpflichtungen auf sich genommen, die Amerikas Möglichkeiten überfordert«, aber das Land befand sich nicht in einer Stimmung, in der es auf die Stimme der Vernunft hätte hören können. Zwar unterhielt es bereits militärische Basen in allen Teilen der Welt, baute sie ständig aus und hatte in nur rund drei Jahren sein atomares Potential auf 18000 Waffen vergrößert. Aus den rund 30 Zielen, die nach den Planungen des Jahres 1948 im Kriegsfall atomar hätten zerstört werden sollen, waren nun mehr als 2500 Ziele geworden, aber auch das war der Nation noch nicht genug. Sie fuhr, nachdem sich Eisenhower mit düsteren Warnungen vor der Raffgier des »militärisch-industriellen Komplexes« der Vereinigten Staaten verabschiedet hatte, damit fort, unvorstellbare Vermögen, über die sie nicht verfügte, in das Unvorstellbare, nämlich in den atomaren Krieg, zu investieren. Sie kaufte sich, sozusagen, täglich eine immer noch bessere und wirksamere Atomträgerrakete, immer wirksamere Sprengsätze – und zahlte mit »No Money Down«, hoffte irgendwie auf »Easy Payments« und ging heiter und sehr patriotisch in den Abgrund.

Es wurde mit Eisenhowers Nachfolger, John Fitzgerald Kennedy, schlimmer. Da er sich selbst durch – vom eigenen Geheimdienst, der CIA, entlarvte – Flunkereien über ein angebliches Raketendefizit der Vereinigten Staaten unter Leistungsdruck gesetzt hatte und akute Gefahr durch eine sowjetische Überlegenheit beschwor, die in Wahrheit nicht existierte, kurbelte er die Rüstung erst richtig an. Zwar äußerte auch er: »Wenn wir keinen Exportüberschuß erarbeiten, sind jene Dollars nicht verfügbar, die wir brauchen, um unsere Verpflichtungen in Übersee zu erfüllen«, aber tatsächlich gehörte die Zeit der Exportüberschüsse der Vergangenheit an. Zur Verbesserung der bedrohlichen Außenhandelsbilanz und zur Förderung des »Growth« fiel dem Präsidenten immerhin der Verkauf von Waffen und Kriegsmaterial auch an Länder der Dritten Welt ein. Von nun an gingen die »Merchants of death« wie Handelsvertreter auf Reisen und verhökerten Kriegsgerät in Entwicklungsländern, die nichts weniger als das brauchten und mit Dollars zu zahlen hatten, die sie sich nach amerikanischer Art liehen, denn natürlich besaßen sie keine.

Wie auch immer man die amerikanische Situation in der Zeit der Präsidentschaft Kennedys betrachtet: schon damals hatten sich die Vereinigten Staaten übernommen. Zum steten Rückgang der Wirtschaftsproduktivität gesellte sich eine ebenso stete Zunahme der Rüstungslast; der Marsch ins nationale Minus war unabwendbar, und Kennedy war nicht der Mann, ihn zu stoppen. Im Gegenteil finanzierte der Präsident, dem in nahezu jeder deutschen Stadt eine Straße rühmend gewidmet ist, die geplante Invasion an der kubanischen Schweinebucht – und war mit für ihn ganz ungewöhnlicher Energie auf die physische Beseitigung Fidel Castros aus –, während er gleichzeitig daranging, auch noch die nächste Torheit vorzubereiten, nämlich die, an der sich der überrüstete Gigant vollends übernehmen würde: Der Präsident in seiner Eigenschaft als Weltpolizist, allzuständig und an allen Orten nach neuen Zuständigkeiten fahndend, entsandte militärische »Berater« nach Vietnam.

Das Geld, das Kennedy bewilligte, um die ersten US-Soldaten nach Indochina fliegen zu lassen, erwies sich als eine der fatalsten Fehlinvestitionen in der jahrzehntelangen Anstrengung der Vereinigten Staaten, die Ausbreitung des »Bösen« auf dem Erdkreis zu verhindern. Die Entscheidung, die Vereinigten Staaten nach dem Desaster, in das die Franzosen in Indochina geraten waren, auch zur südostasiatischen Ordnungsmacht zu befördern, glich dem Beschluß einer mit schweren Krisen kämpfenden Firma, auch noch eine weitere unsichere Investition vorzunehmen.

In Wirklichkeit war sie von Anfang an reiner Unfug. Bei den Vietnamesen handelte es sich nämlich keineswegs um Kommunisten – sie waren es so wenig, wie Fidel Castro ein Kommunist war, als er in Havanna einzog und den von den

Vereinigten Staaten tolerierten und von der amerikanischen Mafia ausgehaltenen korrupten Batista ablöste –, sondern einfach um Menschen, die das Zeitalter des Kolonialismus beenden wollten und bereit waren, für ihre nationale Eigenständigkeit jedes Opfer zu bringen. Zweitens hatte in Washington niemand eine Vorstellung davon, wie ein Dschungelkrieg zu führen sei, den der Feind im dunklen Pyjama führte, und nicht nach den Regeln eines konventionellen Krieges. Drittens lag auf der Hand, daß ein paar militärische »Berater« nichts vermochten, und viertens war ebenso deutlich, daß ein großes Engagement auf der anderen Seite des Planeten die finanziell ohnehin überstrapazierten Vereinigten Staaten vollends überfordern würde.

Es war freilich so: Für fiskalische Vernunft, die zur politischen Vernunft gehört, gab es in Washington kaum noch Einsicht. Die Regierenden wollten, wie die Bürger, alles, und sie wollten es mit »No Money Down«. Sie wollten vorrangig immer noch die Welt von Bretton Woods, aber sie wollten gleichzeitig immer noch mehr Rüstung, sie wollten in Vietnam Ordnung schaffen und den Inhalt ihrer Arsenale immerzu runderneuern. Sie waren maßlos im politischen Anspruch wie im Umgang mit sich selbst. Sie verbrauchten weiterhin ihre Goldvorräte – 1968 waren sie auf nur noch zehn Milliarden Dollar geschrumpft –, sie ließen ihre nationale Infrastruktur verkommen und ignorierten ihre schweren sozialen Probleme, mit der Folge, daß die Schwarzen in ihren schlimmen Gettos zu rebellieren begannen und brannten und plünderten.

Man weiß, wie sich Vietnam entwickelte. Aus der Handvoll Dollar, die Kennedy für einige militärische »Berater« ausgegeben hatte, waren 1966 schon acht Milliarden Dollar geworden, im Jahr darauf gar 21 Milliarden. Die Erosion der Staatsfinanzen schritt ebenso fort wie die der wirtschaftlichen Ertragskraft, während der Staat andererseits, das war 1969, weltweit 2300 militärische Basen unterhielt, für die er Milliardenbeträge nicht zahlte, sondern vernichtete, denn mit dem militärischen Unfug verband sich keinerlei wirtschaftlicher Wert.

Richard Milhous Nixon, 1969 zum Präsidenten gewählt, sah das Desaster im Staatshaushalt, das ihm sein Vorgänger Lyndon Baines Johnson hinterlassen hatte, und er sah auch die Notwendigkeit der Korrektur, nur wollte er diese Korrektur nicht selbst vornehmen. Vielmehr forderte er die Alliierten der Vereinigten Staaten auf, die Lasten verstärkt mitzutragen, die sich sein Land aufgebürdet hatte. Sein Finanzminister John Conally – ein damals noch steinreicher texanischer Millionär, der 20 Jahre später privaten Bankrott anmeldete – formulierte das Begehren apart: »Grundsätzlich ist es so, daß die Ausländer darauf aus sind, uns aufs Kreuz zu legen. Unser Job ist es, zunächst einmal sie aufs Kreuz zu legen«, womit er ausdrücklich auch und besonders die Verbündeten der Vereinigten Staaten meinte.

Kräftige Worte haben nie eine kraftvolle Politik zu ersetzen vermocht. 1971 mußten jene Ausländer, die Mr. Conally eigentlich aufs Kreuz hatte legen wollen, erstmals und ganz offiziell den gesunkenen Dollar stützen, aber die Stütze trug nur ein Jahr, dann war der Stern von Bretton Woods erneut ohne Licht und bedurfte wiederum ausländischer Assistenz. Spätestens zu dieser Zeit war offensichtlich, daß die akute Gefahr eines Kollaps bestand. Die Leitwährung war geborgt, das Außenhandelsdefizit war Normalität und wurde als solche eher im Ausland als in den Vereinigten Staaten als Menetekel empfunden. Kurz, es war mit der Singularität des Führers der »freien Welt« vorüber, nur er selbst sah das nicht. Er gab vor, zu sein, was er in Wirklichkeit nicht mehr war, und begann, seine Verschuldung als eine abstrakte Größe mißzuverstehen, von der er annahm, die Geschichte werde es ihm gestatten, sie irgendwann und irgendwie im Wege jener »Easy Payments« abzutragen, auf die auch der Konsument bedenkenlos vertraute.

Mit seinen Ressourcen ging er nicht pfleglicher um. Noch 1945 waren die Vereinigten Staaten der Welt größter Ölproduzent gewesen, und noch fünf Jahre später waren sie in der Lage, ihren gesamten Eigenbedarf zu decken. Aber schon 1960 mußte jeder sechste Liter Öl importiert werden, und dann, weil der Nation eine dringlich angeratene Vernunft im

Umgang mit der Energie nicht zu vermitteln war, erhöhte sich der Importbedarf drastisch und lag nun schon bei je einem von drei verbrauchten Litern. Noch später, als die Opec ihre Lieferungen vorübergehend einstellte, trat die ganz große und nun jedermann sichtbare Demütigung ein: Amerikaner, die den Mangel grundsätzlich nicht kannten und ihn stets für ein Kennzeichen niederer Völkerschaften gehalten hatten, standen in langen Schlangen vor Tankstellen oder fuhren verständnislos an Zapfsäulen vorüber, vor denen Schilder standen, die das eben noch Undenkbare meldeten: »Sorry, no gas.«

Zwischen 1968 und 1978 verdoppelten sich in einer Wirtschaft, die immer weiter aus den Fugen geriet, die Preise, das hieß aber: Die Preise liefen den unteren Bevölkerungsschichten davon. Armut breitete sich aus, und mit ihr das legitime Kind der Armut, die Kriminalität. Im »Rust belt«, wo einmal der Welt effizienteste Stahlkochereien standen, schloß ein Unternehmen nach dem anderen und entließ verzweifelte Menschen auf die Straßen. Viele, für die es ein »soziales Netz« nicht gab, stürzten ins Bodenlose und sahen sich jäh zu »Easy Payments« verpflichtet, die sie nicht mehr aufbringen konnten. Anschließend blieb der Nation selbst die ganz große Demütigung nicht erspart: Entgeistert sah sie auf Fernsehschirmen, wie sich Menschen auf dem Dach der amerikanischen Botschaft in Saigon an den letzten Hubschrauber zu hängen versuchten, der das Gebäude verließ – Vietnam war verloren. Die Großmacht, die den kapitalistischen Segen von Bretton Woods unbedingt auch in die Dschungel Südostasiens hatte tragen wollen, kehrte geschlagen zurück. Ihr mächtiger Kriegsapparat, für den sie sich so tief verschuldet, auf den sie ihre Zukunft gesetzt und von dem sie angenommen hatte, er werde alles zum Guten wenden, hatte nichts vermocht.

Als nach der »Watergate«-Affäre mit dem schmählichen Ende des Präsidenten Nixon sowie nach einem Interregnum, in dem Gerald Ford im Weißen Haus regierte, aus Georgia der ehemalige Gouverneur Jimmy Carter nach Washington kam, verfügten die Vereinigten Staaten über 50 000 Atomwaffen. Mit ihnen verband sich ein Vernichtungspotential von grimmig-grotesken Ausmaßen. Der massenhafte Tod konnte auf jede nur denkbare Weise in die Länder »des Bösen« befördert werden. Der »Overkill«-Faktor stieg ständig. Längst reichten die nuklearen Kapazitäten, die ganze Menschheit auszulöschen, aber nach dem wahnhaften Gesetz, das die Mechanismen der Rüstung bestimmte, war auch das noch nicht genug: Bald konnte die Menschheit gleich zweimal, bald gar sechsmal umgebracht werden, aber in den Unternehmen, die Atomwaffen herstellten, wurde immer noch auf vollen Touren gearbeitet. Immer noch verschlangen sie Unsummen, und immer noch wurde der gespeicherte Massentod – »No Money Down« – auf Pump gebaut.

Die Schere öffnete sich weiter. Der grandiosen Unvernunft der fortgesetzten Rüstung standen ein Verfall der Zivilwirtschaft, ein beständig zunehmender Verfall der Währung und ein fortwährender Realitätsverlust der Politik wie der Nation gegenüber: Es mochte besorgte Stimmen geben, die von der Unvermeidlichkeit eines Fiaskos redeten, das es gäbe, würde nicht sofort und beherzt in den unseligen Mechanismus der Rüstungs- und Fiskalpolitik eingegriffen – die Unvernunft hatte sich längst selbständig gemacht. Die Rüstung hatte in der öffentlichen Meinung einen so hohen Rang, sie war so sehr zum Indikator, zum einzigen Indikator, der nationalen Kraft geworden, daß Präsidenten vor allem an ihren Bemühungen gemessen wurden, den Vereinigten Staaten den Rang der militärischen »Number one« zu erhalten und immer weiter auszubauen.

Präsident Carter orientierte sich wie seine Vorgänger am rüstungsvernarrten Volkswillen, statt das politisch – und vor allem sozial – Gebotene zu tun. Zu den 50 000 atomaren Waffen, über die er schon gebot, forderte er eine ganz neue Variante des potentiellen Todes, und diesmal eine, die nun wirklich aus dem Drehbuch eines »Horror Movie« zu stammen schien: Jimmy Carter wollte die »Neutronenbombe«, die Menschen tötet, Material dagegen weitgehend unversehrt läßt, und Herr Helmut Schmidt, ein Sozialdemokrat und westdeutscher Bundeskanzler – und ein Mann, von dem schon in wenigen Jahren kaum noch jemand wissen wird, wieso er je Ansehen genoß –, stimmte der gespenstischen Absicht zu.

»No Money Down«, so dachte sich das Jimmy Carter für die »Neutronenbombe«, »No Money Down« auch für das größte Waffenbeschaffungsprogramm der vergangenen – und an Waffenbeschaffungsprogrammen wahnhaft überreichen – 30 Jahre, das er anregte und mit dessen Hilfe er hoffte, in einem etwaigen Atomkrieg Sieger zu werden. 47 Milliarden Dollar verlangte der zum Präsidenten gewordene fromme Baptist für dieses nach allen Regeln der Vernunft unbezahlbare Programm, während er andererseits dem Kongreß in Washington vorschlug, die Staatsausgaben für in Wahrheit unabweisbare innenpolitische Zwecke um 36 Milliarden Dollar zu kürzen.

Während Jimmy Carter noch nach der Gewinnbarkeit eines atomar geführten Weltkrieges strebte, wurde der immer noch unumstrittene Führer der »freien Welt« schon wieder von einer vermeintlich drittklassigen Macht jäh und erneut demütigend mit der Realität konfrontiert: In Teheran besetzten iranische Studenten aus Zorn darüber, daß die Vereinigten Staaten den von seinen Landsleuten entmachteten Schah aufgenommen und unter ihren Schutz gestellt hatten, nicht nur die amerikanische Botschaft, sondern nahmen das gesamte Botschaftspersonal gefangen.

Wiederum gab der gespenstisch geblähte Kriegsapparat der Vereinigten Staaten nichts her, was zur Beendigung der Provokation hätte führen können. Ein Versuch, die Geiseln in Teheran durch ein militärisches Kommando von Elitesoldaten zu befreien, scheiterte unter blamablen Umständen, so daß man im amerikanischen Fernsehen nicht nur die Bilder der gefangenen Diplomaten, sondern auch ausgebrannte amerikanische Flugzeuge in der iranischen Wüste sah: Es war dem Eliteeinsatzkommando gelungen, ohne Feindberührung mehrere Soldaten und Flugzeuge zu verlieren.

Erneut war nach Vietnam die Fragwürdigkeit des immensen militärischen Apparats, den sich die Vereinigten Staaten um den Preis ihrer Solvenz angeschafft hatten, evident geworden. Das anscheinend mächtige Land, in deren Raketenabschußsilos furchterregende Vehikel auf ihre Stunde warteten, glich Maos »Papiertiger«. Erstmals sank das amerikanische Ansehen in der Welt spürbar: Vietnam, die Kriminalposse von »Watergate«, die Blamage im Iran und das offenkundige Defizit in den Staatsfinanzen – das war ein bißchen zuviel.

Aber nun kam jemand, der die Welt von »Bretton Woods« wiederherstellen und die Welt lehren würde, wessen der Kapitalismus fähig ist, wenn man ihn nur frei gewähren läßt. Jemand kam auf einer Woge des blanken Chauvinismus, die er in seinem Präsidentschaftswahlkampf ausgelöst hatte, nach Washington, der das Sinnwidrige zum Programm machte und dafür die begeisterte Zustimmung seines Wahlvolks empfing. Ronald Reagan versprach, die Rüstung noch einmal drastisch zu verstärken, die Steuern drastisch zu senken, den Staatshaushalt auszugleichen und mit der Entschuldung der Nation zu beginnen. Mit anderen Worten, er versprach eine Veränderung der Zeiten von Ebbe und Flut.

George Bush nannte, was Ronald Reagan als Politik annoncierte, »Voodoo-Wirtschaft«, ehe er dann dem Hexenmeister widerspruchslos und loyal als Vizepräsident diente und ins Desaster folgte. Tatsächlich war der Unfug der Versprechen des Präsidenten offenkundig. Kein Volk mit einigem politischem Verstand hätte einen so ungetarnt törichten Mann mit einem so grotesken Programm ins Präsidentenamt gewählt und den politischen Analphabetismus zugelassen, mit dem er seinen Wahlkampf bestritt. Reagan, schon bis über die Ohren verschuldet, ehe er noch den ersten Tag im Weißen Haus in Washington verbracht hatte, redete vom Geld wie der Blinde von der Farbe. Der eloquenteste Prediger, den der amerikanische Kapitalismus je in die Politik schickte, war – nicht nur in Finanzdingen – von abgründiger Dummheit. Er tat genau, was er im Wahlkampf versprochen hatte. Er gab dem »No Money Down«-Prinzip eine ganz neue Dimension.

In der Präsidentschaft Ronald Reagans stiegen die Defizite des Staatshaushalts nicht nur, sie explodierten, was jedermann hätte wissen können, der ihn nach Washington wählte. Der Präsident erwirtschaftete schon im ersten Amtsjahr ein

Minus von 200 Milliarden Dollar und würde acht Jahre lang fortfahren, solche und größere Defizite anzusammeln. Auf den im doppelten Sinne des Wortes mörderischen Rüstungsetat, den ihm sein Vorgänger Jimmy Carter hinterlassen hatte, ließ er noch einmal weitere 40 Prozent packen, ohne zu wissen, was er mit diesen Multimilliardenbeträgen kaufen wollte.

Er band, ganz wie versprochen, den Kapitalismus los und befreite ihn von staatlicher Aufsicht, sofern es die im wirklichen Sinne des Wortes je gegeben hatte. Er deregulierte zum Beispiel die Spar- und Darlehenskassen, die dazu ermutigt wurden, sich in den »freien Markt« zu begeben und seine Fähigkeiten nachzuweisen. Im Laufe weniger Jahre hatten die Sparkassen aus ihrer ganz kapitalistischen Freiheit einen kaum noch übersehbaren Wust von Verschwendung, irrsinniger Spekulation, Luxus und Korruption gemacht. 499 Sparkassen wirtschafteten sich in den Ruin und mußten von der Regierung übernommen werden, 295 weitere Sparkassen würden, wie man 1990 in Washington wußte, vermutlich ebenfalls untergehen, noch einmal 325 Sparkassen galten als »ernstlich bedroht«. Für die Verluste, die sich auf mindestens 300 Milliarden Dollar belaufen – es gibt Experten, die eine Schadenshöhe von »bis zu 500 Milliarden Dollar« nennen –, muß der amerikanische Steuerzahler aufkommen, der noch eben der Ankündigung des Präsidenten Reagan begeistert zugestimmt hatte, kapitalistischen Prinzipien freien Lauf zu lassen.

Ronald Reagan tat, was in der Logik der »No Money Down«-Mentalität liegt: Er entließ mit der Zahlungs- auch die allgemeine Moral und erhob die Gier in den Stand der achtenswerten Tugenden; die Nation dankte ihm das, indem sie ihn für eine zweite Amtszeit wählte. Reagan band die Furien los, die in den Resten der Volkswirtschaft nur auf die ganz große Freiheit gewartet hatten und nun mit »No Money Down« Firmen aufkauften und den allgemeinen Glauben an »Easy Payments« teilten. Der Präsident nahm, indem er tiefe Einschnitte in die ohnehin gänzlich unzureichende Sozialgesetzgebung verordnete, den Armen nicht nur die Butter vom

Brot, sondern er nahm ihnen das Brot und hielt die ganz Armen, die sich nicht einmal eine Mietwohnung leisten konnten und nachts auf den Straßen oder in den Parks lagen, für »freiwillige Obdachlose«.

Vor allem aber rüstete er, hier 20 Milliarden und »No Money Down«, dort 25 Milliarden und »No Money Down«, da noch einmal 30 Milliarden und »No Money Down«. Dann, nachdem die Nation einen Schuldenberg angehäuft hatte, den niemand mehr überblicken konnte, wollte der Präsident auch noch »Star Wars«, nämlich für eine Billion Dollar ein weltraumgestütztes Raketenabwehrsystem, das aus den Vereinigten Staaten eine unangreifbare, zum »Erstschlag« aber fähige Festung machen sollte. Der mächtigste Mann der Welt beschrieb seine Absicht einmal so: »Mein Konzept von dem strategischen Verteidigungssystem war eines, das, falls und wenn wir schließlich realisieren, was unsere Absicht ist, und das ist eine Waffe, die gegen Raketen gerichtet ist, nicht ein Waffensystem, das gegen anfliegende Waffen wirkt, Raketen«, denn so redete der Mann, wenn ihm nicht jemand eine Rede schrieb.

1985, während längst das Ausland einen erheblichen Teil der amerikanischen Staatsverschuldung finanzierte, hatten eben diese Ausländer erstmals mehr Besitz in den Vereinigten Staaten als Bürger der Vereinigten Staaten im Ausland – das hatten sich die Organisatoren von Bretton Woods ganz anders gedacht. Ausländische Nationalbanken mußten zuweilen Kopf und Kragen riskieren, indem sie immense Dollarbeträge kauften, um jene Währung zu stützen, um die sich immer noch die Finanzwelt drehte, als wäre seit Bretton Woods nichts geschehen. Im Mai 1987 herrschte im Finanzministerium in Washington so etwas wie Panik, denn die Ausländer weigerten sich, die vom Ministerium emittierten Schuldverschreibungen im Wert von 29 Milliarden Dollar zu kaufen mit deren Hilfe das Land liquide blieb. Endlich, nach zwei Tagen, als das Ministerium den Preis der Papiere gesenkt und den Ertrag erhöht hatte, kauften die Ausländer wieder – die Vereinigten Staaten waren noch einmal davongekommen und verdrängten die lähmende Erfahrung dieser Tage rasch.

Ronald Reagan führte seine Nation im Namen des Kapitalismus in einen Rausch, in dem alles ging. An jedem Tag seiner Amtszeit wurden zwölf Wirtschaftsunternehmen von anderen Firmen übernommen, häufig genug zu keinem anderen Zweck als dem, im Wege des Weiterverkaufs einen anständigen Profit zu machen. Die Konsumenten, denen Kreditkarten eher aufgeschwatzt als angeboten wurden, bedankten sich und sammelten allein im Umgang mit dem Plastikgeld Schulden in Höhe von 174.792.000.000 Dollar an. Die Korruption, obschon stehende Einrichtung im Lande, solange es existierte, nahm in der Reagan-Ära folgerichtig ein epidemisches Ausmaß an, denn sie war immer das legitime Kind jener Gier, die nun ganz ungetarnt Modefarben trug: Es gab in Reagan's Washington zehnmal mehr aufgedeckte Korruptionsfälle als zehn Jahre zuvor. Von einem ständig lächelnden Präsidenten geführt, der immerzu »Don't worry« zu sagen schien, tanzte die Nation auf dem Vulkan, hielt die Perversion für geordnet und staatliche wie private Schulden für belanglos. »Man wird einmal von uns sagen«, fand der in New York State gewählte Senator Daniel Patrick Moynihan, »daß sich die Amerikaner von den Japanern eine Billion Dollar borgten und sie auf einer Party verpraßten.«

Aber es hatten sich, als Ronald Reagan wieder ins heimische Hollywood zurückkehrte und George Bush das Präsidentenamt übernahm, nicht nur eine Billion Dollar Staatsschulden angesammelt, sondern mehr als drei Billionen. Nach den Maßstäben, die im privaten Geschäft gelten, war das Land in unmittelbarer Gefahr, von seinem Schuldenberg erdrückt zu werden. Seinen Sieg im kalten Krieg hatte es mit einer totalen Niederlage an der Heimatfront des Fiskalischen bezahlt – und mit bizarren Realitäten: Auf der einen Seite hatten die Vereinigten Staaten 1990 amtlich durch den »Strategic Integrated Operations Plan« 50 000 Atomwaffenziele in allen Teilen der Welt markiert – mit einer Vernichtungskraft, die von einigen tausend bis zu mehr als 100 Millionen Menschen reichte. Andererseits ließen sie in der Zeit, in der sie ihr Atomwaffenpotential für diesen Irrwitz rüsteten, ihre Autobahnen so verkommen, daß 655 Milliarden Dollar nötig waren, sie wieder herzurichten, aber natürlich waren diese 655 Milliarden Dollar nicht verfügbar. Einerseits forderte Präsident Bush trotz der von Gorbatschow eingeleiteten dramatischen Veränderungen auch für das Etatjahr 1991 wieder Rüstungsausgaben in Höhe von rund 300 Milliarden Dollar, andererseits war in seinem Land ein Drittel aller Schulen veraltet, überfüllt oder renovierungsbedürftig. Einerseits wurde auf ausdrücklichen Wunsch des Präsidenten mit dem Bau des B-2-»Stealth«-Bombers fortgefahren, der ausschließlich offensiv eingesetzt werden kann und pro Exemplar den phantastischen Betrag von 530 Millionen Dollar kostet, aber andererseits waren gleichzeitig im Land mehr als 40 Prozent der 574000 Brücken baufällig oder mindestens überholungsbedürftig, und Fachleute schätzten, daß man rund 900 Milliarden Dollar brauchte, um die Großstadtgettos der schwarzen Unterklasse zu sanieren. Einerseits gaben die Vereinigten Staaten an jedem Tag 807.120.000 Dollar nicht für Verteidigung – denn niemand bedrohte sie –, sondern für offensive Rüstung aus, während andererseits das Heer der Obdachlosen immer größer wurde und aus New York City, wie ein amerikanischer Journalist fand, »ein Kalkutta ohne die Kühe« gemacht hatte. Einerseits hielt die Bush-Administration am Bau der MX-Interkontinentalrakete zum Stückpreis von 56 Millionen Dollar fest, während das Land auf der anderen Seite dringend 50 Milliarden Dollar brauchte, um wenigstens die gröbsten Schäden zu beseitigen, die durch fahrlässigen Betrieb von Atomkraftwerken und Werken zur Herstellung von Atomwaffen entstanden waren.

Einerseits sah der 1990 dem Präsidenten vorgelegte »Strategic Integrated Operations Plan«, im Beamtenjargon von Washington »SIOP-6G«, für Moskau so viele Atomwaffenziele vor, daß nach der Aussage eines Beamten »die Umrisse der Stadt unter den vielen Markierungen nicht mehr zu erkennen waren«, aber andererseits hatte niemand in Washington die 24 Milliarden Dollar, die dringend gebraucht wurden, um die Trinkwasserversorgung im eigenen Land zu sichern; und schließlich: Einerseits trat Präsident Bush – besonders nach dem Debakel des europäischen Ostblocks – selbstsicher als der Führer der »freien Welt« auf, während sein Land anderererseits mehr für den Schuldendienst ausgab, als es für seinen Umweltschutz, seinen öffentlichen Gesundheitsdienst oder andere nationale Gemeinschaftsausgaben zu bezahlen vermochte.

Nicht nur der Staat stellte die Vernunft auf den Kopf und reduzierte Prioritäten zu Nebensächlichkeiten. Da der real existierende Kapitalismus längst alles pervertiert hatte, was sich mit dem Begriff »Geldwert« verband, da er die Verschuldung glorifiziert und den Barkauf suspekt gemacht hatte und im Geldumgang zum reinen Zynismus übergegangen war, war nun alles möglich; zum Beispiel im Winter 1989/90 waren wieder viele Obdachlose erfroren, aber eine Fernsehkette kaufte sich die Rechte für die Übertragung von Baseball-Spielen für 1,1 Milliarden Dollar. In den Gettos der großen Städte nahm die Kindersterblichkeit immer weiter zu, aber einem anderen Fernsehsender waren die Rechte für die exklusive Darbietung von Spielen der »American Football League« 3,6 Milliarden Dollar wert.

Die aus allen Fugen geratene Moral im Umgang mit dem Geld gestattete es, dem Schwergewichtsboxer Mike Tyson 1988 für jede Runde, die er im Ring stand, 3.142.857 Dollar zu zahlen. Der Profiboxer »Sugar« Ray Leonhard ließ sich jeden Schlag, den er im Ring austeilte, mit 21.472 Dollar bezahlen. Larry Bird, ein Basketball-Spieler der »Boston Celtics«, kassierte für jede Spielminute 9.523 Dollar, Wayne Gretzky, ein Eishockeyspieler der »Los Angeles Kings«, für jedes Tor, das er schoß, 37.037 Dollar – in einem Land, in dem annähernd 35 Millionen Menschen unterhalb der amtlich festgesetzten Armutsgrenze lebten und Millionen täglich hungerten.

Michael Jackson, ein Popsänger, der das kleine Wunder vollbrachte, eine Kastratenstimme zum »Hit« der ganzen Welt zu machen, verdiente, ob er irgendwo sang oder nicht, an jedem Tag 164.383 Dollar, und Donald Trump, der klassisch-kapitalistische »Entrepreneur« alter Schule und Bauherr für die ganz Reichen, war, ehe er noch seinen 40. Geburtstag beging, Pfund für Pfund seines stattlichen Körpergewichts 9.700.000 Dollar wert, verkaufte Wohnungen für zweistellige Millionenbeträge und residierte wie ein König in eben jener 5th Avenue in New York, an der, ein paar Meilen weiter nördlich, das schwarze Elend im Getto hauste.

Aber war wirklich verwunderlich, daß es zu solchen Exzessen in einer Gesellschaft kam, die den Exzeß nie für anstößig hielt? War, wo »No Money Down« fortgesetzt zum Glück einlud, anderes als die institutionalisierte Unsolidität zu erwarten? Und war nicht in einer Gesellschaft, in der alles geht, am Ende nur logisch, daß sie 50 Prozent des in der Welt zirkulierenden Rauschgiftes konsumiert?

Im letzten Jahrzehnt des 20. Jahrhunderts wird die Welt von einem Paradoxon beherrscht. Während sie die Vereinigten Staaten als den Sieger des kalten Krieges und damit als Weltenführer betrachtet – und den Kapitalismus als definitiven Sieger der Auseinandersetzung mit allem, was als links gilt –, ist der Sieger auf den Tod krank und nur noch am Leben, weil ihn jene am Leben erhalten, denen er einmal in Bretton Woods diktierte. Er ist fiskalisch am Boden, und über das Fiskalische hinaus auch moralisch erkrankt, weil er stets mehr wollte, als er sich leisten konnte und weil er sich stets weigerte, die Krankheit dieser Verfahrensweise zu akzeptieren. Er ist geldsüchtig, aber er ist ein Süchtiger, der seine Krankheit nicht anerkennt. 1975 mußte der amerikanische Durchschnittsbürger noch 65 Prozent seines Gesamteinkommens aufwenden, um – nach dem Erwerb des Lebensnotwendigsten – seine Schulden zu begleichen. 1988, das letzte Jahr, für das Daten vorliegen, hatte sich die Quote auf etwas über 90 Prozent erhöht und stieg weiter. 1990 belief sich die Summe der von irgend jemandem »garantierten« Kredite auf sechs Billionen Dollar – das ist mehr als das Bruttosozialprodukt und das Doppelte der Bundesschuld: Der Patient befand sich in Lebensgefahr – und pumpte weiter.

Die Vereinigten Staaten sind an der Maßlosigkeit erkrankt, die ein Wesensmerkmal des ungezügelten Kapitalismus ist und immer war. Sie sind an ihrer Vergötterung des Besitzes erkrankt, auch jenes »No Money Down«-Besitzes, der außerhalb ihrer Möglichkeiten liegt.

Vielleicht ist es nicht notwendigerweise so, daß, wie Horkheimer fand, vom Faschismus reden muß, wer vom Kapitalismus redet. Aber von Unmoral nicht nur, sondern von der Unfähigkeit des Kapitalismus, Unmoral auch nur als solche zu erkennen, muß reden, wer sich mit ihm beschäftigt – und von den Viren von Bretton Woods, die der Sieger des kalten Krieges, durch seinen Sieg neu motiviert, ungebrochen in die Welt trägt.

DIE VERERBER

Die Fundamente der amerikanischen
Wirtschaftsordnung wurden von Männern gelegt,
die bösartig waren, gierig, korrupt und kriminell.
Ihrem Ansehen schadete das nicht.

Zum Beispiel Johann Jacob Astor: Er war ein Gründervater der Nation. Er war gleichsam ein König in der Republik. Er war ein Großer, ein bewunderungswürdiger Tatmensch und aus dem Stoff, der das Land zu seiner Größe führte. Einer, der begriff, daß jeder seines Glückes Schmied ist und die Grenzen selbst festsetzt, bis zu denen er aufsteigen kann. Einer, der nie »Nein« als Antwort akzeptierte, nie daran zweifelte, reich und immer reicher werden zu können, nie zögerte, mit seinem Reichtum zu wuchern und zu korrumpieren. Er war ein Zeuge des »American dream«. Ein armer Ladenschwengel, der zum Multimillionär wurde. Lebenslang kaum in der Lage, einen fehlerfreien Brief zu schreiben, aber, was viel wichtiger war, »smart«; Briefschreiber konnte man engagieren.

Johann Jacob Astor, eine Legende. Noch zwei Jahrhunderte nach seiner Ankunft im »Land der unbegrenzten Möglichkeiten« würde jedes Kind des Landes von ihm hören und seine staunenswerte Karriere als Hinweis darauf verstehen, daß man werden konnte, was man wollte, wenn man es nur wollte. Immer würde er als einer gelten, der auf seine Weise das Fundament legte, über dem das amerikanische Haus ins Gigantische wuchs, denn auch er war ein »Founding father«, aber ein Praktiker. Schwerlich hätte er mit den anderen, schriftgelehrten »Founding fathers«, den Staatstheoretikern in Philadelphia, die Grundsätze formulieren können, nach denen das Land leben sollte; er lebte diese Grundsätze vor. Er war einer der ersten ganz großen Kapitalisten. Einer, der nachwies, was der Kapitalismus vermag, wenn man nur Tatkraft besitzt, Stärke, Härte – und, vor allem: wenn man »smart« ist.

Johann Jacob Astor, Deutscher, geboren in Walldorf, südlich von Heidelberg, war 21 Jahre alt, als er in New York ankam. Er war ein vierschrötiger Kerl, Fleischersohn, kaum in die Schule gegangen, auch im elterlichen Haus nicht recht gelitten, wo eine lieblose Stiefmutter geherrscht hatte. Zunächst war er nach London gegangen, wo Bruder Georg einen Musikalienladen betrieb, aber London war nichts für Johann Jacob, der mit billigstem Schiff und unterster Passagierklasse nach New York reiste, um sein Glück zu machen.

1784 kam er an, ein Niemand bei Null, der in der Stadt müllverdreckte Schlammwege sah, denn jedermann warf seinen Abfall kurzerhand zum Fenster hinaus. Sah grunzende Schweine, die gierig im Abfall wühlten und ungute Gerüche verbreiteten. Sah, als er im Hafen landete, Huren, Trunkenbolde, streitsüchtiges Volk und wenige Anzeichen dafür, daß George Washington, der erste Präsident der Vereinigten Staaten, die Stadt ein Jahr später für würdig befinden würde, die erste Metropole des jungen amerikanischen Bundes zu sein. Aber Johann Jacob blieb.

Handelte er auf den Straßen mit Kuchen? Einige seiner Biographen fanden die Vorstellung hübsch: Wie der große Johann Jacob, der sich nun mit seinem ersten Vornamen John nannte, frisch Gebackenes an den Mann zu bringen versuchte und dafür Kleingeld verdiente. Ob er aber am Anfang auf der Straße mit Backwaren schnorrte oder nicht; er fing ganz unten an und hauste eher, als daß er wohnte; die grunzenden Schweine waren seine Nachbarn. Suchte einen Einstieg, eine Zukunft, und schließlich fand er einen Job. Für zwei Dollar pro Woche und Verpflegung entstaubte er beim Kürschner Robert Bowne von morgens bis abends Biber-, Otter- und Bisamrattenfelle, die weiter nördlich von Indianern gejagt und dann von weißen Händlern für windige Preise erstanden worden waren. In New York wurden die Felle nur gelagert und dann profitabel nach Europa verschifft.

Es war kein schöner Job, den John Jacob gefunden hatte. Die Felle stanken, und es gab überall Ungeziefer. Im Sommer, wenn sich unerträglich feuchte Hitze über die kleine Stadt an der Mündung des Hudson-River legte, geriet John

Jacobs unappetitliche Arbeit zur Strapaze, aber er klagte nicht und hielt durch und hatte Erfolg.

Mr. Bowne gefiel die Verläßlichkeit des jungen aus Deutschland kommenden Burschen, der widerspruchslos seinen staubigen Job tat. Er trug John Jacob an, gegen ein erheblich verbessertes Entgelt in die Wildnis des Nordens zu gehen und dort von den Indianern jene Felle aufzukaufen, die schon ein wesentlicher Außenhandelsposten gewesen waren, als New York noch Neu-Amsterdam hieß und sich in holländischem Besitz befand. Die Zeiten hatten sich seither politisch gewandelt, nicht aber die Verfahren beim Fellhandel. Sie waren simpel: Es kam darauf an, den auf Bestellung jagenden Indianern möglichst geringe Preise zu zahlen und ihre bodenlose Ignoranz auszunutzen, während beim Weiterverkauf an den unersättlichen europäischen Markt soviel Profit wie nur irgend möglich zu machen war.

Da aber die Abnahmepreise in Europa nicht wesentlich differierten, mußte man den Profit schon beim Ankauf machen, und das hieß: Man mußte die Indianer über den wirklichen Wert dessen, was sie John Jacob zum Ankauf anschleppten, im unklaren lassen. Man mußte immerzu so tun, als hätten sie wertlosen Dreck zu John Jacob getragen, auch wenn die Indianer wahre Prachtstücke vor ihm ausbreiteten. Man mußte die Preise drücken und nochmals drücken, aber andererseits mußte man hellwach sein und vermeiden, daß die Indianer entmutigt ihre Felle nahmen, um sie bei anderen weißen Aufkäufern loszuschlagen. Man mußte rücksichtslos sein, kaltblütig und gnadenlos an den maximalen Profit denken, denn nichts war wichtiger als er, schon gar nicht Fairneß im Umgang mit den Indianern.

John Jacob war ein guter, er war ein sehr guter Aufkäufer. Mit einem gewissen Stolz kehrte er von seinen beschwerlichen Touren in die gottverlassene Gegend nördlich des kleinen Kaffs Albany nach New York zurück und breitete vor dem überaus zufriedenen Mr. Bowne aus, was er gegen einen Spottpreis erstanden, oder besser, was er von den Indianern gestohlen hatte.

Mr. Bowne entlohnte John Jacob angemessen, aber der

hatte inzwischen begriffen, daß er Mr. Bowne nicht mehr brauchte. Er konnte das ganze Geschäft selbst machen, und zwar besser und profitabler als irgend jemand sonst. Er kannte nun die Marktmechanismen in der Wildnis, in der die Indianer die Pelztiere wie am Fließband töteten, um der endlosen und stürmischen Nachfrage der sonderbaren Weißen entsprechen zu können, und ebenso kannte er die Mechanismen des Weiterverkaufs in New York. Weshalb also für den Profit Mr. Bownes arbeiten und in der Wildnis Kopf und Kragen riskieren, wenn man den Profit selbst machen konnte?

John Jacob wohnte, wenn er in New York war und in aller Bescheidenheit die Vorzüge der Stadt genoß, in der Pension der Witwe Todd, deren Tochter Sarah ihm gefiel. Artig bat er um Sarahs Hand. Die Witwe, die an dem ernsthaften und fleißigen jungen Mann Gefallen fand, gab ihm ihre Tochter und damit auch die 300 Dollar, die Sarah gespart hatte. 300 Dollar – das war mehr, als John Jacob je besessen hatte. Er ging unverzüglich daran, aus diesen 300 Dollar das größte Vermögen zu machen, das je irgend jemand in New York zusammengerafft hatte.

Immer wieder unternahm er seine riskanten Exkursionen in den Norden. Niemand trieb den blutigen Handel mit dem Fell der Tiere eifriger, nein: fanatischer als John Jacob. Die Indianer die vor der Ankunft der Weißen nicht auf den Gedanken gekommen wären, Tiere zu töten, wenn sich damit nichts verband, was mit der Existenzsicherung zu tun hatte, fanden es manchmal schon ein bißchen schwierig, die riesigen Partien anzuliefern, die John Jacob von ihnen anforderte, aber sie lieferten, denn John Jacob hatte die Indianer den Materialismus gelehrt. Massenhaft starben Ottern, Biber, Bisamratten und Braun- und Grizzlybären, damit feine Damen sich in Europa angemessen kleiden konnten. John Jacob hätte mit dem Lauf der Geschäfte zufrieden sein können, aber er war es nicht. Er würde nie zufrieden sein, denn er wußte, daß es noch einen besseren als den vorzüglichen Profit gab, den er bereits machte.

Er fiel ihm wahrlich nicht in den Schoß. Ein paar hundert Kilometer nördlich von New York, wo sich John Jacob auf der rastlosen Suche nach immer höherem Profit herumtrieb, lebte es sich schlecht, wenn man nicht Indianer war und mit der Umwelt vertraut. Im Winter kam bittere Eiseskälte aus dem Norden, die Sommer waren von schwer erträglicher Hitze, und die üppig wuchernde Natur, von weißen Pionieren noch kaum angerührt, steckte voller Gefahren. Immer wieder hörte John Jacob, daß irgendwo ein Mensch von einem Bären angefallen und getötet worden war. Es kam auch gelegentlich vor, daß ein Weißer von Indianern umgebracht wurde, was John Jacob nicht verwunderte, denn er hielt die Indianer nicht für richtige Menschen; Indianer, so fand er, waren dumm, verschlagen, gottlos, unsagbar primitiv; sie waren Wilde und nur zur Anlieferung der Ware zu gebrauchen, aus der man ein Vermögen machen konnte.

In New York war Sarah ihrem Mann eine tüchtige Partnerin. Nicht nur wickelte sie – freilich nur gegen gute Bezahlung durch den Gatten –, in Abwesenheit ihres Mannes die laufenden Geschäfte ab, sie gebar ihm auch acht Kinder, denen John Jacob ein überaus gestrenger Vater war.

Hatte John Jacob, als er 30 Jahre alt war, ein paar Hunderttausend Ottern, Biber, Bisamratten und Bären töten lassen? Oder mehr? Man weiß das nicht; was man weiß, ist nur, daß er sich auf seinen Expeditionen gesundheitlich verschlissen hatte und nicht mehr zum Einkauf in die Wildnis fahren konnte. Andererseits war er nun 250.000 Dollar schwer und damit ein hochvermögender Mann. Mit 250.000 Dollar hätte sich John Jacob zur Ruhe setzen, sein Geld arbeiten lassen und zusehen können, wie seine Kinder gerieten. Aber nichts war ihm ferner als das. John Jacob Astor fing nun erst richtig an.

Gründete die »American Fur Company« und wurde Reeder. Nahm den Fellhandel mit China auf, wo es große Nachfrage, insbesondere nach den Fellen von Seeottern, gab, und da große Nachfrage immer auch große Profite versprach, ließ sich John Jacob das Geschäft nicht entgehen. Ließ auch schon mal Opium auf seine Schiffe laden, denn auch damit ließ sich hochprofitabel handeln. Heuerte ganze Brigaden von Trappern und Agenten an, die auf dem nordamerikanischen Halbkontinent ausschwärmten und die Indianer zu immer intensiverer Jagd auf Pelztiere anhielten. Ließ »Trading Posts« entstehen, in denen weißer Firlefanz die Indianer faszinierte und sie antrieb, womöglich noch erfolgreicher auf die Jagd zu gehen.

Ganz weit im Westen des Landes errichtete John Jacob sein eigenes Imperium, schickte Expeditionen aus, die das Land zu erkunden und dann händlerisch zu erschließen hatten, und dann, so plante John Jacob, würde er in diesem Imperium seine eigene Hauptstadt bauen, und sie würde nach ihm benannt werden und »Astoria« heißen.

John Jacobs Agenten waren tüchtig und rücksichtslos wie er. Er heuerte nur ganze Kerle, die Courage hatten, Pioniergeist und eine schnelle Hand beim Griff zum Revolver. Als die verwegenen ganzen Kerle in der Gegend ankamen, in der einst »Astoria« stehen und Handelshauptstadt sein würde, nahmen sie den Handel mit den Salish-Indianern auf, die mit schönen Fellen kamen. John Jacobs Männer boten, wie sie es von ihrem Boß gelernt hatten, wenig für die Ware. Der Führer der Salish war unzufrieden mit dem Gebot und sagte das, worauf ihm einer der Weißen ein Fell um die Ohren schlug. Man durfte das. Man mußte im Umgang mit den Primitiven keine Skrupel haben. Man mußte sich Respekt verschaffen, ein für allemal, und die Grenzen deutlich machen, die zwischen richtigen Menschen und Indianern bestanden. Man mußte mit Stärke demonstrieren, wer von nun an der Herr des Imperiums war, in dem einmal »Astoria« stehen würde.

Der Führer der Salish schien reuig und bekehrt. Er bot die schönen Felle im Tausch gegen die Messer an, die John Jacobs Männer an ihren Gewändern trugen. Das war, fanden die Weißen, ein prächtiger Tausch. Eilig trennten sie sich von ihren billigen Messern und rafften zusammen, was die Salish herangeschleppt hatten, aber dann stach der Führer der Indianer zu, und ebenso die anderen Salish; sie hörten gar nicht mehr auf, die längst leblosen weißen Körper zu malträtieren. Blut bedeckte den Boden, und dann verschwanden die Salish, die Felle auf dem Rücken, in ihren Wäldern.

John Jacob erfuhr davon, als er, längst ein Mann der feinen

Gesellschaft, in New York auf dem Weg zum Theater war. Er blieb ungerührt. »Soll ich zu Hause bleiben und weinen?« fragte er, nahm seine Sarah und führte sie an ihren Logenplatz, wo sie eher thronten als saßen, bestaunt von der Bürgerschaft der Stadt, die begriff, daß John Jacob alles personifizierte, was dieses junge Land auszeichnete: Kühn wie er mußte man sein, kalt wie er, Skrupel führten nach nirgendwo.

John Jacob instruierte seine Agenten über die Nützlichkeit des Alkohols im Umgang mit den Indianern. Alkohol war nicht nur gut zur Schaffung einer angenehmen Atmosphäre beim Handel, Alkohol war auch – wenn die Indianer erst einmal auf den Geschmack gekommen waren – vorzüglich als Tauschobjekt geeignet. Das war ein hochprofitabler Mechanismus, denn generös schenkten John Jacobs Männer den Indianern ein, die Alkohol nicht gut vertrugen, und dann setzten sie die Tauschquoten fest, mit denen sich die trunkenen Indianer einverstanden erklärten, und wenn die Indianer durch solche Geschäfte in die Schuld John Jacobs und seiner Männer gerieten, machte das nichts; im Gegenteil: John Jacob hatte immer gewußt, daß es ein großer Vorteil sein kann, jemanden in seiner Schuld zu haben, denn Schuld macht gefügig.

John Jacob verschuldete ganze Indianervölker. Die Winnebago waren ebenso in seiner Schuld wie die Sac und die Fox. Was blieb ihnen, als alles zu tun, um ihre Schulden abzutragen? Auch Präsident Monroe in Washington war in John Jacobs Schuld, und was blieb ihm, als John Jacob zu Gefallen zu sein? Schulden, wußte John Jacob, konnten viel ertragreicher sein als Geld auf der Bank. Ausdrücklich ließ er den dankbaren Präsidenten wissen, daß er sich nicht bedrängt fühlen solle, wenn er sich einstweilen außerstande sähe, seine Schulden zu begleichen.

Längst war John Jacob viele Millionen Dollar schwer, der reichste Mann in der Stadt, der reichste Mann im Lande, aber er war nicht satt. Er würde nie satt werden; im Gegenteil: Es war, als machten ihn seine vielen Millionen immer noch hungriger, gieriger und maßloser.

Irgendwo im Westen des Landes war erneut eine seiner Expeditionen in schreckliche Schwierigkeiten geraten. Die Männer hatten ihre Reitpferde schlachten müssen, um zu überleben. Männer waren in reißenden Strömen ertrunken, die auf dem Weg zum Profit überquert werden mußten. Männer wurden von Indianern getötet – John Jacob nahm solche Nachrichten unbewegt entgegen: Machte nichts, machte gar nichts. John Jacob war mit sich selbst nicht rücksichtsvoll umgegangen, als er damals in der Gegend von Albany sein Leben im Bemühen um den Profit riskierte, und er war nicht der Mann, nun wehleidig an die Männer zu denken, die in seinem Auftrag durch das Land zogen, um neue Profite zu suchen. Man machte in diesem Gewerbe keinen Profit, wenn man nicht etwas riskierte. Es gab keinen Gewinn ganz ohne Risiko. Geschäfte waren nichts für sanfte Gemüter. Dies Land war rauh und schenkte niemandem etwas, und das hieß: Wer es in diesem Land zu etwas bringen wollte, mußte noch ein bißchen rauher sein. John Jacob war entschlossen, sich, was das anging, von niemandem übertreffen zu lassen.

Lange monopolisierte er den Handel mit den Fellen. Längst hatte er weit und breit den Großteil der Biber, Ottern und Bisamratten abschlachten lassen, so daß die Indianer die ernstesten Schwierigkeiten hatten, ständig weiteren Nachschub zu beschaffen; dann hörte John Jacob mit dem Fellhandel auf. Nicht aus ökologischer Einsicht; die war ihm und seiner Zeit fremd. Was das Land bot, ob Biber oder Wald, war »up for grabs«. Alles im Land war nur soviel wert, wie sich in Dollar berechnen ließ. Was war verloren, wenn es keine Ottern mehr geben würde? Ein Handelsgegenstand war verloren, mehr nicht, also mußte man sich nach einem anderen umsehen, am besten nach einem, mit dem sich noch bessere Profite erzielen ließen.

John Jacob begann, mit Grundstücken zu spekulieren, vor allem in New York. Er war kundig, was die Baupläne der Stadtverwaltung anging, denn dort saßen genauso seine bezahlten Leute wie im Kongreß in Washington, und überdies: Man konnte sich nicht irren, wenn man nördlich der Stadtgrenze Grundstücke aufkaufte, solange sie nichts wert zu sein schienen. Es war unvermeidlich, daß die Stadt nach Norden wuchs, dort, wo auf der Insel Manhattan noch Wälder und Weiden grünten, als John Jacob mit dem Grundstückshandel begann, und Harlem eine Tagesreise von der südlich gelegenen Stadt entfernt war.

Er kaufte, zum Beispiel, die Eden Farm, die dort lag, wo sich heute zwischen der 42. und der 46. Straße der Broadway erstreckt. Er zahlte in Kleingeld; später würde das Terrain 20 Millionen Dollar wert sein. Er ließ sich selbst das »Astor House« bauen, aber das war natürlich nicht nur ein einfaches Haus, sondern ein Palast, wie ihn niemand anders im Lande besaß, auch nicht der Präsident in seinem rattenverpesteten »Weißen Haus« im Sumpf von Washington. Die New Yorker staunten, als das steinerne Monstrum zu seiner ganzen Pracht heranwuchs. Und ein Hotel ließ John Jacob bauen, aber wiederum: nicht nur ein weiteres Hotel, sondern das feinste Hotel der Welt. Auch der Prince of Wales logierte dort, der freilich, wenn er das teure Etablissement verließ, ebenso wie später Charles Dickens immer noch die Schweine sah, die sich in den Müllstraßen der Stadt suhlten.

Eine jener wirtschaftlichen Depressionen, die mit merkwürdiger Häufigkeit auftraten, erschütterte die Stadt; aber John Jacob profitierte auch an ihr. Er war wie ein Aasgeier, der darauf wartete, daß die Depression die Schwachen zum Notverkauf ihrer Grundstücke zwang, und dann schlug er zu, ganz wie früher im Umgang mit den Indianern, und drückte die Preise immer weiter, und dann machte er abends Bilanz, während ein Hungeraufstand die Stadt erschütterte, und dann war er wieder ein bißchen reicher geworden, nur zufrieden war er nicht.

Noch immer korrumpierte er und bestach jeden, der vielleicht in der Lage gewesen wäre, eines seiner Geschäfte zu verderben, und noch immer ging er mit allen um, wie er stets mit den Indianern umgegangen war. Er war nun alt, aber mit dem Alter wuchs ihm keine Güte zu. Seine Mieteintreiber hielt er so, wie er zuvor seine Agenten gehalten hatte: Gnade war ihnen verboten. Wer Mieten nicht zahlen konnte, flog, und zwar sofort.

Eine alte Frau in einem seiner Mietshäuser konnte nicht zahlen. John Jacob hatte das von einem seiner Eintreiber erfahren, und der alte Mann war zornig darüber. Als der Eintreiber von seiner nächsten Runde zurückkam und die Mietgelder bei John Jacob abliefern wollte, fragte er: »Was ist mit der Alten?«

»Sie kann nicht zahlen«.

»Sie muß!« schrie John Jacob in maßlosem Zorn, und immer wieder: »Sie muß!«

Einer der Söhne John Jacobs drückte dem Eintreiber das Geld in die Hand, das die alte Frau schuldete. Als John Jacob das nächste Mal nach ihr fragte, bekam er das Mietgeld, und John Jacob sagte: »Ich wußte, daß ich an mein Geld kommen würde«, und noch einmal: »Ich wußte es.« Wenigstens für einen kleinen Augenblick sah er aus, als wäre er zufrieden.

John Jacob wurde ein bißchen hinfällig. Seine Bediensteten mußten ihn täglich in Wolldecken legen, anheben und kräftig schütteln, weil John Jacob annahm, dadurch werde sein Kreislauf stimuliert. Am Abend kam gelegentlich Joseph Green Cogswell zu ihm, um dem Alten vorzulesen und mit ihm über die Sterblichkeit zu reden. John Jacob solle, fand Cogswell, etwas tun, um seine Sterblichkeit zu überleben, und mit einer Spende die Schaffung einer öffentlichen Bibliothek ermöglichen, aber John Jacob, der reichste Mann der Stadt in einer Zeit, in der New York voll von Hungerleidern war, wollte das nicht. Ihm hatte niemand je etwas geschenkt, und er würde an seinem Lebensabend nicht mehr damit anfangen, jemandem etwas zu schenken. Erst als Cogswell damit drohte, nicht mehr zum abendlichen Vorlesen zu kommen, lenkte der Alte grollend ein: 400.000 Dollar, einen winzigen Bruchteil seines immensen Vermögens, spendete er für die New York Public Library. Von nun an würde sich die Stadt immer in tiefer Dankbarkeit an ihren großen Sohn erinnern und seinen Gemeinschaftssinn preisen.

John Jacob Astor starb am 29. März 1848. Das große Beispiel war tot, aber es hinterließ Gebrauchsanweisungen für das Land, und sie wurden dankbar aufgegriffen und angewandt. John Jacob hatte gelehrt, daß rücksichtslos sein mußte, wer nach ganz oben wollte. Daß Sentimentalitäten den ganz großen Aufstieg unmöglich machten. Daß man sich selbst immer und in jedem Fall der Nächste war und daß man nie das Ziel erreichte, nicht nach der ersten Million, auch nicht nach der zehnten. John Jacob lehrte, daß man auch über Leichen schreiten mußte, wenn es nicht anders nach oben ging. Er lehrte die Gewissenlosigkeit und ihre Rolle in dem System, das man in den Vereinigten Staaten, ein bißchen später als in Europa, bald nach dem Tod John Jacobs den Kapitalismus nennen würde.

Zum Beispiel auch Cornelius Vanderbilt, den sie in New York voller Respekt den »Commodore« nannten. Auch er war ein Gründervater, Vererber und Vorbild. Der Mann, nach dem zum Zeichen der Verehrung, die New York City ihm posthum zukommen läßt, eine Avenue in der Mitte Manhattans benannt ist, begann ebenso klein wie John Jacob. 1810, als der Commodore seinen Aufstieg begann, besaß er ein kleines, unansehnliches Boot, mit dem er, mühsam genug, einen Fährbetrieb zwischen Staten Island und Manhattan unterhielt. Das war kein sehr einträgliches Geschäft, und überdies: Es gab eine Menge kleiner Leute, die ein Boot besaßen und sich mit Fährbetrieben ihren Lebensunterhalt zu verdienen suchten, aber im Unterschied zum Commodore blieben sie klein, weil sie nicht begriffen, worauf es ankam: Man durfte sich nie bescheiden.

Der Commodore, ganz wie John Jacob, beschied sich nie. Er sann nicht lange nach, um zu verstehen, daß der verläßliche Weg nach oben nur über das Monopol führt. Man mußte jegliche Konkurrenz erbarmungslos vernichten, denn Konkurrenten waren, genau besehen, Feinde, deren Ziel es war, ihm, dem Commodore, das Leben schwer zu machen. Er unterbot die Konkurrenz. Das war schmerzhaft, weil dadurch vorübergehend auch die eigenen Erlöse nach unten gingen, aber man mußte das durchstehen. Das war reine Nervensache, und niemand hatte bessere Nerven als der Commodore. Er holte sich mit Zins und Zinseszins zurück, worauf er im Konkurrenzkampf verzichtet hatte, nachdem er Monopolist geworden war. Er ließ Schiffe laufen, die unsicher waren, aber das war nicht wichtig, denn niemand ließ Schiffe profitabler als der Commodore laufen. Als er sah, daß sich auf den Ostasienstrecken bares Geld auch mit dem Opiumtransport verdienen ließ, zögerte er keine Sekunde, und warum auch? Hatte nicht auch John Jacob im Verdacht gestanden, sich ein kleines Zubrot durch den illegalen Transport des Rauschgiftes verdient zu haben?

Unrecht?

Es gab kein Unrecht, wenn es dem Commodore dienlich war. »Was interessiert mich das Recht?« fragte der Mann einmal, der wie John Jacob nie einen fehlerfreien Brief schreiben konnte und ebenfalls ein paar Abgeordnete in Washington und New York gekauft hatte, und noch einmal: »Was interessiert mich das Recht? Hab' ich nicht Macht?«

Ja, er hatte die Macht, wie später auch sein Sohn William Henry, der ihr mit der Bemerkung Ausdruck gab: »Zur Hölle mit der Öffentlichkeit.« Der Sohn verachtete die Öffentlichkeit, den Plebs, den armen Pöbel, so herzlich wie der Vater. Der beherrschte wichtige Schiffahrtslinien und sah seinen Seelenverkäufern mit kalten Blicken nach, wenn sie in See stachen, und wenn einer nicht wieder heimkam, war es »just as well«, und dann spie der Commodore einen langen, schwarzen Kautabakstrahl aus seinem Mund, wie er das häufig tat, und wandte sich dem nächsten Geschäft zu, gern auch dem weiblichen Hauspersonal, von dem niemand vor seinen derben Zugriffen sicher war.

1862 hatte es der Commodore zu 40 Millionen Dollar Privatvermögen gebracht und prächtig an dem Bürgerkrieg verdient, der im April 1861 begonnen hatte. Jeder in New York wußte, daß »nur ein Idiot durch einen Krieg nicht reicher wird«, aber der Commodore wußte das noch ein bißchen besser als alle anderen. Er verkaufte seinem jäh in Kriegsnöte geratenen Land verrottete Schiffe zu horrenden Preisen und kassierte die Erlöse bedenkenlos, denn Patriotismus war etwas für die kleinen Leute, die in den Krieg zogen und einander mordeten, aber für den Commodore war der Krieg ein »Windfall«, ein glücklicher Umstand, den man nutzen mußte, denn nur den Glücklichen wird ein Krieg beschert.

1860 hatte es in den gesamten Vereinigten Staaten nur 350 Millionäre gegeben, nach dem Krieg aber mehr als 1500. Der Krieg, und nur er, leitete das »Gilded age« ein, und der Commodore war nicht der Mann, auf das Gold zu verzichten, das es nun zu horten gab. Er ließ von Menschen, die unter fürchterlichen Bedingungen zu arbeiten hatten, die »New York Central«-Eisenbahn durch das Land legen, und dann nahm er gnadenlos jeden aus, der darauf angewiesen war, seine Eisenbahnlinie zu benutzen. Was immer der Commodore tat: Er erpreßte eher, als daß er einfach Geschäfte betrieb, aber je höher sich die Beute türmte, je prächtiger die Paläste gerieten, die auch er sich bauen ließ, je mehr die Vanderbilts in der Gesellschaft der Stadt avancierten, desto weniger wurde nach den Verhaltensweisen des Commodore gefragt. Auch er war, wie John Jacob, ein Großer. Ein Vorbild, eine Legende schon zu Lebzeiten, ein »Founding father«, auch er.

Als der Commodore 1877 starb, war er 100 Millionen Dollar wert. Er besaß, als er die Augen für immer schloß, mehr Geld als das United States Treasury, das Finanzministerium in Washington. Die letzten Worte des Tyrannen, der es ein Leben lang geliebt hatte, seine Untergebenen und seine Konkurrenten zittern zu sehen, waren an seine Familie gerichtet. Er befahl: »Haltet das Geld zusammen.«

John Jacob und der Commodore waren nicht einfach nur Kapitalisten, sie waren Religionsstifter: Sie hatten vorgelebt. Jeder im Land träumte davon, die Gebote ihrer Religion so gut zu beherrschen wie sie – und so reich belohnt zu werden. Gewiß, man wußte, daß die Heroen auf ihrem Weg nach oben rechts und links Opfer liegen ließen, aber das war okay. Man wußte auch von ihren Bestechungen, von den innigen Beziehungen, für die sich Männer aus dem Kongreß in Washington hatten kaufen lassen, aber selbst das war okay. Das Staunenswerte an den Karrieren der Großen war eben gerade nicht, daß sie nach bestimmten und von Moral begrenzten Regeln avancierten, sondern daß sie Regeln nicht akzeptierten und mithin auf eine bestimmte Weise wirklich frei waren, die Wege nach oben zu finden, was nur bedeuten konnte: Ihre Freiheit war ersichtlich eine, auf der Segen ruhte.

Zum Beispiel auch Edward H. Harriman, der Eisenbahnkönig. Auch er begründete, wie John Jacob und der Commodore, eine Dynastie, die immer ihren gesellschaftlichen und politischen Einfluß behalten und sichern würde. Harriman war ein Mann mit Visionen. Als andere noch den Pferdewagen für ein angemessenes Vehikel in ihrem riesigen Land hielten, sah Harriman schon, wie Eisenbahnen den Verkehr revolutionieren, vor allem aber, welche Profite sie abwerfen würden. Freilich sah er auch, daß nur der erste den ganz großen Preis gewinnen würde, aber erster konnte man beim Bau der Eisenbahnlinien nur werden, wenn absolut sicher war, daß bei der Verlegung der Strecken zügig und ohne Unterbrechung gearbeitet wurde. Arbeiter, die im ländlichen Nichts die Schienen verlegten, gefährdeten das? Sie klagten über ihre Arbeitsbedingungen und Löhne und erwogen einen Streik? Sie bedrohten seine schöne Vision? Edward H. Harriman ließ derlei Insubordination nicht zu. Er engagierte sich seine eigene Miliz, stattete sie mit Feuerwaffen aus und befahl ihr, unverzüglich zu schießen, wenn es wirklich ein Arbeiter wagen würde, die Arbeit niederzulegen.

Das war jene Kühnheit, die seinen Landsleuten imponierte. Was war ein bißchen Drohung mit Gewalt, wenn es um die große Vision ging? Wenn es vernünftig war, schnell eine Eisenbahnlinie durch das Land zu legen – und es war ganz offensichtlich vernünftig –, dann war es auch vernünftig, ihre rasche Vollendung zu sichern und den Mob anzutreiben, der zu dumm war, eine Vision zu verstehen und nur an die Bagatelle seines Lohns zu denken vermochte. Edward H. Harriman war ein Großer, auch er.

Und, zum Beispiel, Jim Fisk, ohne den sich das Heranwachsen der kapitalistischen Ordnung in den Vereinigten Staaten nicht denken läßt. Er war ein genialer Spekulant, einer, der potentielles Vermögen sah, wohin er auch blickte. Wie der Commodore, machte auch er mit dem Sezessionskrieg einen goldenen Schnitt. Tonnenweise verkaufte er seiner Regierung zu überhöhten Preisen nichtsnutzige Textilien, und dann, als der Bürgerkrieg vorüber war, nutzte er die Profite zu einem ganz großen Coup und versuchte, den amerikanischen Goldmarkt unter seine Kontrolle zu bringen, und als infolgedessen eine zwei Jahre lang währende, schwere Krise den Aktienmarkt erschütterte, sagte Jim Fisk: »Man kann nicht einmal ein bißchen unschuldigen Spaß haben, ohne daß alle Welt gleich durchdreht.«

Oder, zum Beispiel, die Morgans, besonders auch sie. Sie waren groß in der mächtigen Bankenwelt, groß im internationalen Geschäft, selbst Staatsmänner rechneten es sich zur Ehre an, mit John Pierpoint Morgan oder den anderen aus der einflußreichen Familie zusammenzukommen, die nie Skrupel hatten, wenn ein Geschäft zu machen war. Während des Bürgerkrieges kauften sie einen riesenhaften Posten neuer Gewehre von der Regierung und verkauften ihn dann an dieselbe Regierung zum sechsfachen Preis zurück, sie betrogen an der Börse, aber das »House of Morgan« blieb eine honorige Adresse. J. Pierpoint Morgan, der Juden und Demokraten gleichermaßen haßte, kontrollierte 1912 Kapitalien in Höhe von 22 Milliarden Dollar und war damit die stärkste Wirtschaftsmacht – die amerikanische Regierung eingeschlossen.

Oder, zum Beispiel, Robert Livingston, einer der ganz Großen im frühen New York, nicht ganz so groß wie John Jacob, aber doch im Wesen mit ihm verwandt. Auch Robert Livingston spekulierte mit Grundstücken, irrte sich selten und verlangte Wuchermieten, und wenn seine Mieter nicht pünktlich zahlten, erschien er mit seiner eigenen Polizei, der er befahl, die Waffen zu ziehen.

Traf Robert Livingston auf uneinsichtige, verarmte Widerspenstige, ließ er ihre Behausungen niederbrennen und ihre Rinder und Schweine forttreiben, denn man mußte ein Exempel statuieren und durfte Widerstand aus dem Kreis der Armen nicht ermutigen. So viele Tote hatte der kaltblütige Mann auf dem Gewissen, daß die Bewohner von Ancram im Bundesstaat New York immer noch glauben, in ihrem Ort seien zuweilen die vielen Geister jener unterwegs, die Robert Livingston auf seinem Weg nach oben in die Quere kamen.

Oder John D. Rockefeller, der mit seiner »Standard Oil Company« selbst für amerikanische Verhältnisse furchterregend stark geworden war und fortgesetzt eben jene Eisenbahnlinien erpreßte, die gehofft hatten, sie würden ihre regionalen Monopole nutzen können, um ihre Kunden zu erpressen. 1913, als eines seiner Unternehmen in Colorado bestreikt wurde, ließ er blutig herstellen, was er für Ordnung hielt. Anschließend zählte man 27 Tote. Daraufhin heuerte John D. Rockefeller, ein Novum in der Verhaltensweise der Kapitalisten, Ivy Ledbetter Lee an, der sich auf die Pflege der »Public Relations« spezialisiert hatte. Lee empfahl dem Mann, der etwas für seinen Ruf im gemeinen Volk tun wollte, fortan Zehn-Cent-Münzen zu verschenken. Seither galten die Rockefellers als mildtätig.

Oder, zum Beispiel, Collis P. Huntington, Leland Stanford, Charles Crocker und Mark Hopkins, die Eisenbahnkönige der Westküste, wohnhaft in jenem San Francisco, von dem man nur halb im Scherz sagte, die Elite dieser Stadt stamme von Prospektoren und Prostituierten ab. Sie betrogen jeden, der mit dem Bau ihrer »Central Pacific«-Eisenbahn zu tun hatte, besonders jene chinesischen »Kulis«, die an der Strecke arbeiteten und von Charles Crocker beaufsichtigt wurden, der sich dafür mit einem Revolver und einer »Bullwhip« genannten schweren Peitsche ausrüstete. Als der erste Zug die Strecke abfuhr, hatten die vier Gentlemen 100 Millionen Dollar gemacht, ohne selbst auch nur einen einzigen Cent in das Unternehmen gesteckt zu haben.

Oder Joseph Pulitzer, Journalist und Zeitungsverleger und Pate jener Auszeichnung, die auch heute noch die Krönung publizistischer Arbeiten in den Vereinigten Staaten darstellt. In St. Louis, wo er die »Dispatch« genannte Zeitung betrieb, schrieb er noch: »Was demoralisiert unser öffentliches Leben? Natürlich die Korruption. Und was ruft die Korruption hervor? Natürlich die Geldgier. Und wer liefert der Geldgier die größten Versuchungen? Die großen Wirtschaftsunternehmen. Geld ist die große Macht. Männer verkaufen ihre Seelen für Geld, Frauen ihre Körper, andere beten das Geld an.« Dann ging Joseph Pulitzer nach New York, wo ein ganz anderer Wind wehte. Dort schlug er sich mit seiner »World« gegen den Verleger Hearst. Es gab keine Regeln in diesem

Kampf um Markt, Geld und Einfluß, und dann stifteten die Verleger, um die Auflagen ihrer Blätter zu erhöhen, zum Mord an, indem sie mit schwindelhaften Augenzeugenberichten jene Hysterie erzeugten, die um die Jahrhundertwende zum Krieg gegen Spanien führte.

Oder, zum Beispiel, Walter Annenberg, ebenfalls ein Verleger, Freund der ehemaligen Präsidenten Nixon, Ford und Reagan, die gern bei ihm auf seinem prächtigen Besitz in Palm Springs in Kalifornien eine Runde Golf spielten und sich von den Annenbergs bewirten ließen. Annenberg ist der Sohn Moses Annenbergs, der als Verleger besonders deshalb reüssierte und zu Vermögen kam, weil er die wirksamsten Schlägertrupps besaß, die Zeitungsausträger konkurrierender Verlage in die Flucht prügelten – und weil er das Finanzamt betrog.

1939 wurden Vater Moses und Sohn Walter des größten Steuerschwindels angeklagt, der je in der amerikanischen Geschichte aufgedeckt worden war. Vater Moses bekannte sich unter der vom Gericht akzeptierten Bedingung schuldig, daß die Anklage gegen Walter falle. Der Vater ging ins Gefängnis, während der Sohn seine Karriere ungebrochen fortsetzte, die ihn schließlich gar als Botschafter der Vereinigten Staaten nach London führte; Richard Nixon hatte ihn aus Dankbarkeit für schöne Tage in Palm Springs und für Wahlkampfspenden zur Exzellenz gemacht.

Oder, zum Beispiel, die Bronfmans. Sie waren 1889 aus Bessarabien nach Kanada eingewandert, wo vier Brüder zunächst ein paar Hotels betrieben, die immer auch im Verdacht standen, Bordelle zu sein. Dann, 1924, zogen sie nach Montreal, eröffneten eine Schnapsdestille und machten ihr Vermögen mit der illegalen Lieferung von Spirituosen in die Vereinigten Staaten, wo die »Prohibition« herrschte, das landesweite Alkoholverbot. Ganze Heerscharen von »Bootleggers« wurden von den Bronfmans bedient, ganze Landstriche der Vereinigten Staaten wurden von den Bronfmans beherrscht, die illegalen Geschäfte gediehen prächtig; und dann, als die »Prohibition« vorüber war, zogen die Bronfmans nach New York, zahlten pro forma 1,5 Millionen Dollar Steuern nach und waren angesehene Bürger. Edgar Bronfman, der das Schnapsunternehmen heute führt – und Präsident des Jüdischen Weltkongresses ist –, wird auf ein Vermögen von 665 Millionen Dollar geschätzt.

Und so weiter. Sie waren alle so, bis auf den sozial empfindenden Henry Ford und Andrew Carnegie, den Stahlmagnaten, der sonderbare Schriften über die soziale Verpflichtung des Reichtums verfaßte und ein bißchen aus der Art geschlagen war. Lauter John Jacobs, lauter Commodores, ein Meer von kaltem Blut und Gier, das nichts anderes als sich selbst kannte, lauter Maßlosigkeit, die am Ende nicht mehr bestimmte oder allenfalls nachvollziehbare Ziele hatte, sondern einfach nur mehr wollte, mehr und noch viel mehr.

John Jacob, der Commodore und ihresgleichen legten die Saat, und sie ist aufgegangen. Da sich eine nennenswerte Opposition gegen ihr Treiben nie regte, da vielmehr eine breite Öffentlichkeit ihnen staunend applaudierte, da sie gleichsam zu kapitalistischen Monarchen gemacht und zu Vorbildern erhoben wurden, mußten ihre Erben die Verhaltensweisen der kapitalistischen Gründerväter nie korrigieren. Die krude »Make it or break it«-Mentalität der Frühen überstand das vergangene und auch das jetzt ausklingende Jahrhundert nahezu unversehrt. Der überall im Lande verbreiteten Bewunderung für die Räuber von damals entspricht die Praxis ihrer Nachfolger von heute. Sie erbringen, wie damals John Jacob, den Beweis dafür, daß dem Kapitalismus zwanghaft die kriminelle Betätigung innewohnt.

Das Federal Bureau of Investigation, das FBI, die Bundespolizei der Vereinigten Staaten, schätzt, daß 1990 jeder amerikanische Bürger, der einen Einkauf tätigt, mit 15 Prozent des von ihm verlangten Preises »White collar crimes«, also Wirtschaftsverbrechen, finanziert. Den Jahr für Jahr entstehenden wirtschaftliche Schaden, der durch die kriminelle Vereinigung gegenwärtig tätiger Unternehmen angerichtet wird, beziffert das FBI auf rund 200 Milliarden Dollar – das ist noch mehr, als in der seit Jahrzehnten auf Höchstkonjunktur laufenden Branche des ordinär-kriminellen Raubes.

Nicht, daß von »Petty crimes« die Rede wäre, begangen

von obskuren Unternehmungen, die in einem Holzschuppen am Stadtrand hausen und zum Betrug als dem letzten Mittel zum Überleben greifen. Die Kriminalität ist vielmehr im Herzen des Kapitalismus zu Hause, im Establishment, in der staatstragenden Großindustrie, in den großen Häusern mit den »Blue chips« und dem globalen Einfluß. Von den Giganten, die in der »Fortune 500«-Liste aufgeführt werden, von den Marktführern aller möglichen Branchen also, sind zwei Drittel zwischen 1975 und 1985 wegen schwerer Verbrechen rechtskräftig verurteilt worden.

Zwei Drittel: Legitime Kinder des Deutschen John Jacob Astor, der nach Amerika kam, um sich im Kapitalismus zu verwirklichen.

DAS SPIEL MIT DEM MARKT

Kein anderes Finanzzentrum der Welt durchlebt
häufigere Exzesse als die Wall Street in New York.
Sie ist die Heimat der von Spekulanten
erzeugten Panik und Hysterie.

»Es kann nachgewiesen werden, daß Exzesse in der Börsenspekulation historisch nicht ungewöhnlich sind«, findet Charles P. Kindleberger, Wirtschaftsprofessor am »Massachusetts Institute of Technology«, und außerdem: »Normalerweise funktionieren Börsenmärkte, aber gelegentlich brechen sie zusammen«, denn: »Die Psychologie des Mobs oder die Hysterie ist als zeitweilige Abweichung von rationalem Verhalten fest etabliert.«

In der Tat.

In den vergangenen zwei Jahrhunderten hat ein rundes Dutzend schwere Finanzkrisen in den Jahren 1819, 1837, 1857, 1873, 1893, 1907, 1921, 1929, 1974, 1979, 1987 und 1989 die Vereinigten Staaten erschüttert und das Land, so Kindleberger, zur »klassischen Heimat der wirtschaftlichen und finanziellen Panik« gemacht.

Die Ursache für diese furchterregende Instabilität, die dazu führt, daß die Nation eigentlich beständig am Abgrund lebt und den Gedanken an die Gewißheit des nächsten »Crash« nie ganz verdrängen kann, meinte schon der Franzose Michel Chevalier, der die Vereinigten Staaten um 1830 bereiste, in der Tatsache auszumachen, »daß hier alle Welt spekuliert, und zwar mit allem«.

Er müßte, bereiste er heute noch einmal das Land, sein Urteil nicht revidieren. Ob »Penny stocks« – der Börsenhandel des kleinen Mannes – oder der Wertpapierhandel an der Wall Street, ob die Warenterminbörse, der Sport oder das phänomenale Summen versprechende Lottosystem der Bundesstaaten: Spekulationen und Wetten allenthalben. Es ist kein Zufall, daß die Vereinigten Staaten das einzige Land der Welt sind, das der Spekulation, nämlich dem Spiel mit dem Glück, ganze Städte – Las Vegas und Atlantic City – gewidmet hat, die Multimilliardenumsätze machen.

Daß die »Casino-Mentalität« die Nation in den 80er Jahren in einen geradezu rauschhaften Zustand mit stark kriminellen Zügen versetzte, war die Folge einer in Washington betriebenen Politik, die zur Raffgier ermutigte und sie belohnte. Ob aber die 80er Jahre wirklich der historische Höhepunkt einer landesweiten und geradezu ekstatischen Bemühung waren, zu Reichtum zu kommen, wird, neben anderen, von Charles Kindleberger bezweifelt, der die amerikanische Dekade der 1920er »die größte Ära der betrügerischen Hochfinanz« nannte, »die es auf der Erde je gab«.

Sicher ist, daß im Wettstreit der Generationen um den »Jackpot«, den ganz großen Coup, den »Kill«, das Superding der Spekulation, keine ganz weit zurück und keine sehr weit vorn liegt: Spekulation und die ihr anhaftende Neigung zum Betrug ist, was die amerikanische Wirtschaftgeschichte nahtlos verbindet. Spekulation war, anders als in anderen Ländern, nie ausschließlich den Börsenmaklern vorbehalten; sie war immer Volksbeschäftigung; mehr: Sie war und blieb eine Leidenschaft der Nation, die nie ein anderes Lebensziel kannte, als reich zu werden. Es ist kennzeichnend für die im Lande verbreitete Mentalität, daß 55 Millionen Bürger bekennen, gern und regelmäßig zu pokern – natürlich um Geld.

Genau besehen waren die Vereinigten Staaten immer ein gigantisches Casino. Schon die ersten Siedler ließen ihre in Europa gebliebenen Verwandten wissen, sie seien in einem Land, in dem es alles gäbe, aber sie zögen weiter, um das Land zu finden, in dem der Überfluß herrsche – sie spekulierten darauf, daß die Erde hinter dem nächsten Bergzug noch ein bißchen ergiebiger sein würde als jenes Terrain, auf dem sie sich schon befanden. Also zogen sie weiter, so beschwerlich der Weg auch war. Ein bißchen glich der Zug der Siedler immer der Suche nach El Dorado, die weiter südlich auf dem amerikanischen Doppelkontinent stattgefunden hatte.

Die Unsicherheit, die jeder Spekulation innewohnt, hat Amerikaner selten angefochten. Viele von ihnen waren wie Menschen, die zwanghaft von einem Spielcasino angezogen werden und bei jedem Besuch den großen Befreiungsschlag erwarten, während sie tatsächlich nur ihre Verluste häufen. Wall Street hat, seit im Süden Manhattans spekuliert wurde, immer auch den »kleinen Mann« fasziniert, magisch angezogen und veranlaßt, zu suchen, was er für das Glück hielt. Wall Street war das Lotto der frühen Zeit. Das Ticket zur Seligkeit. Wall Street, wenn nur eines zum anderen kam, war der »American dream« und außerdem Beleg für demokratische Partizipation im Kapitalismus: Dividenden gab es auch für den »Little guy«.

Spekulation wurde im Lauf der amerikanischen Geschichte zu einer Kultur. Andere Länder mochten andere Helden verehren, in den Vereinigten Staaten war ein bewunderter Held, wer über die Wall Street in den Pantheon aufstieg. In anderen Ländern mochte es andere Vorlieben geben, die Amerikaner liebten, was sie »to play the market« nennen: das Spiel mit dem Geld.

Das Spiel hat keine Regeln. Am »Market«, also an der Börse, war, wie im Spielcasino, immer alles möglich, auch das ganz und gar Unwahrscheinliche. Die Börse war nie wirklich berechenbar, auch nicht für die Koryphäen der Finanzwirtschaft. Schon 1907, als jäh die erste schwere Finanzkrise dieses Jahrhunderts einsetzte und prompt in eine Panik mündete, hatte es früh Institutionen erwischt, in denen man eine Menge Wissen über die Mechanismen des Geldes und der Börse vermutete: Ausgerechnet die »Knickerbocker Trust Company« ging damals als eines der ersten Unternehmen unter, und dann folgte ihr auch noch die »National Bank of America«, mit der man Kompetenz verband, aber der »Market« entzog sich jeder Kompetenz, wenn Panik einsetzte und aus dem »Play« an der Börse das schiere Entsetzen und die Gewißheit wurden, alles verloren zu haben oder alles verlieren zu können. Wenn einmal, begründet oder nicht, der »Run« auf die Banken einsetzte, der durch Fakten, jederzeit aber auch durch Gerüchte – und immer wieder auch durch Gauner – ausgelöst werden konnte, taumelte Wall Street, und wenn dann große Häuser zusammenbrachen, lag unter den Trümmern immer auch der »Little guy«.

Aber das war »Part of the game«. Keiner der »Crashes«, der Paniken und Zusammenbrüche an der Wall Street, vermochte die Attitüden des »Play on the market« nachhaltig zu verändern. Jeder »Player« weiß, daß die nächste Panik kommt.

Wo aber die Panik, wie Professor Kindleberger fand, Heimrecht hat, können schlechterdings keine geordneten Verhältnisse herrschen. Wenn die Panik mit ihren verheerenden Auswirkungen, die bei der modernen internationalen Finanz- und Wirtschaftsverflechtung weltweite Folgen haben, jederzeit möglich ist, sind nicht ausschließlich seriöse Geld- und Wertpapierhändler am Werk, sondern auch Hasardeure, die sich tatsächlich stets vom Geld- und Aktienhandel eingeladen sahen. Weder Banken- noch Börsenaufsicht haben je verhindern können, daß Hyänen in der Wall Street auftauchten und aus dem »Play« einen Exzeß machten. Kein Reglement machte je unmöglich, daß wissende »Insider« ihre Kenntnisse vergoldeten, den Markt manipulierten und den ahnungslosen »Little guy« betrogen, kurz: Es gibt eine Fülle guter Gründe für die Annahme, daß kein Börsentag an der Wall Street vergeht, an dem das formale Recht nicht gebrochen wird – und der »freie Markt« zum Millionenbetrüger.

»Part of the game« auch das. 1990 bekundeten nur vier Prozent von Demoskopen befragte Amerikaner, »großes Vertrauen« in die Bankiers und Börsenmakler der Wall Street zu haben, aber andererseits gab es kaum Anzeichen dafür, daß die Manie, »to play the market« abnahm. 30 Prozent der befragten Amerikaner äußerten, keinerlei Vertrauen in die Wall Street zu setzen, weitere 30 Prozent hatten »etwas« und 33 Prozent »ein wenig« Vertrauen, gleichwohl aber verfolgte eine überwältigende Mehrheit der Mißtrauischen das faszinierende Spiel am »Market«. Ein großer Teil von ihnen spielte weiter mit, entweder als Individualanleger oder doch mindestens, indem er sich an einem Pensionsfonds beteiligte, die zu den ganz großen »Spielern« an der Wall Street zählen. Der »Market« mochte anrüchig sein, von Kriminalität durchzogen, von Leuten beherrscht, die selten an das Ganze und meist nur an sich selbst dachten, er mochte korrupt sein, hysterisch und fortgesetzt mit der nächsten Panik kokettieren, aber er blieb ein Faszinosum und der Platz, an dem das Glück geboren wurde. Er blieb ein Stück Ur-Amerika, ja, er blieb das Herz des Landes. Nicht »Foggy Bottom«, der Sitz des Außenministeriums in Washington, noch nicht einmal die Pennsylvania Avenue in Washington, an der das Weiße Haus steht, der Sitz des Präsidenten, ist die täglich am meisten genannte Adresse des Landes, sondern Wall Street, wo an jedem Tag ein neues, dramatisches Stück mit ungewissem Ausgang aufgeführt und der Stoff gehandelt wird, der die Welt bewegt.

Das Arrangement mit dem Undurchschaubaren und Dubiosen, mit dem Handel, dem eigentlich zu mißtrauen ist, hat Tradition und ist keineswegs eine spezifische Verhaltensweise des Jahres 1990. Wer heute »Player« ist, weiß, was auch sein Vater und sein Großvater schon wußten: daß an der Wall Street nicht alles mit rechten Dingen zugeht. Daß sie die institutionalisierte Anarchie beherbergt, die fortgesetzte Einladung zur Katastrophe, den ständigen Wandel am Abgrund, aber eben auch die Möglichkeit, ohne jeden physischen Aufwand und ganz mühelos ein Vermögen zu machen. Man mußte theoretisch wirklich nur zum Telefonhörer greifen und dem Börsenmakler die richtige Order geben. Man mußte nur eine Tendenz erkennen und zur rechten Zeit ein- oder auch aussteigen, aber manchmal mußte man auch gegen eine Tendenz spekulieren. Vor allem aber mußte man den Mut haben, ein Hasardeur zu sein. Kleinmut führte nie zum großen »Kill«. Die Geschichte der Wall Street ist voll von Belegen dafür, wie kühner Egoismus triumphierte. Gewiß, die Geschichte der Wall Street ist auch voll von Belegen des Scheiterns, des Ruins, des aus Panik entstandenen Desasters, aber theoretisch hat jeder die Chance »to ace the market« – das ist kapitalistische Demokratie. Woanders mochte man an eine Arbeitsethik glauben, daran, daß man sein Geld im Schweiße seines Angesichts verdienen und mit kleinen Existenzen zufrieden sein müsse – aber nicht in den Vereinigten Staaten, der Heimat einer Reichtumsethik, die lehrt, daß »Smartness« zum Lebensziel führt, nicht Schweiß auf der Stirn oder die Schwiele an der Hand.

Das Credo der Nation hat die Finanzkrisen, Paniken und Zusammenbrüche, die von der Wall Street ausgingen, ohne Schaden überstanden. Kein Skandal an »the Street«, keine überführte Kriminalität, keine windige Affäre hat es nachhaltig in Frage stellen können, auch nicht die Volksweisheiten, denen zufolge der Schwindel in dem Maße zunimmt, in dem Reichtum wächst und finanzielle Schwierigkeiten zum Betrug führen – Weisheiten, die an der Wall Street unzählige Male belegt wurden. Die Nation hat sich an das Anrüchige der Wall Street so gewöhnt, wie sie sich an die verbreitete Gewaltkriminalität gewöhnte oder das schwärende Rassenproblem. »You don't fight City Hall«, sagt eine andere Volksweisheit, was sagen will, daß es keinen Sinn hat, gegen das Rathaus anzugehen; vollends aber »don't you fight Wall Street«, denn die Wall Street ist gleichsam das Rathaus der Nation. Gewiß gab es immer Korruption an der Wall Street – aber gab es sie nicht auch in allen Rathäusern des Landes, an den Regierungssitzen der Bundesstaaten und vor allem in Washington? War nicht Korruption längst ein selbstverständliches Faktum, wo auch immer um Einfluß gehandelt wurde, also eine Hand die andere wusch? War nicht Korruption und Betrug an der Wall Street geradezu normal, da doch an ihr mit dem Wichtigsten gehandelt wurde, was die Nation kannte?

Die moralische Genügsamkeit, die es der Nation seit ihrem Bestehen gestattet, mit offenkundigem Unrecht in Harmonie zu leben, galt immer auch für die Wall Street. Die Akzeptanz des eigentlich Unerträglichen – der epidemisch auftretenden Kriminalität zum Beispiel oder der unwürdigen Existenzbedingungen der indianischen Völker – hat auch die Wall Street unter ihren Schutz gestellt, an der mutmaßlich täglich mehr Vergehen stattfinden als auf irgendeiner anderen Straße im Lande. Erst diese Akzeptanz ermöglichte die sukzessive Versumpfung der Wall Street, die sich im letzten Jahrzehnt, der von dem Nachrichtenmagazin »Time« so genannten »Moneymade era«, der Zeit der Geldverrücktheit, erwies.

Das war die Zeit, in der der »Harvard Graduate School of Business Administration« ein bemerkenswertes Geschenk zuteil wurde: Jemand stiftete ihr zehn Millionen Dollar mit der Bedingung, das Geld zu nutzen, um Fragen der Wirtschaftsethik zu untersuchen.

Das war ein weites Feld, voll von Unkraut, und die Wall Street war Teil davon. Es war zwar richtig, daß die Ökonomie in allen Teilen des Landes mit Fusionen, »feindlichen Aufkäufen« und »Restrukturierungen« von Unternehmen eher einem Tumult als einer Wirtschaftsordnung glich. Die Folgen der verbiesterten Manie, Unternehmen aufzukaufen, um sie dann alsbald um den Kaufpreis zu verschulden, aufzuteilen und profitabel wieder zu verkaufen, waren in San Francisco so spürbar wie in Seattle, Cleveland oder Pittsburgh. Aber der ökonomische Kannibalismus mit seinen verheerenden Konsequenzen war nur möglich, weil die Wall Street ihn finanzierte – und Unsummen daran verdiente.

Vor allem Drexel Burnham Lambert, in seinen Ursprüngen seit 1838 an der Wall Street tätig, eine erstklassige Adresse im Börsen- und Investmenthandel. Drexel war nicht nur eine neben vielen anderen Unternehmen dieser Art, Drexel war mehr. In guten Zeiten war das Geschäft mit Drexel wie eines, das den Gelddruck genehmigte, und in schlechten Zeiten war niemand rund um die Wall Street smarter als die Leute von Drexel.

Und dann, 1970, kam der junge Michael F. Milken zu Drexel. Milken hatte gerade sein Wirtschaftsstudium absolviert und gehörte mit einem Jahressalär von 25.000 Dollar zu den kleinen Lichtern, aber in seinem Kopf hatte er schon die Königsidee, mit der er bei Drexel die amerikanische Wirtschaft auf den Kopf stellen würde. Schon während seines Studiums hatte er eine Arbeit über diese Idee geschrieben und seither ständig über sie nachgedacht, sie perfektioniert und ihre Praktikabilität wieder und wieder geprüft, und nun war er sicher, daß sie funktionierte.

Die Idee hieß »Junk bonds«, zu deutsch: »Müll-Anleihen«. Die Wall Street kannte etwas ähnliches und nannte diese Papiere »Fallen angels«. Das waren riskante Anleihen von Unternehmen, die sich in Schwierigkeiten befanden, verzweifelt nach neuem Geld suchten und deshalb für ihre Anleihen höhere Erträge versprachen – wenn sie überlebten. Die »Fallen angels« waren Papiere für Spekulanten, die den Mut hatten, auf jene Sicherheiten zu verzichten, die eine normale Anleihe bietet, dafür aber auch einen »Kill« machen konnten.

Michael Milken war entschlossen, das Prinzip der »Fallen angels« durchzusetzen, die an der Wall Street nur eine periphere Rolle spielten. Er würde nicht einfach »Fallen angels« unter die Leute bringen, um einzelne Unternehmen zu sanieren. Er würde mit seinen »Junk bonds« eine Wirtschaftsrevolution machen. Er würde mit ihrer Hilfe jedes amerikanische Wirtschaftsunternehmen zur Disposition stellen und mit »Junk-bonds«-finanzierten »Leveraged buy-outs« durch feindliche Übernahmen bedrohen. Er kannte seine Pappenheimer und ihre Lust an der Spekulation. Keine Sekunde zweifelte er daran, genügend Leute zu finden, die in der Hoffnung auf den großen Coup seine Schrottanleihen finanzieren würden. Michael Milken war auf seinem Weg.

Bei Drexel, wo er mit Wertpapieren handelte, stellte er einen Fonds zusammen, der ausschließlich aus »Junk bonds« bestand und stellte fest, was er immer gewußt hatte: daß nämlich dieser Fonds profitabler als irgendein Portefeuille mit Staatsanleihen war. Er errechnete, daß nur rund zwei Prozent der risikotragenden Schuldner tatsächlich Pleite gehen und daß die höhere Rendite der »Junk bonds« dieses Manko mehr als ausgleicht. Drexel gab dem hoffnungsvollen jungen Mann grünes Licht für seine Revolution.

Sieben Jahre nach seinem Eintritt bei Drexel Burnham Lambert verschaffte niemand dem Haus auch nur annähernd so hohe Profite wie Michael Milken. Aus dem jungen Mann mit 25.000 Dollar Jahresgehalt war ein »Senior Vice President« geworden, der nicht mehr in New York City arbeitete, sondern in Beverly Hills in Kalifornien und jährlich Millionen machte. Er war ein Genie. Er war ein Artist im Umgang mit dem Stoff, der die Welt in Bewegung hält. An der Broad Street 60, dem Hauptsitz von Drexel Burnham Lambert im Wall Street-Viertel von New York City, waren sie außerordentlich zufrieden mit ihm.

Aber Michael Milken fing erst richtig an. Er trat eine Lawine los, mehrere Lawinen, viele Lawinen. Er setzte einen

Mechanismus in Bewegung, der ein Tollhaus aus der amerikanischen Wirtschaft machte und immer gleich ablief: Ein »Raider«, ein Firmenaufkäufer, beschaffte sich das Geld für seine »feindliche Übernahme« bei Michael Milken und unterbreitete den Aktionären des von der Übernahme bedrohten Unternehmens ein attraktives Angebot. Wurden die Aktionäre weich und wollten den sofortigen Profit, wurde das Geschäft durch »Junk bonds« refinanziert. Emittent der »Junk bonds« aber war das gerade aufgekaufte Unternehmen, das sich mithin hoch verschuldete und Unternehmensteile veräußern mußte, um zu überleben. Durch den Verkauf von Unternehmensteilen und »Rationalisierungen«, die vorgenommen wurden, um das schuldenbeladene Unternehmen am Leben zu erhalten, kam es zu Entlassungen an Personal, aber das war für die »Raider« und für Michael Milken die geringste Sorge: Personal, wie schon Frank Lorenzo sagte, der sich mit »Junk bonds« die größte Airline der Vereinigten Staaten zusammenraffte, ist »just an abstraction«, eine bloße Abstraktion und jedenfalls nichts, das bei der von Michael Milken und seinen »Junk bonds« fortgesetzt neu angefeuerten »Merger-Mania« eine bedenkenswerte Rolle spielte.

Die Profithungrigen strömten nach Beverly Hills und baten bei Michael Milken, der das Land mit seinen »Junk bonds« überschwemmte, um eine Audienz. Gewiß, besorgte Bankiers, Finanzpolitiker und Wirtschaftswissenschaftler warnten vor den halbseidenen »Deals«, die überall im Lande gemacht wurden. Sie verwiesen darauf, daß sich mit ihnen keine Produktivitätssteigerung oder irgend etwas anderes verband, das im gesamtvolkswirtschaftlichen Interesse lag, sondern nur Raffgier und Großmannssucht der »Raider«. Sie warnten auch vor den furchterregenden Verschuldungen, in die sich die von Michael Milken manipulierten Unternehmen stürzten, aber die Wall Street und ihre Dependance in Beverly Hills hörten nicht.

Im Gegenteil. Nun stiegen auch die anderen Wall-Street-Unternehmen erst richtig ein. 1986 hatte Michael Milken mit seiner Spekulation auf die Spekulationsleidenschaft seiner Landsleute aus Drexel Burnham Lambert das profitabelste

Unternehmen an der Wall Street gemacht. Es meldete einen Gewinn von 545,5 Millionen Dollar, und damit im Vergleich zum Vorjahr eine Steigerung von 79 Prozent – nun trat ganz Wall Street Lawinen los. Es wurde schwer, das Volumen der windigen Anleihen auch nur abzuschätzen, die sich täglich neu auf den Markt ergossen. Unternehmensriesen, die man noch gestern für unverwundbar und gesund gehalten hatte, waren durch die »Junk bonds« jäh angreifbar, und dann wurden sie geschluckt, und das profitable Fleddern der Leiche begann. Die Nation war fasziniert.

Für einen Brief, in dem er einem potentiellen »Raider« bescheinigte, »sehr zuversichtlich« zu sein, was die Finanzierung eines beabsichtigten Firmenkaufs angehe – schon ein solcher Brief konnte ausreichen, die bedrohte Firma gefügig zu machen –, verlangte Michael Milken bis zu 3,5 Millionen Dollar, und er erhielt sie. In seinem Büro in Beverly Hills, in dem er an einem X-förmigen Tisch saß, führte er nach seinen eigenen Aussagen bis zu 500 Telefongespräche am Tag, und bei den meisten ging es um Millionen – und um Jobs, über die man nicht sprach. Bis zu 1000 Transaktionen wickelte Michael Milken pro Tag ab und verschuldete das Land am Fließband. Wenn um 5.30 Uhr kalifornischer Ortszeit an der Wall Street in New York die Börse öffnete, saß er längst an seinem Tisch, und spät am Abend schleppte er schwere Taschen in seinen Mercedes, denn er war ein »Workaholic«. Er hielt Vorträge, zu denen die Gläubigen kamen und den Reformator feierten, der buchstäblich Gold aus Schrott zu machen versprach und seine Theorien mit kaltem Fanatismus predigte.

Er empfing mehrere Klienten gleichzeitig, hastete wie ein überbeschäftigter Zahnarzt von Konsultations- zu Konsultationszimmer, sicherte »Finanzierungen« in kürzerer Zeit zu, als eine seriöse Anlageberatung braucht, um sich mit dem Fall auch nur vertraut zu machen – und scheffelte Millionen, für sich, aber auch für Drexel Burnham Lambert an der Wall Street, wo man inzwischen für Berufsanfänger, die gerade von der Universität kamen, sechsstellige Jahresgehälter zahlte und schon mittleren Angestellten Saläre in Millionenhöhe.

Drexel Burnham Lambert war der König an der Wall Street. 1986 fanden staunenswerte 3973 Firmenübernahmen statt, die 236 Milliarden Dollar in Bewegung setzten. Natürlich, nicht alle »Take-overs« waren von Michael Milken und Drexel Burnham Lambert abgewickelt worden, aber sie waren die Marktführer der »Junk bonds«. Sie schwammen im Geld. Sie erlösten für ihre dubiosen Arrangements immense Gewinne. Sie telefonierten ein bißchen, schoben ein paar Papiere hin und her, konferierten ein wenig, dann war der Fall klar: Wieder hatte Drexel Burnham Lambert ein paar Millionen gemacht, lauter glückliche Menschen verließen am Feierabend das Haus an der Broad Street oder das Haus in Beverly Hills, in dem Michael Milken mit seinen 100 »Traders« wirkte, um in einer Bar erneut einen gloriosen Tag zu feiern.

Wer immer ein Unternehmen fand, dessen Aktien weniger wert zu sein schienen als das, was man für das Unternehmen erlösen konnte, nachdem man es kaufte und dann wieder verkaufte, und wer immer den Mut zur schweren Verschuldung hatte, die sich notwendig mit diesem Abenteuer verband, war bei Drexel Burnham Lambert, mehr und mehr aber auch bei den anderen Häusern an der Wall Street, richtig. Längst ging es nicht mehr um sinnvolle Firmenzusammenschlüsse – darum war es bei der Orgie um die »Junk bonds« kaum je gegangen –, sondern bloß noch um den ganz großen »Kill«, den sich jeder versprach, der zu Michael Milken oder in die Wall Street pilgerte. Es ging nicht um Seriosität im Umgang mit dem Geld, sondern darum, daß man schon mit der Bedrohung eines Unternehmens dreistellige Millionenbeträge machen konnte. Kurz, es ging darum, daß Michael Milken, Drexel Burnham Lambert und die anderen an der Wall Street ein gigantisches Casino eröffnet hatten, in dem sich die Kühnen und Profithungrigen in einen Rausch spielten und an den Morgen danach nicht dachten.

Niemand intervenierte, nicht die Börsenaufsicht, nicht die »Federal Reserve«, die Bundesbank der Vereinigten Staaten, auch nicht das Finanzministerium – und wie sollten sie auch? Dies war schließlich ein kapitalistisches, freies Land, jeder seines Glückes Schmied, der »Market« würde sich selbst regulieren. Hatte er sich nicht selbst reguliert, als es am 19. Oktober 1987 an der Wall Street zu einem panikartigen »Crash« kam, an dessen Ende sich mehr als 350 Milliarden Dollar in nichts aufgelöst hatten? Und hatte er sich nicht auch selbst reguliert, als nur zwei Jahre später, nämlich am 13. Oktober 1989, die Wall Street schon wieder von einem »Crash« heimgesucht wurde, und dann, als man bilanzierte, waren erneut 200 Milliarden Dollar einfach verschwunden, die am Vortag noch Werte repräsentierten? Die Panik war einfach eine ganz normale Funktion des Marktes. Schwächlinge mochten über die Verluste greinen, die sie erlitten hatten, aber die Profis, die Starken, die wirklichen Kapitalisten, wußten immer: »What goes up must come down«, und das galt auch für Börsenkurse, für sie besonders. Wer das nicht ertrug, für den galt, was ebenfalls jeder abgebrühte »Player« an der Wall Street wußte: »If you can't stand the heat, get out of the kitchen.«

Michael Milken ertrug die Hitze und hatte am Ende des Jahres 1987 trotz der schweren Verluste, die über die Wall Street hereingebrochen waren, mehr Geld verdient als das weltweit operierende Unternehmen »McDonald's« mit seinen Hamburgern, oder, in anderen Worten: Wäre der Privatmann Michael Milken ein wirtschaftliches Unternehmen gewesen, hätte er sich an der 65. Stelle der am meisten verdienenden amerikanischen Firmen wiedergefunden.

»Drexel ist wie ein Gott«, formulierte Michael Boylan, Präsident des »Macfadden Holdings«-Verlages, und: »Sie sind furchterregend. Man würde es hassen, Geschäfte gegen sie zu machen«, und so war es. Drexel, vor allem aber Michael Milken, machten drei Billionen Dollar verfügbar. Sie beherrschten 70 Prozent des »Junk bonds«-Geschäfts und mokierten sich über die anderen Langweiler an der Wall Street, die den unvergleichlichen Charme der Schrottanleihen zu spät erkannt hatten, während Drexel einen »Deal« nach dem anderen machte, unter anderem auch »Deals« mit der zuvor kaum bekannten Firma »Kohlberg Kravis Roberts«, die schließlich mit 35 Firmenaufkäufen – Wert: mehr als 60 Milliarden Dollar – zum Spitzenreiter der »Junk bonds Raider« wurde.

Alles ging mit Drexel. »Deals« gingen, die nur der horrenden Profite wegen abgewickelt wurden, die von den Machern eingestrichen wurden. Deals gingen, bei denen ein Zwerg einen Giganten schluckte, und Deals wurden doch wenigstens versucht, bei denen das Management eines Unternehmens eher erpreßt als ermutigt wurde, ihr Unternehmen zu kaufen: »Sie appellierten an die Gier«, sagte Robert Hoffman, Finanzchef eines in Chicago ansässigen Unternehmens, das nach einem kalten Streich den Besitzer wechseln sollte, »und wenn dieser Appell nicht half, appellierten sie an die Furcht, indem sie mit der Übernahme durch Fremde drohten und damit, daß man dann von den Fremden gefeuert werden würde.«

Michael Milken war »Mr. Big« und von solchen Mäkeleien nicht anzufechten; Drexel Burnham Lambert schon gar nicht. Sie waren Herren des Verfahrens, ihr Sumpf blühte, und ihre Gehälter wuchsen in eine selbst für die Wall Street bislang unvorstellbare Höhe. Wenn sie an der Broad Street oder in Beverly Hills das »Wall Street Journal« lasen oder die »New York Times«, weideten sie sich an besorgten Kommentatoren, die über die Fragwürdigkeiten des »Junk bonds«-System philosophierten und den Tag kommen sahen, an dem die von Drexel geschaffene Seifenblase platzen würde: Die Skribenten hatten immer noch nicht begriffen, daß Drexel dabei war, alles umzukehren, was zuvor als gesicherte Finanzkenntnis galt. Daß Verschuldung gut war, produktiv und Vermögen machte. Daß »Junk bonds«-finanzierte Übernahmen zu besserem Management führten. Daß infolgedessen ausgerechnet die »Junk bonds«, die Schrottanleihen, endlich und unvermeidlich die Effizienz der amerikanischen Volkswirtschaft so verbessern würden, daß sie wieder international wettbewerbsfähig sein und aus den Vereinigten Staaten wieder die »Number one« machen würde.

Nein, die 5300 Frauen und Männer von Drexel Burnham Lambert, voran Michael Milken, ließen sich nicht beirren. Die anderen, die Journalisten vor allem, waren neidisch, sonst nichts, aber es war schön, sich im Neid zu sonnen, die neuesten und teuersten BMW-Modelle zu fahren, feine Wohnungen in der Park und der 5th Avenue in New York oder Villen in Beverly Hills zu kaufen und jeden Tag noch ein bißchen reicher zu werden. Es war auch schön, rund um die Wall Street den Neid der anderen zu spüren, die ihrerseits den Drexel-Leuten eine unerträgliche Arroganz vorwarfen: Wall Street war schließlich immer ein Schlachtfeld gewesen. Die Wall Street war nie eine soziale Anstalt. Man brauchte in ihr Muskeln und Nerven aus Stahl – und Michael Milken an der Seite, der noch immer allmorgendlich um vier Uhr aufstand, schon im Auto mit Tokio, London und Frankfurt telefonierte, spätestens um 5.30 Uhr an seinem Schreibtisch saß und wieder zu telefonieren begann, nicht rauchte, nicht trank und keine Drogen nahm. Er hatte nur Transaktionen im Kopf, immer noch verwegenere Transaktionen und verdiente dabei pro Minute soviel wie ein durchschnittlicher Amerikaner in einem Monat. Er rannte in Beverly Hills noch immer von Konsultationszimmer zu Konsultationszimmer und machte nervöse Männer glücklich, wenn er nickte und einen seiner 3,5 Millionen Dollar teuren Briefe versprach, und dann gingen die eben noch Nervösen davon und wußten, daß sie im Begriff waren, das ganz große Ding zu drehen.

Der Sturz kam jäh, denn auch für die 5300 von Drexel Burnham Lambert, auch für Michael Milken galt: »What goes up must come down.« Drexel Burnham Lambert wurde von der New Yorker Staatsanwaltschaft des Betruges und anderer Verbrechen beschuldigt und zahlte, um das Risiko einer Gerichtsverhandlung zu vermeiden, 650 Millionen Dollar Geldstrafe – die höchste, die je gegen ein Haus an der Wall Street verhängt wurde. Michael Milken, gleich in 98 Fällen des Bandenverbrechens, des Betruges im Umgang mit Aktien und anderer Straftaten beschuldigt, mußte sich von Drexel Burnham Lambert trennen und seinerseits mit Staatsanwaltschaft und Gericht ein Arrangement treffen. Im Februar 1990 meldete Drexel Burnham Lambert Konkurs an – die Seifenblase war geplatzt, aber zuvor plünderten die 5300 die Konkursmasse und teilten sich 195 Millionen Dollar Bonusgelder.

Einer der Wall-Street-»Exzesse« des Professors Kindleberger war vorüber; es wird nicht der letzte in einer Straße gewesen sein, in der Exzeß, der giergetriebene Übermut, so legitim wie die Armutskriminalität weiter nördlich im schwarzen Harlem ist. Mit Drexel Burnham Lambert gingen sukzessive auch die »Junk bonds« unter, wie eine Mode, deren Zeit abgelaufen war. Mehr und mehr Firmen, die sich verschuldet hatten, gerieten in Schwierigkeiten. »Junk bonds« verloren bis zur Hälfte ihres ohnehin fragwürdigen Wertes; was immer gestern noch ganz oben war, kam nun wieder herunter – nichts, was die Wall Street verwunderlich fand. Sie dealte weiter, immer war die »Psychologie des Mobs« mit an der Börse, auch die »Hysterie«, auch die Gewißheit, daß die nächste Panik kommt, aber zuvor waren noch Gewinne zu machen.

Nicht nur an der Wall Street, sondern auch an der Haustür des »Little guy«. Der »Little guy« hatte seine eigene Wall Street und seine eigene, wenn auch im Vergleich zur Wall Street eher limitierte Hoffnung von dem Glück, das aus der Aktie kommt. Er hatte seinen »Penny stock market«.

»Penny stocks« sind, sozusagen, »Junk bonds« für den kleinen Mann. Im allgemeinen handelt es sich um spottbillige Wertpapiere von jungen, kleinen oder solchen Unternehmen, die mit Schwierigkeiten zu kämpfen haben, dringend finanzielle Infusionen benötigen und sie von sorgfältig prüfenden Kreditinstituten nicht bekommen. »Penny stocks« werden nicht an der Börse gehandelt und bieten noch weniger Sicherheiten als »Junk bonds«; mit einem Wort: Sie sind Papiere für das Casino der Minderbemittelten. Mit »Penny stocks« kann man keine Millionen machen, nicht einmal – oder doch nur ganz selten – Tausende; nur »Peanuts«, und die auch nur, wenn man Glück hat. Gleichwohl sind sie verbreitet, denn auch der »Little guy« hat Lust, »to play the market«, auch er studiert die Wirtschaftsteile seiner Zeitung und liest die Offerten der »Penny stock«-Emittenten, und dann legt er an, bescheiden nach seinen Möglichkeiten, und dann hofft er auf ein kleines Wunder.

Und dann kam kam Lorenzo Formato, um seine Hoffnung zu zerstören. Er betrat unter sonderbaren Umständen einen Sitzungssaal auf dem Capitol Hill in Washington, wo er vor einem Untersuchungsausschuß des Kongresses über den »Penny stock«-Markt und seine Mechanismen aussagen wollte: Formato, aus dem Gefängnis vorgeführt, denn er war als Aktienbetrüger verurteilt worden, trug eine graue Gesichtsmaske, weil er diejenigen fürchtete, die er mit seiner Aussage belasten würde. Bewaffnete Männer begleiteten ihn in den Sitzungssaal, wo sich Formato auf einen Platz setzte, der an drei Seiten von schußsicherem Panzerglas umgeben war. Er war, als er zu reden anfing, ein bißchen schwer zu verstehen, denn er hatte darauf bestanden, daß seine Stimme nicht erkannt werden dürfe, also hatte ihm der Untersuchungsausschuß ein Mikrofon aufgestellt, das seine Stimmtonlage verzerrte.

Und dann packte Formato, der eine 15jährige Freiheitsstrafe verbüßte, aus: Der »Penny stock«-Markt, gestand er den Abgeordneten, werde von seinesgleichen beherrscht und korrumpiert. »Der ›Penny stock‹-Markt«, sagte er, »ist eines der schmutzigsten Geschäfte, die in diesem Lande abgewickelt werden.« Er sagte mit seiner gespenstisch verzerrten Stimme: »Der ›Penny stock‹-Markt wird vom organisierten Verbrechen kontrolliert; Betrug ist überall, wo mit ›Penny stocks‹ gehandelt wird.«

Milliardenbeträge, sagte er, mühsam von »Mom-and-pop investors«, vom »Little guy« und seiner Frau, aufgebracht, würden alljährlich verschoben, und dann rief der reuige Formato die betroffenen Abgeordneten auf: »So tun Sie doch endlich etwas dagegen.«

Aber was war zu tun? Was gegen die Exzesse an der freien Wall Street, was gegen die im obskuren »Penny stock«-Markt? Was gegen die Gier der großen wie auch der kleinen Leute? Was gegen den etablierten Glauben, daß Glück aus dem Geld kommt, und nur aus dem Geld? Was gegen den Betrug, der in jedem ganz freien Mark Heimrecht hat? Es hatte immer Hinweise darauf gegeben, daß es im Handel mit den »Penny stocks« nicht mit rechten Dingen zuging, und schließlich hätte jedermann immer wissen müssen, daß an der Wall Street alles möglich war – was war zu tun, wenn die Nation mit den Institutionen Geschäfte zu machen wünschte, von denen sie wußte, wie sie funktionierten? Kurz, was war zu tun, da doch die Nation mit den dubiosen Verhaltensweisen der Glücksbringer offenkundig kooperieren wollte?

Die merkwürdige Anhörung des Experten Lorenzo Formato auf dem Capitol Hill verlief folgenlos. Die Abgeordneten gaben ihren Unmut über das Gehörte zu Protokoll, dann war die Sache erledigt. Am nächsten Tag standen eher kleine Nachrichten über den Auftritt Lorenzo Formatos in den Zeitungen, am übernächsten Tag studierte der »Little guy« schon wieder den Wirtschaftsteil, denn seine Hoffnung war ungebrochen, irgendwie das große Glück finden zu können.

Zu der Zeit, als Lorenzo Formato in Washington auftrat und Michael Milken in New York und Beverly Hills häufiger mit Beamten der Staatsanwaltschaft als mit nervös hoffenden Klienten redete, befragte »The Pinnacle Group Inc.«, ein demoskopisches Institut, 1093 »High School«-Abgänger, wie sie sich später in der freien kapitalistischen Wirtschaft verhalten würden. Eine Mehrheit gestand, ein Gerichtsverfahren riskieren zu wollen, wenn es um ein Geschäft gehe, bei dem sie zehn Millionen Dollar Gewinn machen könnten. Zwei Drittel der Schüler kündigten an, den Staat bei der Erarbeitung von Steuerunterlagen für Geschäftsunkosten betrügen zu wollen. Die Hälfte der 1093 befragten Jugendlichen war darauf vorbereitet, ihre Versicherungen zu betrügen, und zwei Drittel hatten vor, bei der Verfolgung geschäftlicher Ziele die Unwahrheit zu sagen: »Player« von morgen.

DIE ORDNUNG DER GEWALT

*Wann immer US-Präsidenten militärisch
intervenieren lassen, steigen ihre Popularitätsraten
drastisch: Die Nation erkennt sich im gewalttätigen
Rechtsbruch wieder und applaudiert ihm.*

Am Montag, dem 1. Mai 1989, waren es 74. Am Dienstag
60. Am Mittwoch kamen 66 hinzu. Am Donnerstag
zählte man 71. Am Freitag gab es einen statistischen Ausrut-
scher nach unten: nur 51. Am Samstag stabilisierte es sich wieder: 66. Und am Sonntag, dem 7. Mai, als die Woche vorüber
war, zählte man noch einmal 76.

464 durch Handfeuerwaffen getötete Amerikaner in einer
Woche; genauer: 464 Leichen, denen ein amtlicher Beschauer attestiert hatte, daß sie durch Handfeuerwaffen ums
Leben gekommen waren. Wie viele es in dieser Maiwoche
waren, die unter Schüssen starben, ohne daß dann ein Lei-
chenbeschauer an seine Arbeit ging, wie viele, bei denen der
Beschauer ein Auge zudrückte, und wie viele, bei denen in-
kompetente Beschauer – es gab sie massenhaft –, entweder
gar nicht oder nur rasch und oberflächlich auf die Leiche
blickten, wußte niemand genau; dafür gab es nur Schätzungen. Sie ergaben, daß es die Vereinigten Staaten neuerdings
in einem Kalenderjahr auf 30000 Schußwaffenopfer bringen,
und das wiederum hieß: Schußwaffen brachten in den Vereinigten Staaten in nur zwei Jahren mehr Menschen um, als der
gesamte Vietnamkrieg an amerikanischen Opfern gekostet
hatte – und die Tendenz war weiter steigend.

Das jüngste Opfer der Woche im Mai war zwei, das älteste
87 Jahre alt. »Unter den Opfern findet man häufig jene, die
in unserer Gesellschaft am schwächsten sind: Arme, Kleine,
von der Gesellschaft ausgestoßene, Kranke und Alte«, beobachtete das Nachrichtenmagazin »Time«, das sich mit großem
Aufwand die Mühe gemacht hatte, eine Inventur der mörderischen Woche vorzunehmen, und dann schrieb das Blatt:
»Wie kann sich Amerika für eine zivilisierte Gesellschaft hal-

ten, wenn sich Tag für Tag überall im Land unter dem primitiven Krachen von Schüssen die Leichen auftürmen?« Und: »Am Ende bleibt ein Gefühl der Beklemmung, ja, ein Gefühl der Scham.«

Freilich wird in der Pyramide des amerikanischen Volkskörpers nicht nur »unten« mit bestürzender Selbstverständlichkeit gemordet, sondern auch »oben«, denn der Staat tötet ebenso. In der Maiwoche, in der die »Time«-Reporter penibel Buch zu führen versuchten, warteten in den »Death rows« der Gefängnisse des Landes 2400 zum Tode verurteilte Amerikaner auf ihren letzten Gang. Die Vereinigten Staaten gehören zu den wenigen Ländern – Pakistan, Bangladesch, Ruanda und Barbados sind die anderen –, in denen auch Menschen, die jünger als 18 Jahre sind, im Namen des Volkes gemordet werden, aber vermutlich sind die Vereinigten Staaten das einzige Land auf der Erde, dem der Oberste Gerichtshof ausdrücklich gestattete, auch einen Geisteskranken umzubringen, der nach dem Urteil medizinischer Gutachter die mentale Kapazität eines sechsjährigen Jungen hat.

»Ich will nur sagen: Was hier gleich stattfinden wird, ist Mord«, sagte Alton Waye, ehe man ihn im Bundesstaat Virginia auf den Stuhl band, auf dem er dann unter kleinen Blitzen leblos zusammensank, so daß ein Mediziner die Ordnungsmäßigkeit des Vorgangs beurkunden konnte. »Ich bedaure sehr, was da stattgefunden hat«, sagte Morris Thigpen, verantwortlicher Gefängnisbeamter des Bundesstaates Alabama, aber damit meinte er nicht die Hinrichtung eines Geisteskranken, der er beigewohnt hatte, sondern die kleine technische Panne, die den Mord verlängerte: Er dauerte 19 Minuten und bedurfte nach dem ersten eines weiteren Stromstoßes, ehe »the People«, das Volk von Alabama, durchgesetzt hatte, was es für Recht hielt.

Der Mord »unten« wie jener von »oben«, der im Namen des Volkes vollzogen wird – und häufig durch eine lustig lärmende Party vor den Gefängnismauern gefeiert wird, auf der Leute ihrer Freude über die Beseitigung eines Menschenlebens Ausdruck geben –, ist Symptom einer spezifisch amerikanischen Gewaltbereitschaft, die der Nation zu eigen war, solange sie besteht. Sie ist eines ihrer Wesensmerkmale und drückt sich vor allem in ihrem Verhältnis zu Waffen aus, das einem Kult gleicht. Tatsächlich sagt J. Warren Cassidy, der Vizepräsident der mit 2,8 Millionen Mitgliedern auch in Washington einflußreichen »National Rifle Association«, einer Organisation, in der sich alles um die Freude dreht, die von der Handfeuerwaffe ausgeht, daß es sich bei der Liebe der Besitzer von mehr als 100 Millionen Waffen zu ihrem potentiellen Mordgerät »um eine der großen Religionen dieser Welt« handele.

Sie ist eine, der fortgesetzt geopfert wird. Dr. Gary Kleck, ein Kriminologe der »Florida State University«, schätzt, daß Amerikaner jährlich in 650000 Fällen von der Schußwaffe Gebrauch machen, um tatsächliche oder nur vermeintliche Rechte durchzusetzen; das sind 12500 Lebensbedrohungen in jeder Woche; mit anderen Worten: Daß die »Time«-Inventur nur 464 Tote ergab, ist darauf zurückzuführen, daß annähernd 12000 Schützen nicht genau genug zielten und dadurch um den Erfolg ihrer Militanz kamen.

Das ungewöhnliche Verhältnis so vieler Amerikaner zu Waffen läßt sich historisch zunächst darauf zurückführen, daß die Schußwaffe die Etablierung des Landes überhaupt erst möglich machte, also patriotisch gesegnet ist, und ferner auf das »Second Amendment«, den zweiten Verfassungszusatz, der das Recht des Volkes stipuliert, Waffen zu tragen. In ihrer Kombination führen diese beiden Tatbestände zu einem gänzlich anderen Umgang mit der Schußwaffe, als man ihn in anderen zivilisierten Ländern kennt: Nicht nur hat der Amerikaner das Recht, eine Waffe zu tragen, sondern: die Waffe ist das Recht. Sie regelt, was der Staat nicht zu regeln vermag, nämlich die Sicherung des Eigentums. Sie ist geradezu Garantie für die Wahrung eines elementaren Bürgerrechts; sie ist, mit einem Wort, gut.

Der Erhebung der Schußwaffe in einen patriotisch gleichsam geheiligten Stand, in etwas, das das Positive der Nation darstellt, haben auch hohe Politiker und Präsidenten zugestimmt, indem sie lebenslange Mitglieder der chauvinistischen »National Rifle Association« wurden. John F. Kennedy gehörte der Vereinigung ebenso an wie Dwight D. Eisenhower, Richard M. Nixon, Ronald Reagan und George Bush. Gewiß äußerte jeder von ihnen gelegentlich seine Sorgen über die blutige Ernte der Schußwaffe, die zu allen Zeiten in Leichenschauhäuser gefahren wurde. Gewiß verstanden sie, daß die Abwesenheit einer öffentlichen Ordnung, die diesen Namen verdient, auf den verbreiteten Waffenbesitz zurückzuführen war. Gewiß kamen ihnen sogar Vorlagen auf den Tisch, die Einschränkungen des generös gewährten Rechts auf den Besitz einer Schußwaffe anregten, aber noch kein Präsident hat es ernsthaft angetastet. Nicht nur, weil die – gegenwärtig von einem im Zweiten Weltkrieg hochdekorierten Kampfflieger und General geführte – »National Rifle Association« eine mächtige Lobby in Washington hat, sondern weil sie die spezifisch amerikanische Würdigung des Wesens einer Schußwaffe teilen.

Der kleine Krieg mit den Schußwaffen, der in den Vereinigten Staaten ständig stattfindet – und seit ihrer Begründung stattfand, denn das Land hat einen »Waffenstillstand« nie gekannt –, die permanente Anwendung der ultimativen Gewalt, die aus dem Lauf des Revolvers kommt, hat auch zur Ausbreitung anderer Formen der Gewaltanwendung wesentlich beigetragen. Die amerikanischen Kriminalstatistiken belegen das auf eine dramatische Weise und stellen auch fest, daß die Bereitschaft zur Anwendung von Gewalt, einmal etabliert, notwendig eskaliert. Während die Mordraten im Lande um jährlich 2,9 Prozent zunehmen, liegen – auf hohem Niveau – die Zuwächse der mit Gewaltanwendung verbundenen anderen kriminellen Delikte weit darüber, insbesondere auch jene, die von Kindern und Heranwachsenden begangen werden. Das wiederum führt unvermeidlich zu vermehrter Bereitschaft der »guten Bürger«, sich zu wappnen – also für den Ernstfall zu bewaffnen – und, wenn dann der Ernstfall eintritt, erst zu schießen und dann zu fragen. Die Eskalation führt schließlich geradewegs in die Hysterie, in die »Nichts ist mehr sicher; wir alle sind Opfer«-Schlagzeile einer Zeitung in New York City und die krause Hoffnung der Schriftstellerin Patricia Volk. Von ständiger Panik vor der Begegnung mit

Cba, 07/09/92

Prezado Companheiro:

Obrigado pelo "Fellenberge"!

Queria lhe enviar ...

Com meu abraço

A. Riecke.

dem in dieser Stadt Unvermeidlichen gebeutelt, erträumt sie ein New York, in dem in den Stadtteilen Manhattan und Bronx nur Frauen leben, nur Männer in Brooklyn und Queens, während der Stadtteil Staten Island jenen Ehepaaren vorbehalten bleibt, die mindestens 20 Jahre glücklich verheiratet sind.

Das sind Deformierungen an einem schon ursprünglich deformierten Volkskörper, der, indem er zu seiner Schaffung krude Gewaltanwendung einsetzte und sie verherrlichte, nicht mehr friedfertig werden konnte. Der Krieg, von dem das Land ständig heimgesucht wird, ist im wahrsten Sinn dieses Wortes hausgemacht. Sein Vater ist die Liebe zur Gewalt, die in den Vereinigten Staaten auch heute noch, obwohl die Gewaltanwendung längst überall – keineswegs nur in den großen Städten – überbordet, dazu führt, daß das Fernsehen mit keinem anderen Sujet so viele Zuschauer anzieht wie mit dem der Gewalt.

In der »Prime time«, also zur besten abendlichen Sendezeit, bringt es die außerordentlich populäre TV-Serie »America's Most Wanted«, eine amerikanische Variante der westdeutschen Fernsehsendung »Aktenzeichen XY Ungelöst«, auf 53 Gewaltdarstellungen pro Stunde. »Hardball«, eine vom NBC-System ausgestrahlte Sendung, zeigt 47 Gewalttaten pro Stunde, »Tour of Duty«, ein Beitrag der landesweiten Kette »CBS«, kommt auf 45. Im Verlauf einer durchschnittlichen Sendestunde der Serie »The Young Riders«, verbreitet von der dritten großen Sendegruppe »ABC«, sind 40 gewalttätige Darstellungen zu sehen – lauter Öl ins Feuer eines Landes, das längst aufgehört hat, den Flächenbrand der Kriminalität und der Gewaltanwendung zu löschen.

Der Popularität der Sendungen, die kriminelle Gewalttätigkeit simulieren, entspricht jene, mit der die Darbietung »wirklicher« Gewalt aufgenommen wird, zum Beispiel im Sport. Das amerikanische Eishockey ist nicht deshalb so ungewöhnlich beliebt, weil es besonders hochklassig gespielt wird – tatsächlich sind die Amerikaner international in diesem Sport nicht führend –, sondern weil es von Szenen von brutaler Gewalt durchzogen ist, so daß eine Versicherungsgesellschaft androhte, den prügelnden Kämpfern auf dem Eis ihren Schutz zu entziehen. Daß das Boxen, anders als in anderen Ländern, in den Vereinigten Staaten außerordentlich populär ist, erklärt sich von selbst, wie übrigens auch der nachhaltige und seit Jahrzehnten anhaltende Erfolg der Brutalität mimenden »Catcher« im amerikanischen Fernsehen. Vor allem aber offenbart die »American Football« genannte Sportart – in deren Schatten der europäische Fußball nie reüssieren konnte – den Charakter der Nation, die, wenn alljährlich auf der Höhe des Winters zwei Teams um die sogenannte »World-Championship« kämpfen, kein anderes Thema kennt. Sie befindet sich völlig im Bann dieser Sportart, die von der brutalen Kollision menschlicher Körper lebt, vom Mut des balltragenden Kämpfers, der die gegnerischen Verteidigungslinien durchbrechen muß, vom Landgewinn. »American Football« ist, eher noch als das Eishockey, Krieg gewordener Sport und in dieser Eigenschaft ein Spiegel der Nation, die sich gern durch die martialischen Helme der »Football«-Kämpfer symbolisiert sieht.

Jede Schule, die auf sich hält, besitzt ein »Football«-Team und lehrt den aggressiven Mut, der für diesen Kampf unabdingbar ist, mit großem Ehrgeiz, denn es ist ein Ausweis für die Qualität einer Lehranstalt, wenn ihr »Football«-Team exzelliert. Colleges und Universitäten sind ohne die Darbietungen der brachialen Gewalt ihrer »Football«-Teams undenkbar, die »Showcases« der akademischen Anstalten darstellen. »American Football« – das ist das Land in der Nußschale, ist die Glorifizierung der Gewalt, ist auch das Einverständnis mit dem Opfer der Gewalt, das häufiger als in irgendeiner anderen Sportart vom Platz getragen wird.

In ihrem steten Bemühen, dem darauf fixierten Publikum dramatische Fernsehsendungen zu liefern, in denen Menschen bedroht werden, erfanden Promoter das »Roller-skating«, das auf Anhieb exzellente TV-Einschaltquoten erzielte. Der Sport bestand darin, daß Rollschuhläufer – aber auch Rollschuhläuferinnen – nicht nur um die Hallenbahn rannten, sondern einander im vollen Lauf von der Bahn zu stoßen suchten. Es gewann also derjenige, der Gewalt anwendete und seine Gegner so lange gegen die Bande stieß, bis er triumphierend im Ziel war – und der andere beim Sanitäter.

Die Vereinigten Staaten erfanden auch das Auto-Derby, bei dem es darum geht, die anderen auf der Bahn befindlichen Konkurrenten zu rammen und fahruntüchtig zu machen. Wenig später verlagerte sich dann die Gewaltanwendung von der Rennbahn auf die von den normalen Bürgern benutzte Straße, wo es immer häufiger zu aggressiven Zwischenfällen kam. Das »Center for Disease Control«, das 137 solcher Fälle im amerikanischen Straßenverkehr untersuchte, ermittelte: Bei 61 Prozent war es entweder zum Schußwaffengebrauch, mindestens aber zu Drohungen mit der Schußwaffe gekommen; bei 20 Prozent hatte es durch Schußwaffengebrauch Verletzte – in zwei Fällen auch Tote – gegeben.

Es ist völlig eindeutig, daß die andauernde Verherrlichung der Gewalt in den Vereinigten Staaten die Schwelle nahezu völlig eingeebnet hat, die in anderen Ländern Menschen – noch – daran hindert, Gewalt anzuwenden. Die 12 000 Gewalttaten etwa, die jährlich allein in den Untergrundbahnen von New York City stattfinden, sind nichts anderes als Versuche, kleine Triumphe der Gewalt zu feiern, da den Tätern Triumphe in der »anderen«, der Welt des »Establishments« unmöglich gemacht wurden. Jeder Täter weiß sich in der Tradition des Landes. Er weiß, daß Gewalt Sieger macht und daß sein Land nichts so liebt wie einen Sieger. Es ist ein Sieg, mit der gefüllten Handtasche einer weißen Frau in die Erbärmlichkeit des schwarzen Harlem zurückzukehren, wie es andererseits auch ein Sieg der New Yorker Polizisten ist, daß im Verlauf eines Jahres 29 Verhaftete – die weitaus meisten von ihnen schwarze und Bürger hispanischer Herkunft – in ihren Zellen unter Umständen starben, die von den Hinterbliebenen und ihren Rechtsvertretern mit »polizeilicher Brutalität« beschrieben wurden.

Die ist freilich längst institutionalisiert. Denn war es früher üblich, einen jungen Straftäter vor die Alternative »Armee oder Gefängnis« zu stellen, so sind inzwischen neun Bundesstaaten dazu übergegangen – 30 weitere erwägen einen ähnlichen Schritt –, die Jugendlichen in Straflager zu schicken, in denen sie körperlich gezüchtigt und, wie das Nachrichtenmagazin »Time« formuliert, von Aufsehern drangsaliert werden, denen »die Kunst der Demütigung« eigen ist. Die Insassen werden kahlgeschoren, sie müssen sich völlig entkleiden und mit Entlausungsspray besprühen lassen. Sie müssen schon bei geringfügigen Verstößen gegen die Disziplin 50 Liegestütze machen, tagsüber Unkraut hacken oder in militärischer Formation marschieren und unausgesetzt Tiraden der Aufseher über sich ergehen lassen, von denen »Time« eine so zitierte: »Du bist hier wegen Einbruchs? Du bist bescheuert, weißt du das? Ich wünschte, du hättest versucht, in mein Haus einzubrechen, dann würdest du nämlich jetzt die Gänseblümchen nach oben drücken. Ich warne dich: Ich bin ein anerkannter Psycho. Und das sag' ich dir: Wenn du mir hier unangenehm auffällst, reiß ich dir den Schädel ab und stopfe ihn in deinen Schlund.«

Die im Namen des Volkes exekutierte Brutalität im Umgang mit Strafgefangenen kennzeichnet wie auch das Beharren auf der Todesstrafe, daß sich der Staat mit der Gewalt gemein macht. Er ist, wenn er sich den jungen Häftlingen in den Straflagern zuwendet, nicht sittliche Anstalt und Vorbild, sondern Täter mit der gleichen Unanstandsenergie, die auch der Straffällige aufbrachte. Der Staat sucht Brutalität mit Brutalität auszurotten: ein Verfahren, das etwas über sein Selbstverständnis und darüber aussagt, wie er sich die soziale Erziehung vorstellt. Die in den Straflagern der staatlichen Schocktherapie ausgesetzten Jugendlichen, übrigens, werden nach ihrer Entlassung genauso häufig und genauso früh rückfällig wie Straftäter, die ihre Zeit in normalen Gefängnissen absaßen.

Der Staat als Quäler – es gibt dafür ein weiteres Zeugnis, das »Tuskegee Experiment«. Es begann 1932 und zog sich bis 1972 hin, wurde gemeinsam vom »Tuskegee Institute« und der Bundesbehörde »U. S. Public Health Service« in Washington betrieben und bestand darin, 400 schwarze Bürger, die an der Syphilis erkrankt waren, nicht zu therapieren. Man ließ die 400 dahinsiechen, notierte penibel die auftretenden

Symptome – die der Medizin längst bekannt waren; es gab am Verlauf einer Syphilis nichts mehr zu erforschen – und schließlich ließ man sie sterben: Eine Variante der Gewaltanwendung, die man eigentlich eher Herrn Dr. Mengele und seinen medizinischen Kollegen in den deutschen Konzentrationslagern zugetraut hätte.

Aber blutige Wahrheit ist, daß es keine Variante der Gewaltanwendung gibt, die man in den Vereinigten Staaten nicht vorfindet – und verbreiteter als anderswo. In den Großstädten des Landes – und das kann nur heißen, daß dieses Phänomen bald auch in den kleineren Ortschaften auftreten wird – wurde es im Frühjahr 1990 geradezu Mode, Jugendlichen mit bewaffneter Gewalt ihre »Cool clothes« zu rauben, nämlich Aufwärmjacken, wie sie auch von Athleten des professionellen Sports vor ihren Spielen getragen werden. In Chicago wurden vier Jugendliche, die ihre Jacken nicht hergaben, erschossen. Auch in Detroit gab es Tote, und in Newark im Staat New Jersey kam es in kurzer Zeit zu 64 bewaffneten Raubüberfällen auf Träger von Textilien, die in den Geschäften zwischen 90 und 200 Dollar kosten; das heißt: Um den Mechanismus der bewaffneten Gewalt auszulösen, ist die Hoffnung auf die gefüllte Brieftasche eines offenkundig begüterten Menschen nicht mehr nötig, sondern er setzt sich schon in Bewegung, wenn es um den Gegenwert von wenig mehr als 150 DM geht. Selbst zum Spaß setzt er sich in Bewegung, vor allem durch Kinder, die andererseits, wenn sie aus ihren Fernseherlebnissen Wirklichkeit machen, immer häufiger zu Opfern werden: 1987, das letzte Jahr, für das eine Statistik vorliegt, wurden 3392 Kinder durch Schußwaffen getötet, was den Gesundheitsminister Sullivan zu der Klage veranlaßte: »Wir sind zunehmend dabei, unsere Jugendlichen durch Unfälle und Gewalt zu verlieren.«

1989, als die westeuropäischen Medien ganz im Bann der Ereignisse östlich der Elbe standen und prominent darüber berichteten, daß es – dramatisches Zeichen des Wandels – in den bisher kommunistisch regierten Ländern zu Streiks gekommen sei, hatten sie für die Berichterstattung über einen Streik keinen Raum, der sich in den US-Bundesstaaten West

Virginia und Kentucky über viele Monate hinzog und alle Anzeichen der landestypischen Verhaltensweisen bei Arbeitskämpfen trug, das heißt: Es wurde nicht argumentiert, sondern geprügelt und geschossen. Nicht Partner suchten einen Kompromiß, sondern Feinde den Sieg. Streikbrecher wurden in ihren Lastwagen täglich beschossen, ihre Fahrzeuge durch ausgestreute Nägel immobil gemacht und mit schweren Steinen beworfen. Der Streik, fand ein amerikanisches Blatt, wurde »nach alter Art zu einem häßlichen Krieg«, und der Sprecher der bestreikten Kohlengrube gestand: »Wir haben das totale Chaos. Der Staat West Virginia ist außer Kontrolle.« Wie immer in der Vergangenheit, wurde die »National Guard«, eine paramilitärische Miliz, alarmiert und zog in den von Armut durchzogenen Tälern der Appalachen auf, bewaffnet und unter Helmen, denn alles verhielt sich noch ganz so, wie es der große amerikanische Sozialreporter Studs Terkel im ersten Satz seines »Arbeit« genannten Buches formuliert hatte: »Dieses Buch, da es sich mit der Arbeit beschäftigt, muß sich notwendig mit der Gewalt beschäftigen, die dem Geist, aber auch dem Körper zugefügt wird.« Als es im Frühjahr 1990 zu einem Streik gegen die Omnibusgesellschaft »Greyhound« kam und die Unternehmensleitung Streikbrecher einstellte, um im Geschäft zu bleiben, wurden täglich Schüsse auf Fahrzeuge abgegeben, in denen Passagiere saßen; schon nach wenigen Streiktagen gab es den ersten Toten.

Gewalt in den Schulen, Gewalt in den Universitäten – 16,4 Prozent der Studentinnen der »University of Illinois« gaben an, vergewaltigt worden zu sein, 23 weitere Prozent waren Opfer anderer sexueller Gewaltanwendung geworden –, Gewalt in den Familien – 4000 Frauen starben in einem Jahr durch die Gewaltanwendung ihrer Partner –, alle fünf Sekunden irgendwo im Land ein gewalttätiges Schwerverbrechen, mehr als acht Millionen im Jahr, aber nur 724 000 Täter werden verhaftet, nur 193 000 von ihnen verurteilt, nur 149 000 müssen in eines der längst überfüllten Gefängnisse und werden lange vor Ablauf ihrer Strafzeit wieder entlassen. Anders können keine neuen Straftäter in die Gefängnisse eingeliefert und gezwungen werden, wenigstens eine kurze Zeit ihrer Strafe abzusitzen.

Das heißt, daß sich der bei weitem größte Teil der überführten Gewalttäter auf freiem Fuß befindet, sozial ausgegrenzt, das Stigma krimineller Vergangenheit in den Papieren, von der Wirtschaft abgewiesen, von keiner vernünftigen Rehabilitationspolitik eines Staates oder des Bundes erreicht, kurz: auf den Weg weiterer Kriminalität verwiesen, die unvermeidlich ist, wo die subtile Gewalt des Unsozialen als staatliche Organisationsform herrscht. Denn sie, sehr viel mehr als individuelle kriminelle Energie oder kriminelle Veranlagung von Bürgern, war immer und ist der Auslöser einer Gewalt, die gleichsam Rache nimmt und reaktiv ist. Das gilt insbesondere für die schwarzen Bürger des Landes.

Wirklich gleiche Chancen haben sie nie gehabt; die rassistische Gewalt der Diskriminierung ließ sie nicht zu. Aber auch diese Gewaltanwendung unterliegt dem Gesetz der Eskalation: Wer mit der Gewalt der Macht oder des Rassismus einen Bevölkerungsteil unterdrückt oder nur pro forma an den Bürgerrechten partizipieren läßt, wer die Gettos der Schwarzen wachsen läßt und die Sozialverpflichtung nicht empfindet, die sich aus der Existenz menschenunwürdiger Behausungen ergibt, wer im Gegenteil aus der Tatsache, daß Schwarze – lauter Notwehrtäter – weit über ihren Bevölkerungsanteil hinaus an der Kriminalität beteiligt sind, den Schluß zieht, sie seien zu sozialem Verhalten unfähig, schließt den Teufelskreis der Gewalt.

»Kriminalität«, fand der Harvard-Professor Pettigrew, »ist ein institutionalisiertes Mittel des sozialen Aufstiegs in Amerika«, und das ist wahr. Mit den weitaus meisten der großen Vermögen in den Vereinigten Staaten verbindet sich Kriminalität, auch die der Gewalttätigkeit. Die schwarze Kriminalität ist nur – freilich auf sehr viel niedrigerem Niveau – die Entsprechung der weißen Verhaltensweisen. Sie ist sehr viel eher politisch begründeter Protest als ordinäre Kriminalität. Für diesen politischen Protest sind 23 Prozent der Schwarzen im Alter zwischen 20 und 29 Jahren entweder im Gefängnis oder nur »auf Bewährung« frei.

Nun frißt die Gewalt ihre Kinder. »Tod durch Schußwaffengebrauch«, schrieb »Time« in einer Kolumne zu ihrer Gewaltbilanz einer Maiwoche, »ist schon fast so banal wie ein Autounfall, und Schießereien sind inzwischen schon so sehr sehr Routine geworden, daß sie manchmal gar nicht mehr in den lokalen Nachrichten gemeldet werden.« Der Kriminologe Richard Moran vom »Mount Holyoke College« im Bundesstaat Massachusetts erinnert sich wehmütig an die guten alten Zeiten, in denen der Gangster Al Capone noch in Chicago regierte. Damals gab es in sechs Jahren 80 Tote, aber heute gibt es 80 Tote in weniger als drei Wochen. In Kansas City suchen sie nach jemandem, der verdächtigt wird, seit 1977 mehr als 60 Frauen umgebracht zu haben. Im King County im Staat Washington fahndet man nach dem »Green River Killer«, dem man 48 Morde zuschreibt. In Milwaukee im Staat Wisconsin organisiert sich eine Bürgerwehr, weil kein Mensch mehr seines Lebens sicher ist, und in New York City gehen Kinder in Parks, um ein bißchen »Wilding« zu spielen, nämlich Menschen zu stechen. In Louisville im Staat Kentucky trugen sie sieben Leichen und zwölf Verletzte fort, die Joseph Wesbecher auf dem Gewissen hatte, ehe er sich selbst erschoß, und selbst im ländlichen Süden wird es zunehmend unerträglich: Im Gregg County am Ende der Welt in Texas ist die Zahl der bewaffneten Raubüberfälle im Verlauf eines Jahres um 70 Prozent gestiegen, in ländlichen Gebieten des Staates Georgia von 1984 bis 1988 sogar um 146 Prozent.

Unter dem Eindruck der Gewalt, die das Land durchzieht, nahm das Leben pathologische Züge an. Niemand mehr, der ganz frei von Furcht durch die Dunkelheit geht. Niemand mehr, der sich in seinem Haus ganz sicher fühlt. Auch niemand mehr, dem die Handfeuerwaffe in der Schublade des Nachttisches eine Ahnung von Sicherheit vermittelt, und jede Woche 12 500 Schüsse, gefeuert in der wütenden Hoffnung, Leben zu töten.

Kann ein Land, das in Gewalt so verkam, die Welt führen? Und entspricht nicht der krankhaft destruktiven Liebe der Nation zur privaten Waffe die Manie, mit der sie ihr Vermögen verschleuderte, um ihre staatlichen Arsenale mit den Waffen der Massenvernichtung zu füllen? Ist nicht evident, daß das eine identisch mit dem anderen ist? Wie sich die Nation im Innern bis zum »Overkill« hochrüstete, tat sie es nicht auch für den Gebrauch nach außen – und fährt sie damit nicht fort?

Die Sicherheit der Erde ist in den Händen der Vereinigten Staaten ebenso garantiert wie die Unversehrtheit des Porzellanladens beim Eintritt des Elefanten; das belegt die amerikanische Geschichte. Sie sind zwanghafte Triebtäter beim Bruch internationalen Rechts. Kein anderes Land hat in dem nun ausklingenden Jahrhundert, in dem es die Vereinigten Staaten zur alleinigen Weltführerschaft brachten, internationale Vereinbarungen häufiger gebrochen. Zur Gewalt, die sie immer auch gegen sich selbst wandten, paßt fugenlos die Gewalt, mit der sie, gewandet als Weltpolizist, nach außen vorgingen. Die Vereinigten Staaten können nicht anders als in Gewalt agieren; die Gewalt ist ihr Schicksal.

Anfang 1990, als die Sowjetunion den kalten Krieg längst beendet hatte, ermittelte das »General Accounting Office«, ein dem Kongreß angeschlossenes Büro zur Überprüfung der von der Regierung vorgenommenen oder geplanten Staatsausgaben, daß interne Planungspapiere des Verteidigungsministeriums bis 1994 weitere Steigerungen der Rüstungsausgaben über das Volumen hinaus vorsahen, das für das Budgetjahr 1991 galt und mehr als ein Viertel sämtlicher Bundesausgaben verschlang – ein Volumen, das sich die im verschleierten Konkurs befindliche Nation längst nicht mehr erlauben konnte. Als Michail Gorbatschow nicht nur die Politik der Offenheit nach innen, sondern auch die nach außen praktizierte, feuerten die Amerikaner die bisher aufwendigsten Spionagesatelliten und positionierten sie über der Sowjetunion. Als Gorbatschow und Präsident Bush einander am Ende des Jahres 1989 bei Malta trafen, wo der Russe drastische Abrüstungsmaßnahmen auch für die Seestreitkräfte der beiden Staaten anregte, lehnte Bush die Offerte brüsk und mit dem Bemerken ab, die Vereinigten Staaten müßten »ihren Verpflichtungen in aller Welt nachkommen« und brauchten deshalb starke Kräfte zur Sicherung der Seewege, während andererseits die Sowjetunion eine Landmacht sei, von der die Vereinigten Staaten erwarteten, daß sie sich auf den Weltmeeren zurückhielte.

War, was der amerikanische Staat betrieb, in seiner Intention wirklich etwas anderes als das, was seine Bürger betrieben, wenn sie im festen Glauben an die Notwendigkeit der Gewalt ihre alte Handfeuerwaffe ständig gegen eine modernere und durchschlagsstärkere tauschten? Lag nicht der amerikanischen Politik ersichtlich die Überzeugung zugrunde, daß sie gewaltbereit zu sein habe – wie die 12500, die in jeder Woche schossen? War nicht, als sich die große Chance der Befriedung der Erde bot, deutlich, daß eine, nur eine Macht auf Waffen, auf Gewalt setzte, statt auf zivilisierte Befriedung?

Als sich die Verhältnisse in Deutschland schon unter dramatischen Umständen entspannt und mutige Mitteldeutsche den Eisernen Vorhang zerstört hatten, wickelten die Vereinigten Staaten mit 69000 ihrer Soldaten – 17000 von ihnen eigens von Übersee eingeflogen – das Manöver »Centurion Shield« in Westdeutschland ab und zahlten für den grotesk sinnlosen Transport ihrer Soldaten von den USA nach Deutschland 53 Millionen Dollar. Als Europa im Januar 1990 befreit durchatmete und eine Zeit des Friedens für möglich hielt, titelte das Nachrichtenmagazin »Newsweek«: »Vorbereitungen für künftige Kriege« und führte aus, daß die Vereinigten Staaten auch in Europa weiterhin eine wichtige militärische Rolle zu spielen hätten, aber nicht nur in Europa, sondern überall in der Welt. Daß die Welt nach der Beendigung des kalten Krieges eher instabiler werden könne, sah »Newsweek« kommen, woraus das Blatt ableitete, daß sich die Vereinigten Staaten in der Rolle des Weltpolizisten finden könnten, »der auf den Meeren patrouilliert und interveniert, um in regionalen Disputen die Balance der Macht herzustellen«.

Als es dafür keinerlei Ursache mehr gab, unterhielten die Vereinigten Staaten weiterhin und mit Milliardenaufwand ihre zum Zweck der Einkreisung der Sowjetunion installierten Militärbasen in Südkorea, Japan, auf den Midway-Inseln, auf den Marshall-Inseln, auf Guam und auf den Philippinen, auf Diego Garcia, in der Türkei, Griechenland, Italien, Deutschland und Island. Sie gaben für ihre Basen 500 Milliarden Dollar aus, die sie nicht hatten, aber sie waren als staatliche Organisationsform so uneinsichtig gewaltvernarrt wie ihre Bürger. 1980, also vor dem Wandel in Moskau, verhielten sich die amerikanischen Bundesausgaben, was Wohnungsbau und Rüstung anging, wie 1 zu 5, 1989 jedoch, als einerseits das große Rüstungsmotiv nicht mehr relevant war, aber andererseits die kriminalitätsgefährdeten Gettos wie Krebszellen wucherten, verhielten sie sich wie 1 zu 31 – war das nicht die exakte Entsprechung der von Gewalt deformierten inneren Wirklichkeit des Landes? War nicht auch die Außenpolitik genannte Fixierung auf die Mittel der Gewalt in Wahrheit ein Wahnbild? »Wenn man sich alle Waffen auf der Erde betrachtet«, schrieb »Newsweek«, »und die Verrückten, in deren Händen sie sich befinden, könnte es sein, daß es zu Dingen kommt, die anfangs wie bloße Scharmützel aussehen, wie Funken, aus denen eine große Feuersbrunst werden kann«, aber die Journalisten meinten mit den »Verrückten« nur die Ausländer.

Nicht mehr für »HIC«-Kriege rüsteten sich die Vereinigten Staaten nun, für »High-Intensity Conflicts«, sondern für »Medium-Intensity Conflicts« und »Low-Intensity Conflicts«, und das Pentagon des Präsidenten Bush wies auf die Notwendigkeit hin, die Militärbasen an den Küsten des Landes als »Absprungpunkte« für ausländische Kriege zu erhalten und auch das »Surge Potential«, nämlich das Potential für Attacken – war das weniger hysterisch als das Verhalten, unter dem die Nation, von Gewalt umgeben, litt? War nicht die Reduzierung der Politik auf das Militärische das Spiegelbild der zerstörerischen Militanz, von der die Nation im Inneren zerfressen zu werden drohte?

Präsident George Bush, das Mitglied auf Lebenszeit in der »National Rifle Association«, den bei Ablauf seines ersten Jahres im Amt ein wenig bedrückte, »noch nicht im Feuer gewesen zu sein«, zündete es am Ausgang des Jahres 1989. Mit der größten militärischen Expeditionsmacht seit Vietnam, »Stealth«-Bomber eingeschlossen, überfielen die Vereinigten Staaten die mittelamerikanische Republik Panama mit dem alleinigen Ziel, eines Mannes habhaft zu werden, dem die

Vereinigten Staaten, insbesondere der vormalige CIA-Chef George Bush, in den Jahren zuvor 1,2 Millionen Dollar zahlten, die er sich als CIA-Agent verdient hatte.

Das ebenso groteske wie blutige Unternehmen verstieß gegen die Charta der Vereinten Nationen aus dem Jahr 1945, gegen den Pakt von Rio aus dem Jahr 1947, gegen bilaterale Vereinbarungen im Zusammenhang mit dem Unterhalt des Panamakanals aus den Jahren 1904 und 1977 sowie gegen die im Frühjahr 1948 in der kolumbianischen Hauptstadt Bogotá vereinbarte Charta der Organisation amerikanischer Staaten (OAS), in deren 15. Artikel es heißt: »Kein Staat und keine Gruppe von Staaten hat das Recht, aus welchen Gründen auch immer direkt oder indirekt in die inneren oder äußeren Affären eines anderen Staates einzugreifen.«

Es ist unwesentlich, daß die Vereinigten Staaten, als diese Charta beraten wurde, dem Artikel 15 widersprachen. Wesentlich ist, daß sie ihr insgesamt zustimmten und sich banden. Wesentlich ist, daß sie in Panama internationales Recht brachen und damit zum 44. Mal in der kleinen Republik intervenierten, die 1903 mit der Hilfe der Vereinigten Staaten von Kolumbien abgetrennt, sozusagen gekauft und selbständig gemacht worden war. Wesentlich ist, daß sich die Vereinigten Staaten am Ende des Jahres 1989 erneut als bewaffnete Gewohnheitstäter zu erkennen gaben.

Die Tat hat 23 amerikanische Soldaten das Leben gekostet; 324 kamen verwundet in die Vereinigten Staaten zurück. Die Zahl der Opfer in der Zivilbevölkerung Panamas wurde amtlich nie bekannt; Schätzungen schwanken zwischen 300 und 1000 Toten sowie 1000 und 3000 Verwundeten.

Als die Invasion abgeschlossen, der General Manuel Noriega aber, dem sie galt, in die Botschaft des Vatikans geflüchtet war, verstießen die Vereinigten Staaten gegen die Wiener Konvention von 1961, die festlegt, daß diplomatische Missionen, Residenzen von Diplomaten sowie Fahrzeuge und das Personal diplomatischer Missionen »inviolable« sind, also unantastbar und unverletzlich. US-Soldaten beschallten die Vatikan-Botschaft tage- und nächtelang mit lärmender Rockmusik. Die Residenz des Botschafters von Nicaragua wurde durchsucht. Die Botschaft von Peru wurde umstellt und bedroht. Das Auto des Botschafters von Kuba wurde gestoppt.

Am Ende dieser Kette von Rechtsbrüchen – und nachdem sich General Noriega den Amerikanern ergeben hatte – schnellte die Popularitätskurve des für die »Operation Gerechte Sache« verantwortlichen Präsidenten Bush ebenso in die Höhe, wie das schon zuvor bei Präsident Reagan nach dessen völkerrechtswidrigem Überfall auf die Zwergrepublik Grenada und bei Präsident John F. Kennedy nach dessen verunglücktem und ebenfalls völkerrechtswidrigem Versuch der Fall gewesen war, in der kubanischen Schweinebucht eine Invasion zu beginnen; das hieß: Die Gesetzlosen daheim feierten die Gesetzlosigkeit der Nation. Die an Gewalt Erkrankten applaudierten dem Rechtsbruch und dem Blutvergießen. Erneut erkannten sie sich erfreut an ihrem Wesen wieder, an ihrer Aggressivität, an ihrer Kühnheit beim Bruch des Gesetzes, an ihrer Kriminalität, die sie Patriotismus nannten, und sie feierten das Recht, das, wieder einmal, aus den Läufen von Feuerwaffen gekommen war.

DER STANDARD DER BARBAREI

*Seit die Vereinigten Staaten 1945 das atomare Tabu
brachen, verfuhren sie im Umgang mit ihren eigenen Bürgern
sorgloser als irgend jemand sonst.
Tausende starben an nuklearer Verstrahlung.*

Der 6. August 1945 war in Hiroshima heiß und feucht. Als es am Morgen in der an bewaldeten Hügeln gelegenen Hafenstadt am Mündungsdelta des Ota lebendig wurde, litten die Menschen unter der frühen Schwüle, die für den späteren Tag nichts Gutes verhieß. Sie bewegten sich in der lähmenden Luft langsamer als üblich, ehe sie dann an ihren Arbeitsplätzen standen und schweißüberströmt die Kriegsmaschinerie bedienten, zu der Japans Wirtschaft spätestens an jenem 7. Dezember 1941 geworden war, dem vom US-Präsidenten Franklin Delano Roosevelt so genannten »Tag der Infamie«, an dem japanische Flugzeuge völlig überraschend die vor Pearl Harbor auf Hawaii liegende US-Kriegsflotte angegriffen und schwer dezimiert hatten.

Seither war der Pazifische Ozean alles andere als das gewesen, was sein Name besagt. Aus dem friedlichen war ein vom Krieg heimgesuchter Ozean geworden. Die Amerikaner führten ihn mit dem begreifbaren Zorn der vor Hawaii ankündigungslos und perfide Überfallenen, die Japaner mit einer Todesverachtung, die den amerikanischen Soldaten insbesondere dann unheimlich war, wenn sich »Kamikaze«-Flieger in ihren bombenbeladenen Flugzeugen auf amerikanische Ziele stürzten und mit ihren Opfern starben.

Anfangs lag die Initiative des staatlich organisierten Blutvergießens bei den Japanern, die es bei der Besetzung und Beherrschung fremder Länder fast zu deutscher Nazi-Grausamkeit brachten, doch schon im Frühjahr 1942 wendete sich das Blatt. Nun regnete es Bomben auf japanische Städte, dann, im Juni 1942, endete die wichtige Seeschlacht an den Midway-Inseln mit einem amerikanischen Sieg. Dem blutigen Kampf um Guadalcanal, den ebenfalls die Amerikaner nach schweren Verlusten für sich entschieden, folgte eine Unzahl kleinerer Bataillen, aber dann, als die Amerikaner in der ersten Hälfte des Jahres auch noch Iwo Jima und schließlich Okinawa besetzten, war die japanische, mit dem Hitler-Deutschland verbündete Kraft gebrochen. Der amerikanische Riese, dessen Rüstungsindustrie inzwischen auf vollen Touren lief und enorme Mengen an Kriegsschiffen und Flugzeugen ausstieß, wurde dagegen mit jedem Tag stärker und unbezwingbarer.

An diesem 6. August 1945 wußten auch die Menschen in Hiroshima, daß die Niederlage nicht mehr abzuwenden war. Aus ihrem anfänglichen kriegerischen Enthusiasmus war die lähmende Einsicht geworden, daß ihr Gottkaiser, der Tenno, sie ins Unglück geführt hatte, aber man widersprach dem Tenno nicht, sowenig man in Deutschland dem »Führer« widersprach.

Es geschah morgens um 8.15 Uhr. Durch den dunstigen Himmel hatte sich ein amerikanisches Bombenflugzeug vom Typ B-29 der Stadt auf der Insel Hondo genähert und war im Begriff, grauenvolle Weltgeschichte zu machen. Das »Enola Gay« genannte Flugzeug begründete ein Zeitalter.

Es trug eine Atombombe an Bord. Die vergleichsweise kleine Bombe besaß eine Sprengkraft von 12,5 Kilotonnen, das heißt von 12500 Tonnen des herkömmlichen und seit langer Zeit zum Massenmord verwendeten Trinitroluol genannten Sprengstoffs, wenngleich: Der Bezug auf den konventionellen Sprengstoff, wie die Menschen in Hiroshima erfahren würden, führt in die Irre, denn das Teufelszeug, das die »Enola Gay« in den Luftraum von Hiroshima getragen hatte, richtete seine Verheerungen nicht mehr bloß durch eine einfache Explosion an, wie Millionen von Menschen sie im inzwischen schon beendeten europäischen Krieg erlebt – oder auch nicht überlebt – hatten, sondern: Die Atombombe würde einen riesenhaften Feuerpilz entzünden, in dessen Kern eine Hitze von 15 Millionen Grad herrscht. Hitze und radioaktive Strahlen würden sich mit Lichtgeschwindigkeit ausbreiten. Die neueste Kreation der Ingenieure des Todes würde 50 Prozent der Schäden und Morde durch Druck anrichten, 35 Prozent durch Hitze und 15 Prozent durch radioaktive Strahlung. Sie würde, kurz, selbst die perversen Normen noch einmal dramatisch überbieten, die der Krieg Hitlers und der Deutschen seit 1939 geschaffen hatte.

Als es mit geisterhafter und im Wortsinne blitzartiger Geschwindigkeit vorüber war, stand in Hiroshima nur noch das Rathaus. Als sich der monumentale Feuerpilz zu verziehen begann, waren 80000 Menschen tot und weitere 120000 schwer verletzt, aber die Zahl der Toten stieg ständig. Aus den 80000 wurden 100000, dann 150000, dann 200000, aber auch das bezifferte die ganze Ernte der »Enola Gay« noch nicht, denn viele Jahre später starb man in Hiroshima und in der Umgebung der Stadt immer noch an den Folgen eines Bombenabwurfs, der mit bis dahin nicht bekannter Radikalität die Vorstellung beendete, ein Krieg sei eine Sache von Soldaten und eines Kriegsrechts, das Zivilisten im Rahmen des Möglichen schützt. Drei Tage später kam das atomare Inferno über Nagasaki. Wiederum einen Tag später kapitulierte Japan. Der Zweite Weltkrieg war beendet.

Seither hält die Welt für gesichert, daß es einen unmittelbaren Zusammenhang zwischen den Atombombenabwürfen und der japanischen Kapitulation gibt. Sie hält ferner für gesichert, daß sich die Vereinigten Staaten nur schweren Herzens entschlossen, erstmals die atomare Barriere zu durchbrechen und sehenden Auges Kinder, Frauen und Greise ebenso wie jene Japaner umzubringen, die in der Rüstungsindustrie arbeiteten und allenfalls legitime Bombenziele bildeten. Die Welt hat auch, bei aller Bestürzung über das eben noch Unvorstellbare, das sich in Hiroshima und Nagasaki ereignete, die amerikanische Begründung für die mordenden Attacken wenn nicht akzeptiert, so doch mindestens zu verstehen versucht.

Die Vereinigten Staaten ließen damals wissen, sie seien zu der Vernichtung der beiden Städte und der mit ihr dramatisch verbundenen Kapitulationsaufforderung an Japan gezwungen gewesen, weil anders eine Invasion des Landes unumgänglich gewesen wäre, die noch einmal große amerikanische Opfer verlangt und den Krieg für einen unbestimmbaren

Zeitraum verlängert hätte. Präsident Harry Truman, der die Verantwortung für die atomare Zäsur der Kriegsgeschichte trug, sprach von »einer halben Million Menschenleben«, die man durch die atomaren Einsätze geschont habe. Zwar hatten ihm seine militärischen Berater erklärt, man müsse, falls es zur Invasion Japans komme, mit 40000 bis 50000 Opfern rechnen; aber ob nun 500000, wie der Präsident sagte, oder 50000, wie seine Sachverständigen meinten: die Menschheit, ohnehin daran gewöhnt, die Zahl der Kriegsopfer nach Millionen zu bemessen, sah ein, daß die Amerikaner gegen Ende des blutigen Zuges über den Pazifischen Ozean ein Recht darauf hatten, ihre eigenen Soldaten zu schonen. Sie hatten vielleicht nicht das Recht, die Zivilbevölkerung zweier großer Städte umzubringen, aber das Kriegsrecht war von Hitler und seinen Deutschen – und in der Folge auch von anderen kriegführenden Mächten – so oft und so nachhaltig gebrochen worden, daß es nicht mehr viel galt, und außerdem: Was Recht, zum mindesten aber was machbar war, hatten in der Weltgeschichte stets die Sieger bestimmt: Es war ganz müßig, in solchen Situationen nach einem irgendwo kodifizierten Recht zu fragen. Die Amerikaner wollten weitere eigene Opfer vermeiden und machten deshalb die Japaner von Hiroshima und Nagasaki zu Opfern: Das mußte man nicht gutheißen, aber man konnte es verstehen.

Aber so war es nicht. Sondern so war es, daß die Vereinigten Staaten die Atombomben warfen, obwohl sie nicht unter dem Druck standen, auf den japanischen Inseln landen zu müssen. Es war so, daß die japanische Regierung schon seit Monaten auf diplomatischen Wegen um Frieden ersucht hatte, als Harry Truman die »Enola Gay« zu ihrer Mission starten ließ. Die mehrfach signalisierte Bereitschaft der Japaner, die Waffen niederzulegen, machte jeden Gedanken an eine Invasion des Landes gänzlich überflüssig. »Der ethische Standard der Barbaren aus dunklen Vorzeiten«, den US-Admiral William Leahy in den Atombombenabwürfen erkannte, war in der Tat genau das: eine zynische, menschenverachtende, militärisch gänzlich unnötige und, wie man sehen wird, bloß politisch begründete Massenschlachtung von japa-

nischen Zivilisten, deren »komplette Ausrottung in toto« ein
Berater des Truman-Vorgängers Franklin Delano Roosevelt
schon im April 1945 verlangt hatte, womit er sich im Einklang
mit einem großen Teil der amerikanischen Bevölkerung befand, in der es üblich war, von den Japanern als »Affenmen-
schen« oder »Ratten« zu reden, während Präsident Truman
es vorzog, sie als »Savages« zu bezeichnen, als Lebewesen
etwas unterhalb der Spezies des Homo sapiens.

Admiral Leahy war Chef des Stabes des Präsidenten Harry
Truman und gleichzeitig Vorsitzender der »Joint Chiefs of
Staff« der amerikanischen Streitkräfte. Er hatte, was die
Kriegslage und die politische Situation um den 6. und 9. Au-
gust 1945 angeht, ein sehr präzises Bild, das er so beschrieb:
»Die Japaner waren bereits geschlagen und zur Kapitulation
bereit. Der Einsatz der barbarischen Waffe in Hiroshima und
Nagasaki hatte in unserem Krieg gegen Japan keinerlei mate-
rielle Bedeutung mehr.«

Zu einem ganz ähnlichen Urteil kam General Dwight D.
Eisenhower, der damals Oberkommandierender der alliierten Streitkräfte in Europa war und von US-Kriegsminister
Henry Stimson wenige Tage vor Hiroshima auf die kommende Tragödie vorbereitet wurde: »Ich konnte«, schrieb Eisenhower später, »ein Gefühl der Depression nicht unterdrücken, also äußerte ich meine schweren Bedenken, erstens
auf der Basis meiner Überzeugung, daß Japan schon geschlagen und der Abwurf der Bombe absolut unnötig war, und
zweitens, weil ich glaubte, daß unser Land die Weltmeinung
nicht durch den Einsatz einer Waffe schockieren sollte, deren
Gebrauch, wie ich meinte, zum Schutz amerikanischen Lebens nicht mehr unabweisbar war.«

In der Tat ist die von den beiden hohen Militärs vertretene
Einschätzung korrekt. Nach amerikanischen Quellen – eine
dieser Quellen ist eine im Frühjahr 1989 im Nationalarchiv in
Washington D. C. aufgefundene und der Öffentlichkeit vor-
enthaltene Studie des US Geheimdienstes – hat der japanische Kaiser, der auch oberster Kriegsherr seines Landes war,
»schon am 20. Juni 1945 beschlossen, den Krieg zu beenden«.
Spätestens vom 11. Juli an wurden durch Instruktionen an

den Botschafter Sato, der Japan in der Sowjetunion vertrat, Versuche unternommen, Friedensverhandlungen aufzunehmen. Am 12. Juli wurde auch der Prinz Konoye »damit beauftragt, die Sowjetunion um ihre guten Dienste bei der Beendigung des Krieges zu bitten«.

Präsident Truman wußte von diesen japanischen Friedensbemühungen, wie Eintragungen seiner handgeschriebenen Tagebücher belegen, in denen an einer Stelle vom »Telegramm des Japs-Kaisers« die Rede ist, »der um Frieden bittet«, freilich auch darum bat, im Amt bleiben zu dürfen, was Truman zurückwies: Er wollte die bedingungslose Kapitulation. Später – für die knapp 500 000 Opfer von Hiroshima und Nagasaki zu spät – würde dann Truman auf seine Bedingung verzichten und dem Monarchen gestatten, in seinem Amt zu bleiben, wenn er auch nicht länger als absolutistischer Gottkaiser, sondern nur noch als machtloses Staatsoberhaupt fungieren durfte.

Während aber die Friedensbereitschaft der Japaner weitere Kriegsaktionen – und vollends die Dramen von Hiroshima und Nagasaki – überflüssig machte, schienen diese den Amerikanern aus einem anderen Grund dringlich geboten. Denn die Sowjetunion hatte am 8. August 1945 beschlossen, in die japanisch besetzte Mandschurei einzumarschieren – zum hellen Entsetzen der Vereinigten Staaten, deren Kriegsminister Stimson – »I hope to hell Stalin doesn't come in« –, ebenso wie Außenminister James Byrnes und der Präsident, inständig hoffte, partnerloser Sieger in Ostasien zu sein. Ausdrücklich schrieb Byrnes' Stellvertreter, er hoffe, daß die Sowjets nicht »in on the kill« sein würden, wenn Japan kapituliere, das heißt: Die Vereinigten Staaten wollten den Sieg im Fernen Osten mit niemandem teilen. Sie wollten die Beute allein. Sie wollten beispielsweise Stalins Sowjetunion daran hindern, unter Hinweis auf eigene Kriegsanstrengungen territoriale Forderungen gegen China geltend zu machen. Mit anderen Worten: die Vereinigten Staaten warfen die verheerenden Bomben nicht, weil es dafür einen militärischen Grund gegeben hätte, sondern aus politischem Kalkül, das sich gegen den verbündeten Stalin richtete.

Daß bei den Verheerungen der beiden japanischen Städte auch Rassismus eine Rolle spielte, ist offenkundig. Traditionell hatten schon in der Vorkriegszeit jene Amerikaner, die japanischer oder chinesischer Abkunft waren, unter beständiger und immer neu entfachter Diskriminierung gelitten, die sich nicht nur gegen Neuzuwanderer richtete, sondern auch gegen Bürger, die in den Vereinigten Staaten geboren und schon in der zweiten oder dritten Generation im Lande waren. »Eine Viper ist eine Viper, gleichgültig, ob sie in den Vereinigten Staaten oder jenseits des Pazifischen Ozeans auf die Welt kam«, urteilte eine kalifornische Zeitung – in Kalifornien hatten sich die meisten zugewanderten Asiaten niedergelassen –, und das entsprach durchaus dem Meinungsbild der überwiegenden Mehrheit der weißen Bevölkerung. Darum gab es auch keinerlei Widerspruch, als nach der Attacke auf Pearl Harbor sämtliche Amerikaner japanischer Abkunft von ihrem Besitz vertrieben und in Konzentrationslager geführt wurden, in denen sie rechtlos waren, gefangen und verachtet, und zwar auch dann, wenn sie sich ein Leben lang loyal gegenüber den Vereinigten Staaten verhalten hatten.

Hollywood, damals wie heute ein außerordentlich wirksamer Meinungsmacher, trug entscheidend dazu bei, den mit Rassismus genährten Haß der Nation ständig neu anzuheizen. In den Kriegsfilmen kamen Japaner grundsätzlich nur als widerwärtige, verschlagene, habituell grausame »Ringtails« vor, die sich jeden Rechts begeben hatten, als Menschen angesehen zu werden. Sie waren Abschaum.

Einige Wissenschaftler, insbesondere solche, die an der Entwicklung der Atombombe mitgewirkt hatten und sich eine konkrete Vorstellung von ihrer Wirkung machen konnten, rieten ihrem Präsidenten dringlich, von der Bombardierung japanischer Städte abzusehen und statt dessen an einer unbewohnten japanischen Insel zu demonstrieren, was auf Japan zukommen würde, falls es sich entschlösse weiterzukämpfen. Truman lehnte ab. Ersatzweise regten die Wissenschaftler an, japanische Kriegsschiffe auf hoher See durch eine Atombombe zu vernichten – Truman wollte auch das nicht. Der Mann, der später von sich sagen würde, er habe wegen Hiroshima keinen unruhigen Schlaf gehabt, wollte keine Demonstration, er wollte eine Exekution, und er befahl sie – nicht anders, als er zuvor, von seinen militärischen Beratern informiert, sein Placet zu Seeschlachten oder Inselbesetzungen gegeben hatte.

Ob sich der Präsident der moralischen Dimension bewußt war, ob er begriff, daß in Hiroshima nicht eine Fortsetzung des Krieges stattfinden würde, sondern die Eröffnung einer neuen Ära, ob er realisierte, daß sich mit Hiroshima eine dramatische Veränderung der Welt verband, ist zumindest fraglich. Der ein wenig schlichte Mann und vormalige Krawattenhändler, der es gern hatte, wenn man ihn »Give them hell«-Harry nannte, gab den Menschen in Hiroshima mit bemerkenswerter Kaltblütigkeit die Hölle.

Auf eine merkwürdige und tief beunruhigende Weise ist den Vereinigten Staaten ein sorglos-kaltblütiger Umgang mit der Atombombe geblieben, die von nun an freilich amerikanische Opfer fordern würde.

Amerikanische Soldaten wurden in die verseuchten Städte Hiroshima und Nagaski befohlen, obwohl die Befehlenden um die Gefahr wußten, der die Soldaten ausgesetzt waren. Das mochte noch als ein Vorgang gelten, der sich als Kriegsfolge unvermeidbar ergab – obwohl es in Hiroshima und Nagasaki nichts mehr gab, das man hätte »besetzen« oder gar administrieren müssen – aber in den folgenden Zeiten des Friedens setzten die Vereinigten Staaten eigene Bürger so häufig atomaren Gefahren aus, daß man nicht umhinkommt, an die Parallelen erinnert zu werden, die sich unübersehbar in der amerikanischen Geschichte finden, in der Menschenleben sehr oft eine nur untergeordnete Rolle spielten, wenn sie entweder – die Indianer – politischen Bestrebungen im Wege waren oder, später, bei der Industrialisierung des Landes verschlissen wurden. Der Bau der Eisenbahnlinien liefert dafür einen überzeugend deprimierenden Beweis: Vom Sommer 1909 bis zu jenem des folgenden Jahres kam stündlich ein Arbeiter ums Leben.

Gewiß, die damaligen Verhältnisse in der Industrie des

»Gilded age«, in dem es die Vereinigten Staaten zu blutigen Rekorden bei Unfällen an Arbeitsplätzen brachten, haben sich gebessert, aber die allgemeine soziale Akzeptanz des Verschleißes von Menschen am Arbeitsplatz hat sich ungebrochen erhalten. »Wenn man die Toten der fünf schwersten Überflutungen in Amerika seit 1925 addiert«, errechnete das Nachrichtenmagazin »Newsweek«, »und die Opfer der fünf schwersten Hurricanes, der fünf schlimmsten Tornados, dann der Erdbeben, der Flugzeugabstürze, der Eisenbahnunglücke und der fünf schwersten Brände, dann liegt die Zahl der Opfer immer noch weit unter jenen 21 000 Arbeitern, die 1987 und 1988 nach den Angaben des ›National Safety Council‹ durch Unfälle am Arbeitsplatz starben. Dabei handelte es sich nur um Unfälle. Man nimmt an, daß wesentlich mehr Menschen durch Krankheiten starben, die durch Gefährdungen am Arbeitsplatz entstanden.« Im selben Zeitraum wurden annähernd vier Millionen Menschen an ihrem Arbeitsplatz so schwer verletzt, daß sie ihre Beschäftigung unterbrechen mußten.

Erstklassige, multinational tätige Unternehmen wurden wiederholt der fahrlässigen oder gar vorsätzlichen Gefährdung von Arbeitnehmern nicht nur beschuldigt, sondern überführt und zu hohen Geldstrafen verurteilt. Ein nachhaltig wirkender Makel verband sich damit nie. Die traditionelle Geringschätzung des menschlichen Lebens – ohne die es das stürmische Wachstum der Nation nicht hätte geben könen, denn sie mußte Leben töten, um selbst leben zu können – machte stets Kavaliersdelikte aus Vorgängen, die sich von geplanten Morden nur unwesentlich unterschieden, wenn, zum Beispiel, Autounternehmen ihre Beschäftigten in Räumen arbeiten ließen, in denen die Luft giftig war.

Die in Washington amtierende »Occupational Safety and Health Administration«, die über die Sicherheit von Arbeitsplätzen wachen soll, stellte bei einer Überprüfung der »USX Corp.«, einem der letzten noch verbliebenen Stahlgiganten des Landes, eine zur Normalität gewordene Gefährdung der Arbeiter fest. In »Hunderten von Fällen« fanden die Kontrolleure institutionalisierte Nachlässigkeiten, aus denen sich Verletzungen oder Erkrankungen hätten ergeben können, in 58 Fällen gar »vorsätzliche Gefährdungen«. Das Unternehmen wurde mit einer Geldstrafe in Höhe von 7,3 Millionen Dollar belegt, der höchsten, die je verhängt wurde. Kurz darauf erwischte es die »Pyro Mining Company«: 500 000 Dollar Strafe für 121 Delikte vernachlässigter Sicherheit, so daß es zu einem Grubenunglück kommen konnte, das in Kentucky zehn Menschenleben kostete. Nur wenig später, im Frühjahr 1990, verurteilte die »Occupational Safety and Health Administration« die »Phillips Petroleum Co.«, weil das Unternehmen in 575 Fällen die Sicherheit am Arbeitsplatz vernachlässigt hatte, so daß 23 Arbeiter starben. »Phillips« zahlte 5,6 Millionen Dollar Strafe. Aber das war wie jene im Fall »USX Corp.« keine Nachricht, von der die Nation aufgeschreckt wurde, sondern eine, die vom Alltag berichtete, von Traditionellem, nämlich von einer Welt, in der die »Bottom Line« wichtig war, der Aktienstand, der Profit, nicht aber die Sicherheit jener, die »Bottom Line«, Aktienstand und Profit erarbeiteten.

Und keineswegs war es so, daß ein sorgender Staat um die Sicherheit und Gesundheit der Industriearbeiter aktiv und gesetzgeberisch bemüht war; zum Beispiel: 60 Prozent aller an amerikanischen Arbeitsplätzen verwendeten Chemikalien wurden nie auf ihre Giftigkeit geprüft oder darauf untersucht, wie sich ihre Verwendung auf die Gesundheit der betroffenen Arbeiter auswirkt, oder: Die staatliche Obrigkeit hat zwar vorgeschrieben, wieviel giftiges Blei in die Atmosphäre entweichen darf, doch darf der Bleigehalt der Luft innerhalb eines gewerblichen oder industriellen Unternehmens um das 33fache höher liegen. Den Geist, der sich dahinter verbirgt, artikulierte Othal Brand, nachdem er Mitglied einer texanischen Behörde wurde, die für die Zulassung von Insektenvernichtungsmitteln zuständig ist: »Natürlich«, sagte er, »werden diese Mittel eine Menge Menschen töten, aber sie könnten auch an etwas anderem sterben.«

Kurz, die dem System eigene Wertordnung hat selten dem Menschen und häufig der kriegerischen oder politischen oder eben auch industriellen Effizienz die Priorität eingeräumt.

Opfer waren im Sinne dieser Wertordnung gewiß bedauerlich, aber andererseits waren sie doch unvermeidlich und jedenfalls nichts, was verhindern durfte, das gerade angestrebte große Ziel zu erreichen. Die Opfer der schwarzen Sklaven, die Opfer der getöteten oder doch mindestens vertriebenen Indianer, die Opfer der Industriearbeiter im »Gilded age«, auch jene in den ganz besonders unfallträchtigen Kohlegruben, die Opfer jener, die zu Hungerlöhnen die Eisenbahnlinien quer durch das riesenhafte Land legten, schließlich auch die Opfer des in Vietnam eingesetzten Entlausungsmittels »Agent Orange«, nämlich viele US-Soldaten, die schwer erkrankten, nachdem sie sich der giftigen Chemikalie ausgesetzt hatten – sie alle, so fand die Nation, mußten gebracht werden, damit aus den Vereinigten Staaten werden konnte, was sie schließlich darstellten. Mit anderen Worten: Der Zweck heiligte die Mittel. Mut zur Größe bedeutete immer auch die Einsicht, daß Größe ohne Opfer nicht zu haben war, und zwar nationale Größe so wenig wie Unternehmensgröße. Sentimentalitäten waren auf den Wegen zur Größe gänzlich unangebracht.

Noch sehr viel drastischer als in der amerikanischen Industrie der Vergangenheit oder der Gegenwart drückte sich die sonderbar selbstverständliche Geringschätzung von Menschenleben in den Jahren nach Hiroshima und Nagasaki aus, als die Vereinigten Staaten zunächst nukleare Monopolmacht waren und dann darum bemüht, im Vergleich mit der Sowjetunion die atomare »Number one« zu bleiben. In jeder Phase des kalten Krieges haben sie sehenden Auges eigene Soldaten und Bürger gefährdet und in vielen Fällen wissentlich in den sicheren Tod geschickt.

Es war, als empfände die Macht, die erstmals das atomare Feuer gezündet hatte, die Schwelle nicht mehr, die sie frevelhaft überschritten hatte. Es war, als hätte sie auch nach dem Ernstfall von Hiroshima und Nagasaki noch nicht realisiert, was sie angerichtet hatte und weiter anrichten konnte, und es war, als hätte ein Tabu, einmal gebrochen, keine Wirkung mehr.

Gewiß, die damals noch einzige Atommacht der Welt hatte

in Japan die Folgen ihrer nuklearen Aktionen sorgfältig studiert. Sie hatte ermittelt, in welcher Geschwindigkeit sich Druck, Hitze und radioaktive Strahlung ausbreiteten, wie weit die Wirkung der Bomben gereicht hatte, und sie wußte – oder ahnte doch zum mindesten –, was mit jenen Japanern geschehen würde, die zwar überlebten, aber nur, um qualvoll und jahrelang an den Folgen der radioaktiven Strahlung zu sterben. In Washington und in jenen amerikanischen Orten, wo man mit großer Intensität an der Fortentwicklung der Atombombe und bald auch an der Entwicklung der Wasserstoffbombe gearbeitet hatte, die ihrerseits die Wirkung der Atombombe noch einmal um ein Vielfaches übertreffen würde, kannte man die möglichen Verheerungen genau. Es herrschte kein Mangel an Wissen über den strahlenden Tod, über den die Vereinigten Staaten geboten, und doch setzten sie ihre eigenen Bürger der tödlichen Gefahr aus. Nicht einmal und versehentlich, sondern ständig. Nicht nur wenige Menschen, sondern Hunderttausende. Nicht nur Menschen, von denen sich allenfalls sagen ließe, daß ihre Anwesenheit bei nuklearen Explosionen unabdingbar gewesen wäre, sondern »Versuchskaninchen«.

Bei den atomaren Tests, die von den Vereinigten Staaten ein Jahr nach Hiroshima und Nagasaki auf den Marshall-Inseln im Pazifischen Ozean unternommen wurden, waren 42 000 amerikanische Soldaten der Gefahr radioaktiver Verstrahlung ausgesetzt. Zwischen 1951 und 1962, nachdem die Vereinigten Staaten beschlossen hatten, das Ausmaß der erzielbaren Verheerungen auf eigenem Territorium, nämlich im Bundesstaat Nevada, zu ermitteln, wurde 62 000 amerikanischen Soldaten befohlen, Zeugen der Explosionen zu sein, die damals noch nicht unterirdisch, sondern auf dem Wüstenboden des Staates gezündet wurden und infolgedessen ihren radioaktiven »Fallout« über das Land verbreiten konnten.

Obwohl die »Atomic Energy Commission«, eine Bundesbehörde, wußte, daß die für den Rohstoffnachschub in staatlichen Uranminen beschäftigten Arbeiter – vor allem Navajo-Indianer – durch Strahlung bedroht waren, und obwohl sie darüber informiert war, wie diese Bedrohung abgewendet werden konnte, ließ sie zu, daß sich Tausende der Minenarbeiter dem Lungenkrebs entgegenschufteten. Als 200 der Krebskranken 1979 die Regierung verklagten, mußte ein Gericht die Klage abweisen und auf die »souveräne Immunität« des Staates verweisen, der nach geltender Rechtslage nicht verklagt werden kann, wenn er nicht selbst eine Klageerhebung zuläßt.

Zivilarbeiter der »Nevada Test Site« wurden dazu angehalten, unmittelbar nach atomaren Detonationen in schwer verseuchte Tunnel einzudringen und Instrumente zu bergen, von denen sich die Verantwortlichen weitere Aufschlüsse über nukleare Abläufe versprachen. Nach den Tests wurden die Arbeiter zu Aufräumungsarbeiten kommandiert. Sie trugen dabei keine Atemgeräte, die sie allenfalls davor hätten schützen können, giftige Partikel einzuatmen. Dokumente aus jener Zeit belegen, daß die Verantwortlichen der »Atomic Energy Commission« den Gefährdungsgrad der Arbeiter genau kannten, aber sie beschlossen, nichts gegen diese tödliche Gefährdung zu tun: Anderenfalls hätte man die Testverfahren ändern müssen, was eine Unterbrechung der Tests und damit nach ihrer Ansicht eine »Gefährdung der nationalen Sicherheit« bedeutet hätte.

Rechtsanwälte, die mehr als 30 Jahre nach den vorsätzlichen Gefährdungen inzwischen verstorbener Arbeiter im Namen der Hinterbliebenen prozessierten und Schadenersatz von der Bundesregierung in Washington verlangten, nannten in ihren Klageakten die Namen von 200 ehemaligen Beschäftigten der »Nevada Test Site«, die nach ihrer Verseuchung qualvoll an Krebs gestorben waren. Weitere 18 ehemalige »Test Site«-Arbeiter, die zwischen 1951 und 1981 tätig waren, klagten individuell. Sie erlagen langsam ihrer Krankheit, während noch kein Ende des Gerichtsweges absehbar war, auf den sie sich begeben mußten, weil ihr Staat es ablehnte, den irreparablen Schaden wenigstens materiell auszugleichen.

Ben F. Levy, der mehr als 25 Jahre lang auf der »Nevada Test Site« arbeitete und jetzt die »Test Site Radiation Victims Association« leitet, hat die Sterbeurkunden von mehr als 300

Männern gesammelt, die einmal seine Kollegen waren und ihr Leben verloren, weil es ihr staatlicher Arbeitgeber nicht nur an Sicherheit fehlen ließ, sondern sie wissentlich in den Tod schickte. »Sie sagten uns immer«, erinnert sich Levy, »daß wir uns keine Sorgen machen müßten. Aber fünf Jahre später kamen dann die Krankheiten.« 1990 hatte Ben F. Levy zum mindesten – gegen den erbitterten Widerstand des »Department of Energy« in Washington – das Recht erstritten, von einem Gericht gehört zu werden.

Insgesamt sind rund 220000 amerikanische Soldaten, die nicht unmittelbar mit Atomtests zu tun hatten, zur Anwesenheit bei solchen Tests befohlen worden. Bis zum Jahr 1990 haben etwa 10000 von ihnen, inzwischen schwer bis tödlich erkrankt, Anträge auf staatliche Hilfen gestellt, aber ihr Staat erweist sich keineswegs als schuldbewußt oder gar reuig. Nur 812 amerikanische Atombombenopfer erhielten eine Rente, viele andere wurden mit der Begründung abgewiesen, ihre Erkrankung sei nicht zweifelsfrei darauf zurückzuführen, daß man sie atomarer Bestrahlung ausgesetzt habe.

Eines der Opfer hieß John Smitherman. Er war bei der »Operation Crossroads« dabei, bei den nuklearen Versuchen auf den Marshall-Inseln. Ein paar Jahre später mußten ihm zwei Gliedmaßen amputiert werden, und er erkrankte an sechs Krebsvarianten, die zweifelsfrei auf den nuklearen »Fallout« zurückzuführen waren, dem er sich auszusetzen hatte. Schließlich starb er an einem Krebs, von dem die Behörden fanden, er könne unmöglich mit atomarer Verseuchung zu tun haben. Die Behörden zahlten keinen Cent.

Zwischen 1954 und 1960 ließ der »Public Health Service«, eine oberste Bundesbehörde, 4138 – von insgesamt 15000 – Arbeiter der Uranminen regelmäßig medizinisch untersuchen, ohne freilich die Arbeiter darüber zu informieren, weshalb die Untersuchungen stattfanden. Bei vielen Arbeitern zeigten sich kanzerogene Veränderungen der Lungen und andere pathologische Auswirkungen insbesondere der hochgiftigen Radon-Gase, denen die Männer in den Minen ausgesetzt waren. Der »Public Health Service« registrierte das schweigend. Anregungen von Medizinern, doch mindestens zur Reduzierung des Risikos die Uranminen mit Ventilatoren auszustatten, wurden abgelehnt: Ventilatoren waren zu teuer. 30 Jahre später hat der Rechtsanwalt der Hinterbliebenen der Minenarbeiter, der frühere U.S.-Innenminister Stewart Udall, »Schwierigkeiten, einen Unterschied zwischen der Verhaltensweise unserer Behörden und dem auszumachen, was Nazi-Ärzte in Deutschland taten«.

In den 50er Jahren, in denen die atomare Explosion in den Augen vieler Amerikaner so etwas wie eine ebenso gigantische wie grausig-schöne, aber auch euphorisierende und jederzeit zugängliche Freizeitattraktion war, wurden im Bundesstaat Utah ganze Schulklassen mit Omnibussen zu Exkursionen gefahren, am Hang von Wüstenbergen aufgestellt und schließlich aufgefordert, sich das dramatische Spektakel anzusehen, das sich in gefährlicher Nähe ereignete. Niemand hinderte die Kinder daran. Später kam es unter den herangewachsenen Kindern zu einer solchen Fülle von Krebserkrankungen, daß keine andere Erklärung als die ihrer Besuche in der Wüste möglich war. Gleichwohl verweigerte der Staat jedwede Schuldanerkennung. Die Rechtsprechung ließ nicht einmal zu, daß die Eltern der lebensbedrohend erkrankten Kinder gegen den Veranstalter der radioaktiven Verseuchung klagen konnten. Ähnlich erging es 1100 Bürgern der von den Tests betroffenen Bundesstaaten Arizona, Nevada und Utah, die jene Symptome entwickelten, an denen man eine typische radioaktive Verseuchung erkennt. Als sie auf Schadenersatz klagten, wurden sie schon auf dem ersten Rechtsweg abgewiesen. Viele von ihnen sind inzwischen verstorben. Rancher und Farmer der Gebiete, auf die sich der »Fallout« erstreckte, fanden ihre Schaf- und Rinderherden tot oder schwer gezeichnet auf den Weiden, und wiederum bestand kein Zweifel an der Ursache der Katastrophen, aber auch die Landwirte kamen, wenn überhaupt, erst nach langwierigem Rechtsweg an einen Schadenersatz.

Die von Hiroshima und Nagasaki über die Marshall-Inseln bis zur »Test Site« in Nevada bemerkenswert konsequente Kaltblütigkeit und die Bereitschaft, unnötige Opfer zu bringen – und um sie nicht viel Aufhebens zu machen; mehr: sie rechtlos zu halten oder einfach zu ignorieren –, ist ein tief beunruhigender Wesenszug der mächtigsten Nation der Erde. Sie setzte im Laufe der Jahre mehr als 220000 ihrer eigenen Soldaten atomarer Gefährdung aus – wie hoch ist die Schwelle, die sie von der Gefährdung anderer Nationen trennt? Sie verwüstete japanische Städte, ohne daß es militärische Gründe dafür gab – weshalb sollte die inzwischen einzige Führungsmacht der Erde nicht wieder politische Gründe sehen, fremde Städte zu verheeren? Da die Vereinigten Staaten offensichtlich unfähig sind, mit der Atomenergie so umzugehen, wie es dem mörderischen Gegenstand entspräche – weshalb organisieren sich nicht jene Staaten, die keine Atomwaffen besitzen, um die Vereinigten Staaten an die Kandare einer zivilisierten, international überwachten Regelung für den Umgang mit atomaren Waffen zu nehmen? Die Tatsache, daß ausgerechnet die Vereinigten Staaten – und die Sowjetunion, deren von Tschernobyl geprägter Umgang mit der Atomenergie nicht weniger kennzeichnend ist – die weitere Nichtverbreitung von Atomwaffen überwachen, erweist sich im Licht ihrer eigenen Verfahrensweisen als weltpolitisches Absurdum. Sie bedürfen der strengen Überwachung, und zwar nicht nur, was Atomwaffen betrifft.

Denn die zum System gewordene und bedrohliche Fahrlässigkeit bei der Behandlung des potentiell zerstörerischsten Stoffes, über den Menschen gebieten, setzt sich in der amerikanischen Atomindustrie fort, insbesondere und auf dramatische Weise dort, wo die Nation an der fortgesetzten Erweiterung oder Modernisierung ihres atomaren Potentials arbeitet.

Amerikanische Fachleute nehmen an, daß mehr als 600000 Menschen, die seit 1943 in atomaren Faszilitäten arbeiteten, bleibende und möglicherweise tödliche Schäden davontrugen. Es gab in diesen – dem Staat gehörenden, aber privatwirtschaftlich betriebenen – Unternehmen nie eine Sicherheit, die diesen Namen verdient. Ungeheure Mengen radioaktiven und chemischen Mülls wurden jahrzehntelang unkontrolliert entweder in die Atmosphäre entlassen oder ungesichert in der Erde vergraben; schon zwischen 1944 und 1947 wurden Bewohner des amerikanischen Nordwesten »größeren Strahlenmengen ausgesetzt, als sie nach dem Unglück von Tschernobyl entstanden«, räumte U.S.-Energieminister James Watkins im Frühsommer 1990 ein. Der materielle Schaden, der durch die Summe der Pannen entstand – und sich ständig potenziert –, wird auf bis zu 200 Milliarden Dollar geschätzt, aber bisher hat sich die Administration in Washington unter Hinweis auf ihr immenses Haushaltsdefizit geweigert, mindestens jene 50 Milliarden Dollar zur Verfügung zu stellen, die zur Begrenzung des Schadens investiert werden müßten.

Die amerikanische Öffentlichkeit hat die Gefährdung von Menschen durch die atomaren Waffenschmieden – wie auch die Gefährdung von Menschen in der Privatindustrie – stets mit einem Gleichmut hingenommen, der etwas über den Rang aussagt, den man in den Vereinigten Staaten einem Menschenleben beimißt. Eine spürbare Änderung trat erst ein, als es 1979 im Bundesstaat Pennsylvania zu einem bedrohlichen Zwischenfall des Kernreaktors von Three Mile Island in der unmittelbaren Nähe der Stadt Harrisburg kam. Eine Folge des Desasters, dem nicht viel zu den Dimensionen von Tschernobyl fehlte, war die Bildung einer »Three Mile Island Public Health Fund« genannten Organisation. Sie bemüht sich seit Jahren darum, das für atomare Angelegenheiten zuständige »Department of Energy« in Washington zur Herausgabe der Personalakten jener Menschen zu zwingen, die in Atommeilern und Unternehmen zur Herstellung von Atomwaffen arbeiteten oder gegenwärtig noch beschäftigt sind und mit hoher Wahrscheinlichkeit durch mangelnde bis unzureichende Sicherheitseinrichtungen gesundheitlichen Schaden genommen haben könnten. Das »Department of Energy« lehnte das Begehren der Organisation ab, die sicher ist, daß das Ministerium etwas verheimlichen will.

Dr. Thomas F. Manusco, von der Regierung damit beauftragt, die Verhältnisse zu untersuchen, unter denen in den Werken zur Herstellung von Atomwaffen gearbeitet wird, ermittelte, daß die Regierung Strahlungsmengen als akzeptabel und sicher festgelegt hatte, die um das Zehnfache zu hoch waren. Ferner stellte Dr. Manusco fest, daß auch ständige minimale Strahlung zur Ausbildung kanzerogener Erkrankungen führt. Als der tiefbesorgte Arzt seine Erkenntnisse publizierte, entließ ihn die Bundesregierung unverzüglich und verweigerte ihm jeden weiteren Zugang zu den relevanten Akten.

Wie ein Untersuchungsausschuß des Kongresses ermittelte, der sich mit der mangelnden Sicherheit in Atomkraftwerken und Unternehmen zur Herstellung von Kernwaffen beschäftigte, habe Energieminister John S. Herrington in der Amtszeit von Präsident Reagan »aus Versehen unsichere Verfahrensweisen« ermutigt. Ein Werksdirektor, der es, so die Erkenntnisse des Untersuchungsausschusses, »zuließ, daß Vorschriften für Gesundheit und Sicherheit vernachlässigt wurden«, erhielt staatliche Tantiemen und wurde von Herringtons Stellvertreter Joseph Salgado als »vorbildlicher Manager und Führer« gelobt, denn mit der Reduzierung von Sicherheitsvorschriften hatte sich eine verbesserte »Wirtschaftlichkeit« dieses Unternehmens ergeben.

In Rocky Flats am Stadtrand von Denver im Bundesstaat Colorado, wo Plutonium aufbereitet wird, waren die Verstöße gegen die Sicherheit so eklatant und die Folgen so verheerend – das Grundwasser wurde kontaminiert –, daß sich die Staatsanwaltschaft einschaltete und begann, »schwere Verbrechen« zu verfolgen. Unter anderem hatte die Werksleitung mindestens zwölf kontaminierte Gegenden wissentlich nicht angegeben und den Kontaminierungsgrad anderer Erdbelastungen nicht korrekt definiert.

In Oak Ridge im Bundesstaat Tennessee, wo ein Werk zur Montage von Atomwaffen steht, wurden, eine Folge jahrzehntelanger Schlamperei, 562 kontaminierte »Einheiten« entdeckt. Niemand weiß, wie viele zusätzlich noch existieren. Die Verantwortlichen in Oak Ridge waren 1984 erstmals mit dem Eingeständnis an die Öffentlichkeit gegangen, daß ihre Vorgänger 47 Jahre lang die radioaktive und chemische Vergiftung von Wäldern, Flüssen und landwirtschaftlich genutzten Feldern verschwiegen hätten.

Der dem Präsidenten Bush dienende Energieminister

James Watkins hält für wahrscheinlich, daß kein einziges der Unternehmen ständig sicher war, die mit der potentiellen Zerstörung der Erde beschäftigt sind. Den Zeitraum, der vergehen wird, ehe die schweren Umweltgefährdungen beseitigt sind, schätzt er auf 30 Jahre.

In einem der Atomkraftwerke am Savannah River bestand das einzige Feuerlöschgerät in einem Gartenschlauch; in einer anderen Einheit stellte das kostenbewußte Management ein feuerverhütendes Sprinklersystem mit der Begründung ab, es könne, wenn aktiviert, die Computer des Kernkraftwerks gefährden. In Hanford im Staat Washington, wo Plutonium verarbeitet wird, schaltete das Management die Strahlen-Alarmanlage ab und rechtfertigte das mit dem Hinweis darauf, sie sei gelegentlich bei stürmischem Wetter irrtümlich in Gang gesetzt worden und habe die Produktion somit unterbrochen. In anderen hochsensiblen Unternehmungen wie in Los Alamos und im Lawrence Livermore National Laboratory, wo mit großem Aufwand ständig nach noch effizienteren Atomwaffen geforscht wird, war, wie der Untersuchungsausschuß des Kongresses ermittelte, der Genuß von Rauschgiften an der Tagesordnung.

Alle Unternehmungen zur Herstellung von Atomwaffen arbeiten mit voller Kapazität weiter – auch 1990 noch.

GETRENNT UND UNGLEICH

In den schwarzen Gettos der amerikanischen
Großstädte ballt sich soziales Dynamit. Vom weißen
Rassismus diskriminiert, wenden sich immer mehr
junge Schwarze vom Land ab.

Donald L. Chatman lebt in Chicago. Er ist ein intelligenter, kultivierter Mann mit einer erstklassigen Schul- und Universitätsbildung. Er hat eine jener Eliteschulen an der amerikanischen Nordostküste besucht, die normalerweise verläßliche Sprungbretter für erfolgreiche Karrieren sind. Er studierte in Harvard, der angesehensten Hochschule der Vereinigten Staaten. Wenn sich Donald L. Chatman morgens an Werktagen kleidet, legt er, wie er das nennt, »die konservative Uniform« an: gepflegter Anzug, sauberes Hemd, Krawatte, gewienerte Schuhe. Er ist, wenn er das Haus verläßt, adrett frisiert. Er liest, Ausweis der Zugehörigkeit zum Establishment, die »New York Times«. Er ist, kurz, voll von gutem Willen, den Regeln zu gehorchen, die in den »besseren Kreisen« der Vereinigten Staaten gelten. Er ist beruflich ambitioniert, er will »etwas werden« und dafür hart arbeiten. Er will nichts geschenkt.

Wie kommt es bei so viel Anpassung, daß Donald L. Chatman dennoch, wenn er etwas kaufen will, in Geschäften wie ein potentieller Ladendieb oder Räuber behandelt wird? Daß sich, wenn er allein im Fahrstuhl eines Bürohauses steht, Frauen abwenden und lieber auf den nächsten Fahrstuhl warten, statt sich zu ihm zu stellen und ein paar Sekunden seine Nähe zu ertragen? Wie kommt es, daß er vergeblich einem Taxi winkt? Daß man ihn, wie er empört einer Zeitung schrieb, »als Gefahr betrachtet«, als »nicht vertrauenswürdig« und deshalb gesellschaftlich als »nicht akzeptabel«?

Ganz einfach: Donald L. Chatman hat dunkle Haut.

Komplexe Sachverhalte werden oft nur deutlich, begreifbar und nachvollziehbar, wenn man sie personalisiert. »Das Rassenproblem« in den Vereinigten Staaten – das ist ein nicht recht überschaubares, widersprüchliches Kapitel amerikanischer Geschichte und Gegenwart, ein, sozusagen, Einerseits-aber-auch-andererseits-Kapitel, denn: Hört und liest man einerseits nicht beständig, daß alle Bürgerrechte des Landes auch für die Schwarzen gelten? Wie erklärt sich dann aber andererseits, daß mit Donald L. Chatman auch 1990 noch eine große Mehrheit der etwa 30 Millionen in den Vereinigten Staaten lebenden Schwarzen über fortgesetzte Entrechtung klagt? Und ist nicht einerseits wahr, daß immer mehr amerikanische Städte schwarze Bürgermeister wählen, was die politische Gleichberechtigung zu belegen scheint? Aber ist – andererseits und paradoxerweise – nicht ebenso wahr, daß diese Bürgermeister unter Verhältnissen regieren, in denen sich die Entrechtung eines großen Teiles der schwarzen Bevölkerung immer mehr verhärtet? Ist nicht einerseits der oberste Soldat der Vereinigten Staaten ein Schwarzer? Aber war die Situation in den Gettos der großen Städte, in denen die Schwarzen hausen, andererseits 1990 nicht schlimmer und explosiver als je zuvor?

Alles ist wahr, nur werden diese Wahrheiten von einer anderen überwölbt, für die Donald L. Chatman in seiner »konservativen Uniform« zeugt: daß der von einem großen Teil der weißen Bevölkerung ausgehende Rassismus die formal gesicherte Lösung des Problems im Sinne einer umfassenden Integration immer noch verhindert und sie, wie alle amerikanischen Experten übereinstimmend prophezeien, auch in der Zukunft verhindern wird. Das Problem ist nicht formaler Natur, denn die Formalien zur Gleichstellung der Schwarzen sind auf der politischen und juristischen Ebene seit langem erledigt. Das Problem liegt in der Attitüde eines großen Teiles der weißen Bevölkerung gegenüber den Schwarzen. Das Problem ist, kurz, daß viele Weiße mit den Schwarzen nichts zu tun haben wollen. Das Problem ist jene beständige und demütigende Zurückweisung, die Donald L. Chatman selbst dann erfährt, wenn er sich akkurat nach der Ordnung des weißen Amerika kleidet und seine Lebensregeln penibel befolgt.

Es ist unvermeidlich, daß reagierende Feindseligkeit der Abgewiesenen entsteht, wo feindselige Abweisung vorherrscht, mit anderen Worten: Wie lange wird sich Donald L. Chatman anpassen, da er doch täglich lernt, daß das weiße Amerika seine Anpassung nicht honoriert? Wann wird er zu hassen beginnen, da ihm fortgesetzt Haß und Argwohn entgegengebracht werden? Wie oft muß ihn ein weißer Ladenangestellter noch wie einen offenkundigen Spitzbuben behandeln, bis er »aussteigt« und begreift, daß ihm dieses Land keine Chance gibt – daß es ihn nicht will? Wann wird ihm klar, daß die Gesellschaft seine Hautfarbe als Ausweis einer chronischen Erkrankung betrachtet, die zu seiner Isolierung zwingt, zur Verweisung in die gesellschaftliche Quarantäne?

Die Tragödie, zu der Donald L. Chatmans Leben wurde, ist die Tragödie aller schwarzen Bürger der Vereinigten Staaten, obwohl Chatman gegenüber den weitaus meisten schwarzen Landsleuten einen enormen Vorteil hat. Er ist mit seiner schulischen und universitären Ausbildung privilegiert unter den Unterprivilegierten. Er war in Harvard, aber nur 28 Prozent der jungen Schwarzen, die aus Familien mit geringen Einkommen stammen, können sich eine Ausbildung in vergleichsweise unbedeutenden Colleges leisten – der große Rest ist schon im Schulalter »ausgestiegen« und hat die Aussichtslosigkeit des Vorhabens begriffen, im weißen Amerika mit seinem feindseligen Argwohn eine würdige Rolle zu spielen. Der große Rest ist, was der Harvard-Wissenschaftler James Conant schon vor 40 Jahren »das soziale Dynamit unserer Gesellschaft« nannte.

Einmal »ausgestiegen«, kommt man unter die Räder. Einmal »ausgestiegen«, ist man in den Augen der kalten amerikanischen Leistungsgesellschaft ein Versager. Tatsächlich wird die frühe Massenresignation in den schwarzen Gettos der Großstädte vom weißen Amerika als Indiz dafür gewertet, daß die Schwarzen die mühevolle Teilhabe an der Gesellschaft nicht wollen. Daß sie, was man immer schon wußte, faul sind. Daß sie schon als Kinder ihre Charaktere offenbaren und lieber in den schrecklichen Slums vegetieren, als sich hart arbeitend aus ihnen zu befreien. Daß sie lieber arm sind – jeder dritte schwarze Amerikaner lebt unterhalb der staatlich festgesetzten Armutsgrenze –, als zu arbeiten. Die von den Weißen provozierte Massenresignation dient den Weißen als Nahrung ihres ressentimentbeladenen Rassismus – der Teufelskreis schließt sich.

Denn natürlich folgt wiederum der weißen Verurteilung der Aussichtslosen und beständig Zurückgewiesenen in den Gettos die Verhärtung der Schwarzen gegenüber den Weißen. Auch 1990 ist noch Wort für Wort wahr, was 1968 die vom damaligen Präsidenten Johnson eingesetzte Kommission zur Untersuchung der Rassenproblematik so formulierte: »Dies ist unsere grundlegende Schlußfolgerung: Unsere Nation entwickelt sich zu zwei Gesellschaften, einer schwarzen und einer weißen, die getrennt und ungleich leben« – eine Situation, die 22 Jahre später vom hochkarätigen »National Research Council« mit den Worten kommentiert wurde, sie stagniere oder habe sich gar noch verschlechtert. In den Vereinigten Staaten gibt es, anders ausgedrückt, Apartheid, und sie ist immer noch so unangefochten wie zu früheren Zeiten. Im Herbst 1989 veröffentlichte die »University of Chicago« das Ergebnis einer Studie, die ergab, daß »rassische Segregation tiefer verankert ist und weiter reichende Formen angenommen hat, als Sozialwissenschaftler bisher annahmen.«

Schon Johnsons Vorgänger im Präsidentenamt, John F. Kennedy, hatte die Nation gefragt: »Werden wir der Welt sagen – und, was viel wichtiger ist: werden wir uns selbst sagen –, daß dies das Land der Freien ist, ausgenommen die Neger? Daß wir keine zweitklassigen Bürger haben, ausgenommen die Neger? Daß wir keine Kasten kennen, kein Klassensystem, keine Gettos, keine Herrenmenschen, alles ausgenommen, sofern es die Neger angeht?«.

So schön die Rhetorik war, wie man es von diesem Präsidenten kannte: Damals empfand die so angesprochene Nation nicht das Bedürfnis, die Unmoral des Rassismus zu überwinden, und sie hat seither nicht das Bedürfnis gehabt. Sie hatte es nie. Vielleicht empfanden sich Kennedys weiße Amerikaner nicht gerade als Herrenmenschen wie Hitler und seine Deutschen, aber sie empfanden sich als anders als die anderen, die ihnen vom Leibe bleiben sollten, und zwar möglichst weit. Sie sind mit den Schwarzen stets so umgegangen wie die Zeitgenossen des Jahres 1990 mit dem unglücklichen Donald L. Chatman, das heißt: Die Repression, der Schwarze in den Vereinigten Staaten ausgesetzt sind, ist nicht bloß eine schmerzhafte individuelle Erfahrung, sondern sie zieht sich nahtlos durch die Jahrhunderte, seit der erste schwarze Sklave auf den nordamerikanischen Halbkontinent geschleppt wurde. Sie ist die größte und subtilste Unterdrückungsmaschinerie, die irgendwo auf der Erde einen so langen Zeitraum erstaunlich unversehrt und politisch gänzlich unangefochten überstanden hat. Sie scheint unbezwingbar, vor allem auch, weil sie sich hinter einem Netz demokratischer Formalitäten vollendet tarnt. Dieses Wissen von der Omnipotenz und Dauerhaftigkeit des Systems der Formaldemokratie lähmt viele Schwarze nachhaltiger als die täglich neu erfahrene Zurückweisung, während das weiße Amerika diese Lähmung nur als erneuten Beweis schwarzer Lebensuntüchtigkeit bewertet.

Der Mangel an Sensibilität der Weißen im Umgang mit ihrer schwarzen Minderheit, die sie sich selber ins Land holten, hat Tradition. Die Vereinigten Staaten halten einen traurigen Rekord in der Behandlung dieser Minderheit; sie hielten ihn schon zur Zeit der Sklaverei.

Die kannte man am Ende des 18. und am Beginn des 19. Jahrhunderts in mehr als 20 überseeischen Besitzungen, aber nirgendwo verfuhren die Sklavenhalter grausamer mit ihrem Besitz als in Nordamerika. In den spanischen und portugiesischen Kolonien im Süden Amerikas waren die aus Afrika herangeschifften Schwarzen zwar Leibeigene, aber sie galten als Menschen mit unabdingbaren Rechten, und diese Rechte wurden in aller Regel respektiert – nicht so in Nordamerika. Die für die Spanier und Portugiesen arbeitenden Sklaven wurden zu produktiver Disziplin angehalten, aber sie behielten bei allen Einschränkungen, denen ihr Leben unterworfen war, ihre Würde – nicht so auf dem Territorium, aus dem die Vereinigten Staaten wurden: Sklaven waren hier nicht Menschen, sondern sie waren bloße Sachen, übrigens auch noch zu der Zeit, zu der sich die Vereinigten Staaten mit grandiosdemokratischen Freiheitsbekundungen konstituierten. Sie waren willen-, recht- und würdelos. Die Rechtsprechung behandelte Sklaven, wie sie Gerätschaften, einen Schuppen oder Tiere behandelte.

Das Bewußtsein dieser staatlich und juristisch sanktionierten Entwürdigung hat sich diesseits und jenseits des Grabens erhalten, der in den Vereinigten Staaten auch heute noch die Rassen voneinander trennt. Das weiße Amerika hat zwar seit dem Sezessionskrieg im vergangenen Jahrhundert die Realität mit einer Fassade politischer Nomenklatur geschönt, so daß es stets auf die formale Freiheit und Gleichberechtigung der Schwarzen verweisen kann. In seinem tatsächlichen Verhalten hat es den Vollzug dieser Freiheit jedoch nie geduldet, weil es den Ungeist nie gänzlich überwand, der die Sklaverei gestattete. Das schwarze Amerika, andererseits, verwand die seelische Verkrüppelung zur praktizierten Nichtswürdigkeit nie. Es hat sich vom Trauma der Versklavung nie erholt, weil ihm nie eine von den Weißen initiierte Rekonvaleszenz folgte, sondern nur eine Zeit, in der die Schwarzen formal frei, faktisch aber so nichtswürdig wie zur Sklavenzeit waren. Auch im ausgehenden 20. Jahrhundert noch sind die Schwarzen seelisch verkrüppelt. Diese Verkrüppelung ist die Wurzel des in den klassischen Arbeiten von Kenneth und Mamie Clark ermittelten destruktiven »Selbsthasses«, den das New Yorker Wissenschaftler-Ehepaar an einer überwältigenden Mehrheit schwarzer Kinder feststellte, die sich weigerten, ihre schwarze Identität zu akzeptieren.

Das »Gift des Selbsthasses«, von dem auch der schwarze Schriftsteller James Baldwin sprach, ehe er nach Europa ging, beherrscht die schwarzen Gettos nachhaltiger als je zuvor in der amerikanischen Geschichte. Es hat in einem Ausmaß destruktive Fluchtmechanismen aus der unerträglichen Realität in Bewegung gesetzt, das noch vor wenigen Jahrzehnten kaum jemand in den Vereinigten Staaten für möglich gehalten hatte. Da aber auch diese Fluchtmechanismen – vor allem die geradezu ekstatische Zuwendung zum Rauschgift – gegen das von den Weißen gesetzte Recht verstoßen und da die Nation die Kriminalisierung der sozialen Rehabilitation vorzieht, ist inzwischen jeder vierte schwarze amerikanische

Bürger im Alter zwischen 20 und 29 Jahren entweder im Gefängnis, nur »zur Bewährung« frei oder vorzeitig amnestiert. Amerikanische Experten vermuten, daß spätestens im Jahr 2000 mehr als die Hälfte dieser schwarzen Altersgruppe gerichtlich verurteilt und damit gesellschaftlich verloren sein wird. »Wir riskieren«, findet der Kriminologe Warns Marc Mauer, »daß wir eine ganze Generation schwarzer Männer daran hindern, produktive Existenzen zu werden.«

Und wiederum ist das weiße Amerika darum bemüht, Ursache und Wirkung zu verkehren und aus dem Verhalten der Jungen im Getto neue Munition für den alten Rassismus zu machen. Während die Zuwendung zum Vergessen, zum Rauschgift und die unvermeidlich mit ihr verbundene Beschaffungskriminalität ganz unverkennbar eine Folge des weißen Unwillens ist, die Schwarzen am Leben im »Mainstream« teilnehmen zu lassen, dient das bestürzende Ausmaß der Gettokriminalität den Weißen als Bestätigung eines Wissens, das sie immer schon hatten und das auch die Zeit der Sklaverei rechtfertigte: Schwarze sind kriminell. Sie sind unzivilisiert. Sie sind schlechter als die Weißen. Sie sind nicht fähig, aus ihrer Freiheit etwas zu machen. Man muß sie auf Distanz halten – auch wenn sie, wie Donald L. Chatman, gepflegte Anzüge und Aktentaschen tragen.

Denn das Beurteilungskriterium ist die Hautfarbe, und nur sie. Eben deshalb richten sich Aversion und Argwohn gleichermaßen gegen den »Ausgestiegenen« im Kern des Gettos wie gegen den um gesellschaftliche Partizipation bemühten Schwarzen, der kein Taxi findet, weil alle Fahrer die Tour in das gefährliche Getto fürchten, und vor dessen Fahrstuhl sich Frauen abwenden, weil alle Schwarzen vergewaltigen. Rassismus ist immer absolut: Auch Arrivierte unter den Schwarzen empfinden ihn, und zwar täglich.

Die aus durchsichtigen Gründen im weißen Amerika oft erhobene Behauptung, es gäbe schließlich reiche Schwarze, was beweise, daß auch jeder Schwarze den Aufstieg schaffen könne, wenn er ihn nur wolle, läßt sich nicht aufrechterhalten, wenn sie Chancengleichheit beweisen soll. Schon wenige Angaben machen deutlich, wie minimal die Chancen der

Schwarzen sind: Weniger als ein Prozent der von schwarzen Amerikanern gegründeten und geleiteten Wirtschaftsunternehmen verzeichnen einen Jahresumsatz von mehr als einer Million Dollar. Nur zehn Prozent dieser Unternehmen können sich Beschäftigte leisten. Die 57 000 schwarzen Farmer des Landes besitzen nur ein Zehntel von einem Prozent des in Privatbesitz befindlichen und agrarisch genutzten Landes. Alle in schwarzem Besitz befindliche Aktien, Anleihepapiere und Bankkontenwerte machen 0,7 Prozent aus, während der Anteil der Schwarzen an der Gesamtbevölkerung bei 12,3 Prozent liegt. Wenn sich Schwarze entschließen, zur Gründung einer Existenz um ein Bankdarlehen zu ersuchen, werden sie in 23,7 Prozent aller Fälle zurückgewiesen, während die Bankiers nur bei 11,1 Prozent der nachfragenden Weißen ablehnen.

Die Diskriminierung ist total. Jeder wirtschaftliche Indikator belegt sie, und in den 80er Jahren hat sie sich eher noch verschärft. Diskriminierung ist die Regel, die zwar Ausnahmen kennt, aber auch den Ausnahmen ergeht es nicht anders als Donald L. Chatman. Eine 1990 vorgenommene Umfrage unter schwarzen Amerikanern, die mehr als 50.000 Dollar im Jahr verdienen, ergab ein exaktes Spiegelbild der leidvollen Erfahrungen Chatmans: 66 Prozent der vergleichsweise Wohlhabenden bekundeten, ihrer Hautfarbe wegen in Läden und Kaufhäusern als Kriminelle angesehen zu werden. 79 Prozent begegneten, wenn sie Einkäufe tätigen wollten, feindseliger Voreingenommenheit der Verkäufer, und 83 Prozent wußten, daß die Rassenzugehörigkeit das Vorankommen oder Scheitern im Beruf beeinflußt.

Die Hautfarbe ist ein Kainsmal, und zwar gleichgültig, ob man sich beruflich durchbiß oder nicht. 64 Prozent aller Schwarzen, die in Städten leben, fürchten weiße Gewalt, wenn sie sich in bestimmten weißen Nachbarschaften ihrer Stadt auch nur sehen lassen, und eine Änderung dieser bedrückenden Realität ist nicht in Sicht. »Die volle Assimilation der Schwarzen in einer ›farbenblinden‹ Gesellschaft ist in der vorhersehbaren Zukunft unwahrscheinlich«, stellt das »National Research Council« fest und kann auch keine Beseitigung des entmutigenden Handicaps prognostizieren, das schwarze Kinder tragen, weil: »Segregation und andersartige Behandlung von schwarzen Kindern bleiben in unserem Schulsystem verbreitet«, sowie schließlich: »43 Prozent aller schwarzen Kinder in den Vereinigten Staaten leben in Armut«, und die Situation wird sich eher verschlechtern als verbessern. Mit der Verelendung der Gettos geht ein ständiger Verfall der »schwarzen« Schulen und mit ihm wiederum eine Steigerung der schon jetzt hohen »Drop-out«-Raten einher, also ein erneuter Anstieg der Zahl von jungen Menschen, die vor der Realität, nämlich der früh, schon im Kindesalter, begriffenen Aussichtslosigkeit des Lebens, kapitulieren. Das Getto brütet die Not, aus der die Kriminalität kommt »und jene Krankheit«, wie der konservative amerikanische Zeitschriftenverleger Mortimer B. Zuckerman findet, »die die amerikanische Stadt zerstört: die moralische Anarchie auf den Straßen«.

Der Multimillionär war Bauspekulant, ehe er sich das Nachrichtenmagazin »US News« kaufte, um dort seine politischen Meinungen verbreiten zu können. Er fordert, ganz im Einklang mit dem weißen »Mainstream« der Nation, Härte im Kampf gegen die aus dem Getto kommende Kriminalität. Er verweist darauf, daß Schwarze, obwohl sie nur eine kleine Minderheit der Bevölkerung darstellen, 50 Prozent aller Raubüberfälle und 60 Prozent aller Morde begehen. Er fordert, daß Straftäter härter verfolgt werden. Er hält, mit anderen Worten, die Malaise der Schwarzen für ein Problem, das durch eine rabiatere Justiz gelöst werden kann, vor allem aber: Er unterstellt einen schwarzen Hang zur Kriminalität.

Das war immer – und ist – das ultimative Argument der weißen Rassisten, obwohl es nicht taugt. Es gibt nicht einen einzigen Beleg für schwarze kriminelle Veranlagung, die sich unter vergleichbaren sozialen Umständen von jener der Weißen unterscheidet. Der Harvard-Gelehrte Pettigrew wies nach, daß der 1943 ausschließlich von Schwarzen bewohnte Ort Boley im Staat Oklahoma die niedrigste Kriminalitätsrate des Staates hatte. Leben die Schwarzen also in akzeptablen Umständen, zeigen sie ein vorbildliches Sozialverhalten. Er wies ferner nach, daß während der großen amerikanischen Depression in den 30er Jahren dieses Jahrhunderts zwar die weiße Kriminalität dramatisch anstieg, nicht aber die der Schwarzen. Er bewies eine Binsenweisheit: Kriminalität ist in den meisten Fällen von sozialen Umständen abhängig. Not schafft Kriminalität. Ausgrenzung – auch jene, die in Deutschland gegenüber Ausländern praktiziert wird – schafft Kriminalität.

Die Mißachtung des Rechts im Getto spiegelt die Mißachtung, die der Schwarze durch das weiße Amerika erfuhr, solange er sich – gegen seinen Willen – im Land befand. Die in der Tat bestürzende Getto-Kriminalität ist eher ein Indikator für eine amerikanische Krankheit als für eine rassisch verwurzelte Kriminalität der Schwarzen. Sie wird von Weißen erzeugt und von den Schwarzen nur ausgeführt. Weiße stießen Schwarze so weit ins gesellschaftliche Abseits, daß die Farbigen gegen weiße Regeln verstoßen mußten, was auch immer sie taten. Schwarze Kriminalität ist selbst in ihren übelsten Erscheinungsformen fast immer die Folge der von den Weißen durch die Jahrhunderte verursachten seelischen Verkrüppelung der Schwarzen. Wer also die Kriminalität wirksam bekämpfen will, muß integrieren, die Nähe der Schwarzen suchen, sich moralisch und materiell engagieren, um tätige Reue zu üben.

Aber nichts liegt ferner als das. Die mutmaßlich selbstgerechteste Nation der Welt ist eine moralische Drückebergerin: Sie hat ihr Unrecht im Umgang mit den Schwarzen, wie das den Indianern zugefügte, nie reuend zugegeben, und außerdem: Eine soziale Gesinnung, wie sie zum Zweck der Veränderung der Situation der Schwarzen erforderlich wäre, vollends Soziales, das als Ausdruck brüderlichen Mitempfindens verstanden werden könnte, ist in der amerikanischen Politik kaum festzustellen, schon gar nicht im bürgerlichen Selbstverständnis der weißen Nation, die sehr viel eher einer Zweckvereinigung partikularer Interessen gleicht als einer sozialen Gemeinschaft. Die Vereinigten Staaten haben immer gelehrt, daß jeder für sein Leben selbst verantwortlich und der Rückgriff auf soziale Hilfe das Eingeständnis schuldhaften Versagens ist. Schon der Vokabel »social« haftet etwas Anrüchiges, Diffamierendes, ganz und gar Unamerikanisches an. So bleibt im weißen Amerika der Glaube unausrottbar, daß auch jeder Schwarze seine Chance in der rabiaten Leistungsgesellschaft nutzen muß, vor allem aber: daß tatsächlich jeder Schwarze eine faire Chance hat.

Jeder schwarze Bürger der Vereinigten Staaten weiß das besser. Daß sich gleichwohl viele, wie Donald L. Chatman, mit allen ihren unabladbaren Handicaps und den erwarteten täglichen Demütigungen auf den Weg zum »Mainstream« machen, hat weniger mit ihrem Glauben an eine faire Chance als mit dem sonderbaren psychologischen Phänomen zu tun, das man von Geiseln kennt, die nach einer gewissen Phase der Indoktrinierung beginnen, sich mit den Geiselnehmern zu solidarisieren. Dazu gehört freilich eine ganz bestimmte psychologische Veranlagung und das nötige Glück, um in der weißen Gesellschaft reüssieren zu können. In großen Teilen der Gettos hat man diesem Glück mit guten Gründen nie getraut. Sie haben sich, lange genug zurückgewiesen, ausgegrenzt. Sie haben mit dem weißen Amerika, das physisch womöglich nur ein paar Straßenblocks entfernt lebt, nichts mehr zu tun; selbst mit den angepaßten Schwarzen verbindet sie kaum noch etwas. Sie sind das von Marx so genannte und vom amerikanischen Rassismus gezeugte »Lumpenproletariat« der Vereinigten Staaten.

In ihm ist die Anzahl der von »geflüchteten« Eltern verlassenen Kinder zwischen 1980 und 1990 um 800 Prozent gestiegen. Hier ist die Kriminalität daheim, die keine Alternative kennt und sich nur im Getto umschauen muß, um zu wissen, daß es keine Alternative gibt: Schwarze Kinder, die erbärmliche Schulen besuchen, werden dreimal so häufig wie weiße Kinder als »gestört« oder »zurückgeblieben« klassifiziert. Schwarze Kinder lernen vier Jahre später als weiße Kinder lesen. Im begüterten Amerika der Weißen liegen die jährlichen Schulaufwendungen pro Kind um 5.000 Dollar höher als im Amerika der Gettos. Das schwarze Kind wird nicht nur wegen seiner Hautfarbe diskriminiert, sondern muß auch einen unaufholbaren Bildungsrückstand in Kauf nehmen.

Solche Aussichtslosigkeit zeugt ihre eigene Moral. 15- bis 17jährige schwarze Mädchen werden dreimal so häufig schwanger wie ihre weißen Altersgenossinnen, und fast die Hälfte der schwangeren Kinder sieht während der ersten vier Monate der Schwangerschaft keinen Arzt. 18 von 1000 schwarzen Neugeborenen sterben kurz nach der Geburt – doppelt so viele wie im weißen Amerika. Die Sterblichkeitsrate der weißen Kinder entspricht der in Großbritannien und Deutschland, die Rate der schwarzen Kleinkinder der in Kuba. Wachsen die in Armut geborenen schwarzen Kinder heran, lebt genau die Hälfte von ihnen ohne Krankenversicherung, und nur 20 Prozent können Maßnahmen der präventiven Medizin in Anspruch nehmen. Werden sie schließlich erwachsen, haben die schwarzen Männer im New Yorker Getto von Harlem, Bedford-Stuyvesant und der südlichen Bronx weniger Aussicht, das 40. Lebensjahr zu erreichen, als die Männer in Bangladesh, einem der ärmsten Länder der Welt. »Harlem«, sagt Dr. Harold Freman, der Direktor des »Harlem Hospital«, »ist ein Katastrophengebiet der Medizin«, aber in Wahrheit gilt das für alle Gettos der großen Städte, wo Mediziner gleichermaßen bestätigen, daß Schwarze früher als Weiße sterben.

Es ist die Summe der vom weißen Rassismus ausgehenden Aussichtslosigkeit, die aus den Gettos Orte der Selbstzerstörung macht. Sie sind, wenn man sie ihrer verzweifelten Destruktivität überläßt, Genozid-Mechanismen – oder der Vorhof zum Aufruhr.

Daß er sich bisher nur nach innen richtete, nicht aber nach außen gegen das repressive System, hat mit zwei für die Weißen unverdient glückhaften Umständen zu tun. Der eine ist auf die frühe Herausbildung einer schwarzen Kirche zurückzuführen – die schon in der Zeit der Sklaverei entstand, obwohl in einigen Regionen die Sklavenhalter schwarzen Gottesdienst untersagten – und mit bewunderswertem Langmut die christlichen Tugenden der Liebe und des Verzeihens, der Güte und des Friedens predigte und eine erstaunliche Resonanz besonders unter den Frauen fand, die immer die wirklichen Familienoberhäupter waren. Die schwarze Kirche wurde paradoxerweise zu einem der wesentlichsten Stabilisatoren des repressiven weißen Regimes, obwohl die weiße Kirche unter Berufung auf denselben Gott zu den eloquentesten Verteidigern der Sklaverei gehörte und, wie der Historiker Larry Hise nachwies, »beinahe die Hälfte aller veröffentlichten Rechtfertigungsschriften der Sklaverei« verfaßte.

Der zweite glückliche Zufall, der die Vereinigten Staaten bisher vor einem Aufstand der Schwarzen bewahrte, hieß Martin Luther King. Der Pfarrer setzte in einer Zeit auf prinzipielle Gewaltlosigkeit, zu der sich in den 60er Jahren erstmals seit langem schwarze Militanz zum Widerstand rüstete. Der charismatische King, der 1968 von einem Weißen erschossen wurde, hatte einen nachhaltigen Einfluß auf die Schwarzen, insbesondere auch deshalb, weil er im Süden des Landes ein paar der eklatantesten Diskriminierungen der Schwarzen aufzubrechen vermochte und damit die Hoffnung weckte, er könne seinen Traum von der allumfassenden Harmonie zwischen den Rassen tatsächlich verwirklichen.

Inzwischen aber haben diese beiden friedenserhaltenden Umstände stark an Einfluß verloren. Der Ruhm Martin Luther Kings verblaßt, obwohl ihm das weiße Amerika, gewiß nicht ganz selbstlos, einen alljährlich begangenen Ehrentag widmete. Der Einfluß der Kirchen geht schon deshalb zurück, weil die schwarze Familie im Kern der Gettos praktisch aufgehört hat zu existieren, so daß die Frau ihre kirchlichen Instruktionen nicht mehr an Mann und Kinder weitergeben kann. Die Männer sind nicht nur massenhaft aus der größeren amerikanischen Wirklichkeit, sondern auch aus der Familie geflüchtet. Die alleinstehende Frau mit Kindern ist im Getto die Regel, nicht die Ausnahme. Ebenso alltäglich ist es, daß der Mann keinen Unterhalt zahlt. Seine seelische Verkrüppelung hat zur Auflösung selbst der letzten menschlichen Verbindung geführt, die ihm noch geblieben war.

Die Vorstellung ist nicht abwegig, daß aus der Mitte der radikalisierten Gettos ein neuer militanter Führer wie »Malcolm X« aufsteigen könnte. Auch neue »Black Panther« könnten sich jederzeit der Verbitterung in den Gettos bedienen und sie politisch instrumentalisieren. Daß die »Black

Panther« während der 60er Jahre in ihrer Bemühung um die Militarisierung, um den nach ihrer Meinung – und den objektiven Umständen vielfach begründbaren – überfälligen Aufstand scheiterten, lag sehr viel mehr an ihrem eigenen organisatorischen Unvermögen, an ihrer inneren Zerstrittenheit und der kindlich-naiven Extravaganz einiger ihrer Führer als daran, daß es in den Gettos an Resonanz fehlte. Sie war immer vorhanden; sie ist es auch 1990 noch. In Milwaukee etwa, hat der schwarze Stadtverordnete Michael McGee damit begonnen, eine neue »Black-Panther-Miliz« zu gründen, mit der McGee »Kampf, Blutvergießen und Guerillakrieg« über die Stadt bringen will, wenn die nicht ernsthaft für die Verbesserung der Situation der von McGee repräsentierten Schwarzen eintritt, die ein durchschnittliches Jahreseinkommen von nur 5.500 Dollar haben. »Wir haben hier«, sagte McGee, »zwei Städte. Eine ist schwarz, die andere weiß, und sie wird von einer unsichtbaren Berliner Mauer geteilt.« Dem Aufruf zur Militarisierung folgten sofort 500 junge Schwarze.

Nachdem 1989 in Besonhurst, einem Quartier im New Yorker Stadtteil Brooklyn, ein junger Schwarzer getötet worden war, der in dem weißen Bezirk ein gebrauchtes Auto hatte kaufen wollen, hieß es in einem Gastbeitrag der »New York Times«: »Die Verachtung für und die Bereitschaft zur Vernichtung eines aus Afrika stammenden Lebens sind Teile der weißen, westlich-christlichen Zivilisation und schwären weiter im Körper des gegenwärtigen Amerikas ... Der Mensch mit ebenholzfarbener Haut hat weniger Wert als ein Weißer, und deshalb kann man ihm seine menschlichen Grundrechte verwehren ... Man darf ihn brutalisieren. Man darf ihn töten ... New York ist ein Pulverfaß. Die Afroamerikaner haben genug ... Malcolm X sagte einmal: ›Entweder die Wahlurne oder die Patrone.‹ Wenn sich nichts durch die Wahlurne ändert, wird eine Änderung, fürchte ich, durch Waffengewalt kommen ... Wenn ein schwarzer Teenager auf einer Straße in diesem Land seines Lebens nicht sicher ist, dann ist dies für uns alle eine kranke Gesellschaft.« Zur gleichen Zeit, nämlich im Herbst 1989, demonstrierten an der »Brooklyn

Bridge« in New York Schwarze mit dem Slogan: »Wem gehören die Straßen? Uns! Was kommt auf den Straßen? Krieg!«

Als sich unmittelbar nach dem Mord in Bensonhurst eine Gruppe Schwarzer aufmachte, um am Tatort zu demonstrieren, standen auf den Bürgersteigen haßerfüllte Weiße, riefen den Demonstranten »Nigger« zu und hielten hohnlachend Wassermelonen hoch; das äußerste Zeichen weißer Verachtung für Menschen afrikanischer Abkunft. Es fällt nicht schwer sich vorzustellen, daß sich aus einer solchen Konfrontation einmal der Funke entzündet, der dem weißen Amerika bislang unverdient erspart blieb.

In der Tat sind solche Konfrontationen alltäglich. Allein in New York City registriert man alljährlich nahezu 500 der Polizei gemeldete Vorfälle mit rassistischen Motiven; Initiatoren sind fast ausschließlich Weiße. Weiße, von den amerikanischen Medien so genannte »Hate groups« mit eindeutig faschistischen Zügen – manche treten ganz ungetarnt mit Hakenkreuzen auf –, terrorisieren Schwarze in den Großstädten und zunehmend auch in anderen Regionen des Landes. Im Frühjahr 1990 wurden Bombenanschläge auf Richter verübt, die Urteile im Sinne einer Bürgerrechtsgleichheit der Schwarzen gesprochen hatten. Andererseits erklärte ein Bundesrichter Bestimmungen, die mündliche Beleidigungen von Schwarzen verbieten, für ungültig, weil sie nach seiner Meinung gegen das Grundrecht auf freie Meinungsäußerung verstoßen.

In South Carolina wurden in einem Restaurant fünf Männer nicht bedient, und zwar mit der ausdrücklichen Begründung, daß man schwarze Gäste nicht wünsche, ein Vorgang, der in diesem Bundesstaat nicht untypisch ist. Auf dem Capitol von South Carolina weht auch 1990 noch die Fahne der im vergangenen Jahrhundert untergegangenen Konföderation jener Staaten, deren einziges Ziel die Aufrechterhaltung der Sklaverei war.

Den deprimierenden Beleg dafür, daß sich der weiße Rassismus bruchlos durch die Generationen zieht, liefern die Hochschulen des Landes. Auf dem Campus von mehr als 250 Colleges und Universitäten kam es im Verlauf der vergangenen drei Jahre zu rassistischen Ausschreitungen gegen schwarze Studentinnen und Studenten. Dennoch ist es sehr fraglich, daß sich darin das ganze Ausmaß der Unruhe spiegelt, denn viele Colleges und Universitäten melden solche Zwischenfälle ebensowenig wie kriminelle Delikte anderer Art. Selbst auf der »Brown University« in Rhode Island, einer vermeintlichen Hochburg der Liberalität, die in den Augen vieler Konservativer schon fast »rot« und »links« ist, ein traditioneller Treffpunkt »aufgeklärter«, »fortschrittlicher« Studenten und Lehrer, ergaben sich Konfrontationen und Bösartigkeiten. Auch hier waren sie von Weißen ausgegangen, die ein Flugblatt mit dem Text unter die Studenten brachten: »Früher war Brown ein Platz, wo ein weißer Mann in seine Klasse gehen konnte, ohne kleine schwarze, kleine gelbe oder kleine braune Gesichter sehen zu müssen, es sei denn, er ging zum Mittagessen. Seit die Küchengehilfen auch in den Klassen sitzen, ist es mit Brown bergab gegangen. Laßt uns die weiße Vorherrschaft wiederherstellen! Tretet noch heute der Ku-Klux-Klan-Abteilung der Brown-Universität bei.«

Viele der Ausschreitungen unter den Studenten enden blutig, manche mit der Resignation der attackierten Schwarzen; sie packen ihre Sachen und ziehen entmutigt entweder ins Getto zurück oder flüchten in die segregierte Welt schwarzer Colleges, die arm, akademisch glanzlos und schlecht ausgerüstet sind: Physikstudenten üben an Geräten, die älter als sie selbst sind, und wenn sie ihr Examen gemacht haben werden, werden sie jenem Studenten gegenüber zweitklassig sein, der eine renommierte weiße Hochschule besuchte.

Aber wiederum: Ein großer Teil der jungen Schwarzen hat an der Bemühung, über den Weg einer College-Bildung zu einer imaginären Chance zu kommen, gar nicht erst teilgenommen. 1990 lernten nur 436 000 männliche Schwarze an Colleges für einen Beruf, den sie hofften, später auszuüben, aber zur gleichen Zeit saßen 609 000 schwarze Gleichaltrige entweder in Gefängnissen oder waren zumindest unter der Aufsicht juristischer Behörden. Zwischen 1976 und 1986 sank die Zahl jener männlichen Schwarzen, die sich nach dem Abschluß der »High School« zu einem College-Besuch entschlossen, nochmals um mehr als sieben Prozent. Zwischen 1977 und 1987 verringerte sich die Zahl jener, die an Universitäten den Doktorgrad erarbeiteten, gleich um 50 Prozent. In Atlanta im Bundesstaat Georgia ergab eine Studie, daß männliche Schwarze die Gruppe mit der niedrigsten Anmeldungsquote für eine College-Ausbildung bilden. Sie haben die geringste Aussicht, von einem College aufgenommen zu werden, und sie bilden auch die Gruppe, die, einmal von einem College akzeptiert, am häufigsten nicht zur Einschulung erscheint. Nur 31 Prozent jener Schwarzen, die 1980 eine College-Ausbildung begannen, schlossen sie bis 1986 ab – je älter sie wurden, desto lähmender legte sich die Gewißheit auf sie, daß sie draußen, im Amerika der Weißen, nicht willkommen waren.

Angaben der bewaffneten Streitkräfte stützen die an den Colleges ermittelten Daten. Sie belegen, daß ein Großteil der jungen Schwarzen den Normen der Nation nicht entsprechen kann: 70 Prozent jener Schwarzen, die sich um den Dienst in einer der Streitkräfte bewarben, wurden abgewiesen – sie erfüllten die Qualifikationen nicht, die auch für vergleichsweise simple militärische Dienste vorausgesetzt werden.

Es ist die Summe der Frustrationen im Leben eines jungen Schwarzen, die permanente Gewißheit der Zweitklassigkeit, es ist die tägliche Erfahrung, abgewiesen, verachtet, gefürchtet oder bedroht zu werden und unerwünscht zu sein, die sich zu einem Dynamit verdichtet, das unvermeidlich explodieren muß. Es ist auch das Wissen, dauerhaft von angemessener politischer Repräsentanz ausgeschlossen zu sein. Schwarze oder »African Americans«, wie das weiße Amerika neuerdings mit ausgesuchter Höflichkeit die Schwarzen nennt, besetzen, obwohl sie zwölf Prozent der stimmberechtigten Bevölkerung stellen, nur 1,5 Prozent der wählbaren politischen Positionen – trotz der 300 schwarzen Bürgermeister, die inzwischen amtieren. Nicht ein einziger Schwarzer sitzt im wichtigsten und einflußreichsten politischen Gremium der Vereinigten Staaten, dem Senat. Nur einer von 50 Gouverneuren ist schwarz.

Im Kabinett irgendeiner Administration in Washington saß nie mehr als das, was sie im Getto verächtlich einen »Token-Nigger« nennen, einen »Vorzeige-Schwarzen«; unter Präsident Reagan amtierte ein Wohnungsbauminister, von dem sich erwies, daß er dem größten Korruptionsskandal vorsaß, den dieses Ministerium je erlebte. Nie waren die Schwarzen angemessen repräsentiert, wo politische Entscheidungen getroffen wurden. So ergab sich eine aparte Variante jener Situation, in der die amerikanischen Revolutionäre einmal unter dem Schlachtruf »No taxation without representation« gegen das britische Imperium rebellierten und schließlich aus der Kolonie einen eigenen Staat machten.

Die schwarzen Gettos von heute tragen alle Kennzeichen eines vorrevolutionären Zustandes. Alles, was in den 60er Jahren zur Entzündung des Pulverfasses führte, ist auch 1990 noch drohend präsent. Die Frage ist nicht, ob es in den Gettos zu einer Explosion kommt; die Frage ist allenfalls, wann und wie.

Es mag wohl sein, daß die Detonation erneut, wie in den 60ern, im eigenen Getto erfolgt und noch einmal den Selbsthaß demonstriert, den tragischen Hang zur Selbstzerstörung, der eine Frucht der weißen Unnahbarkeit ist. Sollte es aber eines Tages im weißen Amerika zu einer Eskalation und einem Bürgerkrieg kommen, dürfte die Legitimität dieser Verzweiflung nur bestreiten, wer auch Erhebungen gegen Kolonialregimes für Unrecht hielt.

DER DIEB UND DIE MORAL

Die Politik in den Vereinigten Staaten wird von der
»Lobby« der »Special interests« ausgehalten. Mit der
Hilfe seiner »Lobby« und eines Wahldiebstahls
gelangte der 36. Präsident nach Washington.

Wenn Edward Kennedy in Washington ist, gibt es keine Tür, die sich ihm verschließt. Wenn er sich daheim im Bundesstaat Massachusetts befindet, gibt es niemanden, der es sich nicht zur Ehre anrechnen würde, von Edward Kennedy empfangen zu werden.

Und wenn er reist, unterbricht Michail Gorbatschow ebenso seine Arbeit wie François Mitterrand oder Herr Dr. Kohl, denn einem wie Edward Kennedy – »Ted« für seine Freunde – verweigert man keine Audienz.

Der Mann ist schließlich ein Kennedy. Bruder eines ermordeten Präsidenten, Bruder eines ermordeten Präsidentschaftsbewerbers, blaues amerikanisches Blut, der letzte Überlebende einer großen Kennedy-Generation, und nicht nur das, sondern: selbst Senator, gar »Senior Senator«, ein »Big shot« im amerikanischen Kongreß, ein Mann mit immensem Einfluß, obwohl er zu den Demokraten gehört, während die Regierung von den Republikanern gestellt wird. Einer, der es liebt, hinter den Kulissen zu arrangieren. Einer, der seine Hände in allem hat, was auf dem Kapitolhügel in Washington geschieht. Einer im Zentrum der Weltmacht.

Wenn Edward Kennedy es will, kann er lebenslang Senator für den Staat Massachusetts bleiben. Sein Mandat ist ihm so sicher, daß im Wahlkampf jede Opposition zu einem reinen Opfergang wird. Massachusetts ist ein politischer Kennedy-Erbhof. Wenn Edward Kennedy die Politik nicht mehr mag, wird er sein Senatorenmandat an einen jüngeren Kennedy weitergeben, und der wiederum an einen nachwachsenden Kennedy, denn die Macht der Kennedys im nordöstlichen Bundesstaat ist nahezu total.

Sie ist gekauft. Käufer der Macht des Klans war der Vater

Edwards, von dem alle Welt sagte, er sei auf etwas anrüchige Weise zu seinem immensen Vermögen gekommen, aber zu beweisen war wenig, so daß sich selbst Präsident Franklin Delano Roosevelt mit der Feststellung begnügte, der alte Kennedy sei »das größte Ekel, das je auf Gottes Erdboden herumlief«. Das mochte wohl so sein, aber das hinderte den steinreichen Alten nicht, seinen Sohn John Fitzgerald – den Bruder Edwards – 1960 so generös mit Geld für seinen Präsidentschaftswahlkampf auszustatten, daß der Kandidat selbst in seinem Wahlkampf witzelte: »Dad hat gesagt, daß er mir einen Sieg kauft, nicht aber einen Erdrutschsieg.«

Seit auf tragische Weise seine beiden älteren Brüder ums Leben kamen, verwaltet Edward Kennedy die vom Vater spendierte politische Macht und ein Vermögen, das auf dreistellige Dollarmillionen geschätzt wird. Er gehört zu den bekanntesten Persönlichkeiten der Vereinigten Staaten. Wenn er sich in Washington blicken läßt, bestürmen ihn amerikanische Touristen und lassen sich mit ihm fotografieren, und wenn sie dann in die Provinz heimkehren, erwecken sie überall Neid, denn sie haben »Teddy« getroffen, den großen »Teddy«.

Dabei ist der große »Teddy« eigentlich und nach allen Normen der politischen Hygiene, die in einigermaßen zivilisierten Ländern gelten, seit dem 18. Juli 1969 unwählbar. Am Abend dieses heißen und schwülen Tages fuhr Edward Kennedy an der »Dike Bridge« auf der Insel Chappaquiddick in Massachusetts die junge, hübsche Kennedy-Wahlhelferin Mary Jo Kopechne in den Tod. Er lenkte seinen schwarzen Oldsmobile ins Wasser, entkam dem Fahrzeug und ließ das Mädchen ertrinken, meldete den Unfall erst neun Stunden später und gab dann verwirrend widersprüchliche Versionen des Unfallgeschehens zu Protokoll.

Das Gericht, denn man befand sich schließlich in Massachusetts, ging milde mit Edward Kennedy um. Er durfte sich der Unfallflucht für schuldig bekennen und erhielt dafür eine Strafe von zwei Monaten Gefängnis, die natürlich zur Bewährung ausgesetzt wurde. Am Tag der gütigen Justiz wandte sich der Senator in einer Fernsehansprache an sein Wahlvolk, zeigte sich sehr reuig und versicherte: »Ich will vor meiner Verantwortung nicht fliehen.«

Eine solche Flucht wollte auch der Apotheker Leslie Leland aus dem nahe der Insel Chappaquiddick gelegenen kleinen Ort Edgartown verhindern. Er war der Vormann einer »Grand jury« genannten, gerichtlich assoziierten Strafermittlungsinstitution in jenem Dukes County, in dem der Unfall des Senators geschehen war, und Leland fand Verlauf und Ausgang des Verfahrens gegen Kennedy gänzlich unbefriedigend. Er wollte, wozu eine »Grand jury« jedes Recht hat, mit Hilfe aller relevanten Zeugen aufklären, was in der Nacht wirklich geschehen war, in der Mary Jo Kopechne starb.

Der Fall war in der Tat so undurchsichtig wie suspekt. War Kennedy, als sein Auto von der Brücke in das Salzwasser stürzte, betrunken? Kam er nicht von einer feucht-fröhlichen Party, auf der sich Politiker mit hübschen jungen Wahlhelferinnen amüsiert hatten? Was wollte er an dem entlegenen Strand, zu dem die Brücke führte? Und wie verbrachte der Senator die vielen Stunden, die vergingen, ehe er sich den Behörden stellte? War es wirklich so, wie Kennedy behauptete, daß er mehrfach versucht hatte, das Mädchen zu bergen? Aber weshalb hatte er nicht die Feuerwehr gerufen, deren Chef John Farrar bezeugte, man hätte die junge Frau zweifelsfrei retten können, wäre man nur rechtzeitig alarmiert worden? Handelte es sich wirklich nur, wie das Gericht befunden hatte, um Unfallflucht, oder nicht mindestens um fahrlässige Tötung?

Leland, ganz sicher, daß ihm seine »Grand jury«-Rechte dazu verhelfen würden, den Tatbestand zu ermitteln, ging an die Arbeit – und endete nirgendwo. Der Staatsanwalt gestattete ihm nicht, Zeugen zu laden; er gestattete noch nicht einmal, die Zeugenaussagen zu lesen, die vor dem etwas sonderbaren Gerichtsverfahren bei der Staatsanwaltschaft gemacht worden waren. Auch der Feuerwehrchef Farrar durfte nicht aussagen, der bezeugt hätte, daß Mary Jo Kopechne mit großer Wahrscheinlichkeit in einer Luftblase den Unfall um zwei Stunden überlebt hatte; niemand durfte aussagen. »Man ließ uns leerlaufen«, sagte Leslie Leland, und Lloyd Mayhew, ein anderes Mitglied der »Grand jury«, wurde noch ein bißchen deutlicher: »Alles wurde verschleiert«, sagte er, und: »Unsere Hände waren gebunden. Weniger als 100 Meter von der Brücke entfernt, an der das Unglück geschah, stand ein Sommerhaus, in dem Licht brannte. Kennedy ging an diesem Haus, in dem es ein Telefon gab, vorbei. Ich weiß nicht, welcher Mann so etwas tut.«

Der Mann, der so etwas tat – und sich seither strikt weigert, auch nur eine Silbe zu dem Vorfall auf Chappaquiddick zu sagen, denn er hält ihn für aufgeklärt –, hat zwar größeren politischen Ambitionen entsagen müssen, aber seine mächtige Statur als Senator erhielt er sich. Sie gehen auf dem Kapitolhügel in Washington mit ihm um, als wäre Chappaquiddick nie gewesen. Er gewann die Wahlen in Massachusetts, die seit 1969 stattfanden, mit deutlichen Mehrheiten, wenn er vielleicht auch nicht die Stimmen von Leslie Leland, Lloyd Mayhew und John Farrar erhielt. Der »Senior Senator« von Massachusetts ist ein Ehrenmann.

Das Wunder seiner Rehabilitierung vollbrachte, was man in den Vereinigten Staaten eine »Political machine« nennt, ein Netzwerk von Beziehungen, Abhängigkeiten und, natürlich, Geld, denn nichts macht Abhängigkeit so loyal und dauerhaft wie Geld. An der Undurchlässigkeit dieses Netzwerkes scheiterte der brave Leslie Leland.

Die degoutante Geschichte des in aller Welt hochangesehenen Senators von Massachusetts ist ein Lehrstück für die Zustände in der mächtigsten Nation der Welt, für ihr permanentes Arrangement mit der Moral des Zwielichts. Denn einerseits: Natürlich entrüstete sich, als der Senator die hübsche junge Frau zu Tode gefahren hatte, die Nation. Zeitungen meldeten nicht, sondern schrien in fetten Schlagzeilen, was in der Sommernacht geschehen war. Die Rundfunk- und Fernsehnachrichten waren voll von Hintergrundberichten aus Chappaquiddick, und jeder im Land sah das anrührende Foto der trauernden Eltern Kopechne, mit denen jeder empfand. Jeder begriff auch, daß »Unfallflucht« eine groteske Untertreibung dessen war, was wirklich geschah. Aber andererseits: Nach ein paar Wochen der Aufregung arrangierte man sich mit dem Unvermeidlichen. Man sah ein, daß gegen eine wirklich funktionierende »Political machine« kein Kraut gewachsen war. »They get away with murder«, sagten sie im Lande; so war es, so war es immer gewesen, und so würde es auch bleiben. »Politics stinks«, sagten sie, aber sie hatten sich mit der Dauerhaftigkeit des Gestanks abgefunden wie mit dem einer nahen Müllhalde.

Es gibt keine Demokratie auf der Erde, die sich mit fehlender Hygiene ihrer Politik so abgefunden hat wie jene in den Vereinigten Staaten. Die in anderen Demokratien lebende Gewißheit, daß für die Politik nichts wichtiger als Integrität ist, die moralische Unanfechtbarkeit der Volksvertretung, die Sauberkeit der politischen Abläufe, verkam in den Vereinigten Staaten früh und regenerierte sich nie. Die Nation lebt mit der Gewißheit, daß es in ihrer Politik nicht mit rechten Dingen zugeht, wie mit einer chronischen Krankheit, von der die Ärzte sagen, daß sie die Lebensqualität nicht wirklich beeinträchtigte, daß also der Patient beruhigt mit ihr leben möge.

Das Wahlvolk hat das verinnerlicht und reagiert darauf mit der geringsten Wahlbeteiligung, die man in formal geordneten Demokratien je registrierte. Es glaubt der Regierung in Washington nicht mehr, die so tut, als wären die exekutiven und legislativen Branchen die Herren des demokratisch-parlamentarischen Verfahrens. Als die Partei der Demokraten zu Beginn des Jahres 1990 eine Umfrage finanzierte und wissen wollte, wer nach der Meinung der Bevölkerung in Washington die wirklich wichtigen Entscheidungen trifft, antworteten 36 Prozent: »Lobbyisten«, während nur 31 Prozent den Kongreß als wichtigsten Entscheidungsträger ansahen und lediglich 28 Prozent Präsident Bush. Eine gleichzeitig in Kalifornien gestartete Befragung ergab die gesicherte Überzeugung einer Bevölkerungsmehrheit, daß Bestechungen in der Politik normal sind.

Der demokratische Unterbau ist in den Vereinigten Staaten einer zynischen Resignation gewichen. Jeder weiß, daß »Special interests« die Politik beherrschen, mehr: daß »Special interests« die Politik finanzieren, und jeder weiß auch, wie das funktioniert, nämlich beispielsweise so: An einem Aprilmorgen in Washington zahlte die »Oshkosh Truck Corporation« sechs Angehörigen des Verteidigungsausschusses im Repräsentantenhaus je 2000 Dollar für die Teilnahme an einem von den Lastwagenherstellern arrangierten, opulenten Frühstück. Anschließend gingen die Abgeordneten geradewegs ins Parlament zurück und beschafften die Mehrheit für den Beschluß, von »Oshkosh« 500 Lastwagen mehr zu kaufen, als die Armee wollte.

Es ist nicht so, daß derlei geheim bleibt: Wenig bleibt in Washington geheim, wo der Welt vermutlich tüchtigste und mutigste Journalisten ihrem Gewerbe nachgehen und die Anstößigkeiten des politischen Alltags gnadenlos enthüllen. Freilich: Die Nachricht über das sonderbare Zusammentreffen der Parlamentarier mit der »Oshkosh«-Lobby, wie sie so oder ähnlich nahezu wöchentlich erscheint, wird im Bewußtsein der Zeitungsleser nicht als Skandal empfunden. Sie bestätigt nur, was ohnehin jedermann für gängige Praxis und unabänderlich hält. Es gibt, mit anderen Worten, Selbstreinigungskräfte; zum Beispiel: »Der wirkliche Skandal im Kongreß liegt nicht in dem, was illegal, sondern in dem, was legal ist«, schalt »Time«, das größte Nachrichtenmagazin des Landes, und zog über »das schamlose Schmieren von Abgeordneten« her, »das gegen den Geschmack und gegen die Gesetze einer guten Regierung verstößt«, und: »Der Kapitolhügel ist vom Geld vergiftet«, schrieben die Journalisten, nur bewirkten sie nichts. In Wahrheit ist die Fähigkeit der Nation und ihrer Politiker zur Selbstreinigung außerordentlich begrenzt; auch der Hinauswurf des Präsidenten Nixon beweist nicht das Gegenteil, denn dem entlarvten Schwindler folgte 1981 ein leicht durchschaubarer Hasardeur ins höchste Amt des Landes, mit anderen Worten: Nichts ist in Washington so normal wie der Sumpf in den höchsten politischen Ämtern, wo stets, wie eine Volksweisheit formuliert, zweierlei Gentlemen fungieren: solche, die reich wurden, und solche, die sich erwischen ließen.

Die Unfähigkeit zur Umkehr hat mit dem Politikverständnis der Führungsmacht der Welt zu tun; vor allem mit dem inneren Eingeständnis nahezu aller Bürger, daß natürlich auch sie bedenkenlos einen Vorteil wahrnehmen würden, würde er ihnen angeboten. Die Fixierung der Nation auf das eigene, das partikulare Interesse und das stillschweigende Einverständnis darüber, daß Gesetze nur staatliche Aufdringlichkeiten und Freiheitseinschränkungen sind, hat eine der Allgemeinheit verpflichtete und moralgebundene politische Kultur nie entstehen lassen. Jeder hat »Special interests«, nämlich seine eigenen, im Sinn, so daß ein demokratischer Aufstand gegen das Regime der »Special interests«-Lobby in Washington schwerlich erfolgen kann. Was den Zynismus des weitgehend politikabstinenten Wahlvolks begründet, ist sehr viel eher der Neid auf die Profitierenden in Washington, den Hauptstädten der Bundesstaaten oder den Rathäusern der Stadt als moralische Einsicht. Kurz, die Verhältnisse in Washington spiegeln exakt die Verhältnisse der Nation. Das Volk hat die Vertretung, die es verdient, und ist zur Selbstreinigung nicht nur unfähig, sondern unwillens. Da es Soziales nie als solidarische Verpflichtung akzeptierte und Egoismus stets als legitimes Agens verstand, besitzt es die Fähigkeit nicht, seine Vertretung zu sozialem Handeln zu zwingen und ihr den Egoismus auszutreiben.

Das ist das Fundament, auf dem die Politik in Washington zum reinen Geldgeschäft verkommen konnte. Von Ausnahmen abgesehen, kann jeder Angehörige des Repräsentantenhauses oder des Senats, wie Edward Kennedy, ein persönliches oder finanzielles Mißgeschick abwenden und muß um seine politische Existenz nicht zittern, wenn ihn etwa die Zeitungen als einen der Frühstücksgäste bei »Oshkosh« namhaft machen. Im Gegenteil: Viel eher hätte der Volksvertreter begründete Sorge um seine politische Zukunft, wäre er von den Zuwendungen der »Special interests«-Gelder ausgeschlossen.

Der politische Apparat in Washington funktioniert nur, weil ihn die Lobby in Bewegung hält. Er ist sozusagen im Besitz vielfältiger »Special interests«. In den vergangenen sechs Jahren schmierten »zweckgebundene« 400 Millionen Dollar an Zuwendungen von »Special interests«-Gruppen die politische Maschinerie des Landes; hinzu kamen weitere 50 Millionen Dollar als Honorare dafür, daß Abgeordnete im Klubzimmer eines fernen kalifornischen Hotels Kurzreferate vor »Special interests«-Vertretern hielten, ehe sie dann mit ihren spendablen Gastgebern eine Runde Golf spielten. Ein amtierender Senator, der sein einflußreiches Mandat bei der nächsten Wahl zu verteidigen wünscht, muß während seiner gesamten Legislaturperiode Tag für Tag bis zu 10.000 Dollar beschaffen, um finanziell für die Wiederwahl gerüstet zu sein. Ganz offenkundig sind solche Summen nicht durch Geldsammlungen im Wahlvolk zu beschaffen, also muß sich der Senator den »Special interests«-Geldgebern öffnen; er muß, mit anderen Worten, seinen Einfluß verkaufen und, wie der Senator Dennis de Concini bekannte, »überall hingehen, wo mir jemand 10.000 Dollar anbietet«, auch wenn mit der Offerte ein paar Bedingungen verbunden sind.

Anfang 1990 waren sieben Senatoren, die ein Drittel der Bevölkerung der Vereinigten Staaten repräsentierten, in das Verfahren eines Senatsausschusses verwickelt, der eigens gebildet wurde, um die Ethik der Volksvertreter zu überwachen. Alle sieben Senatoren standen im Verdacht, in Geldverschiebungen verwickelt zu sein, die selbst nach den in Washington geltenden, generösen Reglements illegal waren. Sie hatten sich in einem System verfangen, das die Demokratie entmachtet, denn in diesem System regiert eben nicht mehr das Volk, sondern das Geld.

Politik in den Vereinigten Staaten ist nur mehr rudimentär ein Streit von Meinungen; er ist lediglich die Attrappe, die der Ladenbesitzer ins Schaufenster legt. Nicht die Argumentation um den besten politischen Weg belebt die amerikanische Politik, sondern Geld, großes Geld. Die Politik gehört dem Geld. Sie hat sich zu einem käuflichen Artikel degradieren lassen, indem sie das Geld umarmte, oder: »Geld korrumpiert Washington und seine Politik«, wie die Tageszeitung »USA Today« bündig schrieb.

Zwischen Washington und dem Rest des Landes existiert eine Wechselbeziehung, seit die Nation von der Kolonialmacht in London abfiel und sich formte. Es gab nie eine Administration, es gab für den Kongreß auch nie eine Legislaturperiode ohne finanzielle Anrüchigkeiten, was wiederum von den Regierten nur als Ermutigung verstanden werden konnte, sich die Hauptstadt als Vorbild zu nehmen. Die Vermählung der Politik mit dem Geld auf den unteren Ebenen der amerikanischen Politik ist ein Produkt, aber auch die Basis der institutionalisierten Unmoral in der Hauptstadt. Sie verfuhr stets nach dem Credo: Nimm, was du nehmen kannst, und wenn es irgend möglich ist, nimm noch ein bißchen mehr.

Es gibt keine Schamgrenzen, es kann schlechterdings keine geben, wenn es sich um Geld handelt. Als Ronald Reagan, Präsident im Ruhestand, von der japanischen Verlagsfirma Fujisankei eingeladen wurde, für acht Tage und eine Gage von zwei Millionen Dollar – also für 250.000 Dollar pro Tag – nach Tokio zu kommen, wo er durch seine Anwesenheit ein bißchen Reklame für den Verlag machen sollte, sagte er unverzüglich zu. Er hielt zwei Reden, die jeweils 20 Minuten dauerten, er nahm an ein paar Dinners sowie an einem japanisch-amerikanischen »Freundschaftskonzert« teil, vor allem aber war er tagelang in den Fernsehprogrammen von Fujisankei zu sehen und dann stiegen er und seine Frau Nancy wieder in die kostenlos zur Verfügung gestellte Sondermaschine vom Typ Boing 747 und flogen, um zwei Millionen Dollar reicher, nach Hollywood zurück.

Es war ganz wie damals bei Edward Kennedy: Natürlich berichtete jede Zeitung über die Peinlichkeit dieses Vorganges und darüber, daß sich ein Präsident von Ausländern als Reklameträger hatte kaufen lassen. Natürlich schüttelten Bürger die Köpfe und redeten über das groteske Mißverhältnis, das zwischen Reagans Aufwand und seiner Einnahme bestand, nur: War, genau besehen, wirklich etwas dagegen einzuwenden, daß Reagan die zwei Millionen nahm, wenn man sie ihm denn schon offeriert hatte? Würde nicht jeder für acht Tage und zwei Millionen Dollar nach Tokio reisen? Was bedeutete die Scham, wenn auf der anderen Seite der Waage zwei Millionen Dollar lagen?

Die Nation war auch im Fall Reagan zwar zur momentanen

Betroffenheit darüber fähig, zu welchen Akten der Selbstent-
äußerung die Politiker mit Geld zu verführen waren, aber
nicht zur wirklichen Einrede. Die immer noch große Popularität Reagans nahm durch die Exkursion nach Tokio keinen
Schaden. Eine Woche nach seiner Rückkehr aus Japan war
die Angelegenheit vergessen, und wäre sie nicht vergessen
worden, hätten andere einschlägige Neuigkeiten sie über-
deckt, verdrängt: Senator John Glenn, der erste Astronaut
der Nation und ein »Volksheld«, hatte 234.000 Dollar von
einem vorbestraften Bankier genommen und zugesagt, sich
für den erneut staatsanwaltschaftlich überprüften Geldmann
einzusetzen. Der frühere Innenminister James Watt aus dem
ersten Reagan-Kabinett hatte 300.000 Dollar genommen,
um sich bei alten Freunden in Washington als Geschäftsver-
mittler für staatliche Wohnungsbauaufträge einzusetzen.
Paul Manafort, Wahlkampfberater der Präsidenten Reagan
und Bush, hatte 326.000 Dollar genommen, um mit Hilfe seiner Beziehungen ein paar Geschäfte mit der Regierung zu ermöglichen. Der republikanische Abgeordnete Gene Taylor
hatte 345.000 Dollar Wahlkampfspenden genommen und zog
sich damit ins Privatleben zurück, denn er kandidierte nicht
mehr und kein Gesetz verbot ihm, mit dem kleinen Vermögen
nach Belieben umzugehen. Im Justizministerium hatte man
nicht weniger als 2303 Fälle von Verfehlungen aufgedeckt.
Beamte stellten gegen ein Entgelt von 4000 Dollar Visa aus,
die nach geltendem Recht nicht hätten erteilt werden dürfen.

Und in Chicago ging die »Operation Greylord« zu Ende,
der Versuch einer gründlichen Säuberung der örtlichen Ge-
richte. Er endete vorläufig damit, daß 81 Richter, Anwälte,
Gerichtsangestellte und Polizisten wegen Rechtswidrigkei-
ten verurteilt worden waren; alle hatten sie es auf Geld abgesehen. Und in Detroit wurde staatsanwaltschaftlich gegen die
städtische Polizei ermittelt, denn 9,7 Millionen Dollar waren
offensichtlich veruntreut worden. Und in West Virginia hatte
der neue Gouverneur Gaston Caperton gerade entdeckt,
»einen moralisch desolaten Staat« geerbt zu haben, in dem in
fünf Jahren 70 Beamte des Betrugs überführt worden waren.
Und in Atlantic City wurde – zum zweiten Mal innerhalb von

fünf Jahren – der Bürgermeister, diesmal aber noch weitere zwölf hohe Stadtbeamte in Haft genommen; alle wollten nebenbei ein bißchen Geld verdienen. Und in New York City hatte man ausgerechnet bei der National Guard, der Einsatztruppe zur Aufrechterhaltung der öffentlichen Ordnung, umfangreiche Waffendiebstähle festgestellt; die Waffen waren profitabel an ausländische Guerillas und New Yorker Drogenhändler verkauft worden, und außerdem hatte man in New York einen Bürgermeister gewählt, der drei Jahre lang keinen Cent Steuern zahlte. Und beim »Internal Revenue Service«, dem Steuereintreiber der Nation, hatte man in 25 Fällen sichere Anzeichen für illegale Geschäfte entdeckt, und natürlich war es auch hier nur um Geld gegangen. Und im Wohnungsbauministerium in Washington hatte Marilyn Louise Harrell 5,5 Millionen Dollar gestohlen, weil, wie die Mitarbeiterin des Ministeriums sagte, »niemand zusah«. Und überall im Land erschienen nahezu täglich Meldungen darüber, wie untergegangene Spar- und Darlehenskassen Politiker geschmiert und den Bankrott luxuriös vorbereitet hatten; in 3500 Fällen war die Staatsanwaltschaft tätig und fand jeden Tag neue Hinweise auf korrupte Gesetzwidrigkeiten. Und in Budapest beschloß der amerikanische Botschafter Mark Palmer, nachdem er lange genug im Namen des Volkes exzellente Wirtschaftsbeziehungen im neuen und freien Ungarn geknüpft hatte, diese Beziehungen lieber nicht zum Segen des Volkes, sondern zum eigenen Segen und als Geschäftsmann zu nutzen. Er ließ sich von einem Konsortium anheuern, zu dem auch Ronald Lauder gehört, Erbe eines Kosmetik-Vermögens, der 1989 vergeblich 13 Millionen Dollar ausgegeben hatte, um Bürgermeister von New York zu werden.

Und, natürlich, die gerichtlich wohlbekannten Rüstungsunternehmen waren immer noch auf vertraute Weise tätig und sorgten für die Themen der unentwegt fleißig und mutig recherchierenden Journalisten. Die »Northrop Corporation« wurde von eigenen Mitarbeitern angezeigt und beschuldigt, den Staat beim Bau des »Stealth B-2«-Bombers um 20 Milliarden Dollar und beim Bau der »MX«-Interkontinentalrakete um weitere zehn Millionen Dollar betrogen zu haben.

Die »Singer Company« wurde, wiederum von eigenen Mitarbeitern, beschuldigt, bei der Lieferung von Flugsimulatoren an das Verteidigungsministerium 77 Millionen Dollar mehr kassiert zu haben, als ihr eigentlich zustand. Andere Rüstungszulieferer hatten, da des Betrugs überführt, 26,7 Millionen Dollar an das Pentagon zurückgezahlt, die sie bei der Abwicklung von Lieferverträgen unrechtmäßig an sich gebracht hatten. Die »Boeing Company« wurde zu 5,2 Millionen Dollar Geldstrafe verurteilt, weil sie sich in Washington – natürlich gegen Geld – hochgeheime Planungsunterlagen beschafft hatte, um bei der Vergabe von Rüstungsaufträgen einen Wettbewerbsvorteil zu erringen und der »Boeing«-Vorstandsvorsitzende, der zwei Verbrechen zugab, wurde dazu verurteilt, dem Gericht ausdrücklich und schriftlich seine Reue zu bekunden. Auch »Rockwell International«, einer der größten Rüstungszulieferer, wurde verurteilt, und zwar weil die Firma den Staat bei der Lieferung von Satellitenleitsystemen betrogen hatte, was schwerlich möglich gewesen wäre, hätte es im Staatsapparat nicht Beamte gegeben, die gehofft hatten, am Betrug partizipieren zu können.

Die Auflistung der raffenden Gesetzlosigkeit in Politik und Wirtschaft ließe sich noch seitenlang fortsetzen: Es war aber eben diese für alle Demokratien dieser Welt beispiellose Fülle von Nachrichten über Korruption, die aus ihnen im Bewußtsein der amerikanischen Bevölkerung längst das genaue Gegenteil, nämlich banale Alltäglichkeiten, gemacht hatte. Sie waren so ungewöhnlich wie der tägliche Wetterbericht, das Bulletin über den Dow-Jones-Aktienstand am Börsenschluß oder die Nachricht, daß die Autobahn zur Rush-hour verstopft ist. Was die wackeren Journalisten immer noch als Ausnahmen ansahen und wofür sie ganze Zeitungsspalten opferten, war in der Tat die Regel. Ronald Reagan galt als seriös, Edward Kennedy als einer unter vielen absolut gleichen Senatoren und die Rüstungsindustrie als ein Wirtschaftszweig, der ganz nach den üblichen Regeln verfuhr und nach ordentlichen Profiten strebte; das war legitim, denn alles war legitim, was dem Ziel diente, unter dem Strich ein ansehnliches Guthaben addieren zu können.

Hatte es je einen Widerstand gegen das Vorteilsdenken gegeben, so war er in der Zeit der Präsidentschaft Ronald Reagans zur Bedeutungslosigkeit geschrumpft. In ihr stieg die Zahl der gerichtlich überführten Korruptionsstraftäter innerhalb der Regierung im Vergleich zum vorigen Jahrzehnt um das Zehnfache, und Reagans Amtsnachfolger George Bush hatte, als er die politische Moral in Washington heimisch machen wollte, einen kennzeichnenden Start: Er benannte Paul Pressler, einen texanischen Richter und überdies Sprecher der frommen Fundamentalisten der Baptistenkirche, als Kandidaten für die Leitung des »Office of Government Ethics«, als Beauftragten also, der über die Sauberkeit der Regierungsinstitutionen wachen sollte. Dann forschte die Bundespolizei, das FBI, den Lebenshintergrund des Kirchenmannes aus, routinemäßig, wie das bei allen Stellenvergaben durch den Präsidenten üblich war. Es ergab sich, daß der zukünftige Moralwächter selbst keine reine Weste hatte. Der Präsident zog mit dem Ausdruck seines tiefen Bedauerns die Nominierung Presslers zurück.

Das »Office of Government Ethics« existierte natürlich weiter, wie alles, was zur Fassade eines demokratischen Rechtsstaates gehört, denn nach außen wurde gegen die Kleiderordnung nicht verstoßen. Es gab unabhängige Richter, Kontroll-, Untersuchungs- und Ethikausschüsse und einen »Comptroller General«, der den Umgang der Regierung mit dem Geld überwachte – und die jährlich durch Mißmanagement entstehenden Schäden auf einen Betrag »irgendwo zwischen 100 und 150 Milliarden Dollar« bezifferte. Es gab ein »General Accounting Office« für den Kongreß, das alle Jahre wieder auf Undurchsichtiges beim Umgang der Abgeordneten mit den Steuergeldern stieß. Wenn das Repräsentantenhaus, der Senat oder das Kabinett tagte, sah alles ganz so wie in einer geordneten Demokratie aus. Kameramänner bauten ihr Gerät vor dem Weißen Haus auf und schickten Bilder einer normal funktionierenden Weltmacht in alle Teile der Erde. Aber die Bilder enthüllten die anarchischen Wesenszüge der Weltmacht nicht, sie verkauften die Fassade als Wahrheit, sie filmten ein Potemkinsches Dorf.

Hatten sie das nicht immer so getan? Und hatten die Fernsehkorrespondenten nicht stets mit großem Ernst, während sie vor dem Präsidentensitz standen, gewürdigt, was der mächtigste Mann der Welt gerade tat? Und hatten sie die Amtszeiten des Präsidenten Lyndon Baines Johnson nicht ganz ähnlich kommentiert?

Spätestens seit 1990 konnte jeder wissen, wer Lyndon Baines Johnson war; der amerikanische Journalist Robert A. Caro* hat das Leben des Texaners enthüllt, den alle Welt respektierte und den die Deutschen, wie alle amerikanischen Präsidenten nach dem Zweiten Weltkrieg, geradezu verehrten.

Caro führt den jungen Lyndon Johnson vor, 26 Jahre alt, wie er an einem Tisch eines Hotels in San Antonio in Texas sitzt, vor sich Stapel von Fünf-Dollar-Noten und eine lange Schlange von Landarbeitern, denen Johnson ihre Wahlstimmen abkauft. Caro stellt den 28 Jahre alten Johnson vor, wie er, nun jüngster »Congressman« in Washington, seine »Political machine« zu bauen beginnt, sein ganz persönliches Netzwerk von gekaufter Abhängigkeit und Hörigkeit, aber auch von Abhängigkeit von der Lobby und dem lebensnotwendigen Geld, das von ihr kommt. Den infamen Maulhelden Johnson führt Caro vor, der, als der Zweite Weltkrieg ausbricht, seinen Wählern hoch und heilig verspricht, er werde »mit den anderen Jungs im Dreck und im Blut liegen« und als Soldat kämpfen und sich nicht in Washington verstecken, während er dann in Wahrheit seine Beziehungen nutzt, um als »Lieutenant Commander« der Marinereserve auf eine angenehme Inspektionsreise unter anderem auch nach Hollywood geschickt zu werden. Den frechen Lügner Lyndon Johnson führt Caro vor, der, nun auf einer Inspektionsreise im pazifischen Gebiet, aus einem viertelstündigen Flug mit einem amerikanischen Bomber eine unvergleichliche Heldentat macht und sich dafür mit einem hohen Orden auszeichnen läßt. Den »Wheeler-dealer« erlebt man durch die

---

* Robert A. Caro: *The Years of Lyndon Johnson: Means of Ascent,* New York, 1990.

Lebensenthüllung des Journalisten, den bis ins Mark korrupten, nach Macht verrückten und gänzlich prinzipienlosen Lyndon Johnson, der es sich in den Kopf setzt, Senator in Washington zu werden, und dabei, wenn es sein muß, auch über Leichen zu gehen.

Er führt, berichtet Caro, den Wahlkampf mit krimineller Energie, denn der Zweck heiligt jedes Mittel. Er wirft das ununterbrochen von der mächtigen Lobby kommende Geld mit vollen Händen hinaus und verpflichtet sich ihr mit jedem hinausgeworfenen Dollar mehr. Er geht mit seinen Wahlhelfern, vollends mit den Frauen, wie ein Sklavenhalter um; er verlangt sklavische Unterwerfung, nicht bloß Zuarbeit und sagt: »Ich verlange wirkliche Loyalität. Ich verlange Leute, die im Schaufenster des Kaufhauses meinen Arsch küssen und sagen, daß er wie eine Rose riecht.« Denn so ist dieser Mann und so seine Sprache, wenn er nicht gerade an einem Rednerpult steht. Er denunziert seine Opponenten bedenken- und gewissenlos, diffamiert sie als »Rote« und verdächtigt sie, mit Moskau im Bund zu sein. Er hält, ein Besessener, dem es um nichts als die Macht geht, die ihrerseits zum Geld führt, 15 Wahlversammlungen am Tag und bringt es irgendwie fertig, daneben auch noch ein Dutzend Ansprachen über das Radio zu halten. Er quält sich mit einer schweren Krankheit, aber die Züge der Qual verschwinden von seinem gefurchten Gesicht, wenn er vor eine Wahlversammlung tritt, den hohen Kriegsorden im Knopfloch.

Lyndon Johnson verlor, wie Caro berichtet, die für ihn lebensentscheidende Wahl um einen Sitz im Senat, und er gewann sie dennoch. Zu einem Teil kaufte er sie, zu einem Teil stahl er sie. Seine »Political machine« lieferte Stimmscheine in die texanische Hauptstadt Austin, die kein Mensch abgegeben hatte. So lange legte die »Political machine« nach und lieferte Wahlzettel, bis die Wahl gewonnen war.

Vergeblich focht sein Opponent den offenkundigen Schwindel an; die »Political machine« blockte ihn ab, während Lyndon Baines Johnson kalt bis ins Herz die Fäden zog und dafür sorgte, daß ein Rad seiner Maschine genau in das andere griff und ihn in den Senat beförderte.

Jeder im Senat in Washington wußte, daß sich Lyndon Johnson seine Wahl geraubt hatte, aber sie empfingen ihn ohne Vorbehalte. Auch John F. Kennedy wußte, daß sich Johnson seinen Senatssitz gestohlen hatte, aber dennoch machte er ihn zu seinem Vizepräsidenten, und schließlich, als Kennedy in Dallas erschossen wurde, wurde der Räuber zum Präsidenten.

»Vermutlich die Mehrheit der amerikanischen Bevölkerung«, schrieb damals Richard Rovere im Magazin »New Yorker«, »ist davon überzeugt, daß es sich bei dem Präsidenten um einen unehrlichen und unehrenhaften Mann handelt«, aber diese Überzeugung wog nicht schwer, denn als sich Johnson 1964 zur Wiederwahl stellte, gewann er sie mit der größten Mehrheit, die je ein Präsident verzeichnen konnte. Der Gewohnheitslügner, dem sein eigener Justizminister bescheinigte, er sei »einfach nicht in der Lage, die Wahrheit zu sagen«, der pathologische Geldjäger, von dem niemand genau wußte, wie er, ursprünglich aus eher ärmlichen Verhältnissen im texanischen Pedernales Valley stammend, zu seinen vielen Dollarmillionen gekommen war, der ordinäre Dieb war Repräsentant seiner Nation.

Er log sein Land in die entscheidende Eskalation des Vietnam-Krieges, denn der Seezwischenfall im Golf von Tonking, den er zum Anlaß nahm, seine Kriegsmaschinerie auf volle Touren laufen zu lassen, hat zumindest nicht so stattgefunden, wie er ihn schilderte. Er eröffnete, wie man in Washington zynisch tuschelte, Kabinettssitzungen mit einem Gebet, ehe dann die neuen vietnamesischen Ziele der amerikanischen B-52-Bombenflugzeuge festgelegt wurden. Er trat seinem Vizepräsidenten Hubert Humphrey mit den Worten: »Hau endlich ab« gegen das Schienbein; der Vizepräsident zog das Hosenbein hoch, um Freunden den vom Präsidenten applizierten blauen Fleck zu zeigen. Er ging mit ausländischen Staatsmännern um, als wären sie jene Landarbeiter, denen er einmal pro Wahlstimme fünf Dollar in die Hand gedrückt hatte: Dem kanadischen Premierminister, der es sich herausgenommen hatte, maßvolle Kritik an dem amerikanischen Engagement in Vietnam zu üben, griff der Präsident der Vereinigten Staaten an den Hemdkragen und schrie: »Sie haben auf meinen Teppich gepißt.«

Robert Caro hat mehr als die Lebensgeschichte des 36. Präsidenten der Vereinigten Staaten, er hat die amerikanische Anarchie enthüllt, die sich Politik nennt, und er enthüllte den Zynismus, der die Anarchie legitimiert. Denn Präsident Johnson erzählte, so berichtet Caro, wenn er gute Freunde im Weißen Haus empfing, gern einen Witz, der so ging:

Irgendwo in der Nähe von San Antonio in Texas sitzt der kleine Manuel, ein Landarbeiterkind, auf dem Bürgersteig einer Kleinstadt und weint.

»Was ist los?« fragt ihn ein Landarbeiter.

»Mein Vater«, schluchzt Manuel, »war am vergangenen Samstag in der Stadt und hat mich nicht besucht.«

»Aber Manuel«, sagte der Landarbeiter, »dein Vater ist vor fünf Jahren gestorben.«

»Ich weiß«, schluchzt Manuel noch einmal. »Aber er war am vergangenen Samstag in der Stadt, und er hat für Lyndon Johnson gestimmt, aber mich hat er nicht besucht.«

Lyndon Baines Johnson, wenn er den Witz erzählt hatte, lachte ein leises, gleichsam zufriedenes, ein sozusagen einsichtiges Lächeln: So war das mit der Politik, so und nicht anders. Niemand wußte das besser als er, der mächtigste Mann der Welt, Vorkämpfer der Freiheit und Demokratie und Herr des atomaren Arsenals, in dem der Tod für die ganze Menschheit lag.

PILGER IN DER PYRAMIDE

*New York City, Welthauptstadt des Kapitalismus,
ist bevorzugtes Ziel europäischer Touristen.
Sie bewundern die imposante Kulisse. Was sich
hinter ihr abspielt, wollen sie nicht sehen.*

Schon dieser erste Blick der Pilger von der Triboro Bridge:
Was für eine Stadt! Haben sie früher in Europa, als sie
Dome bauten, die in den Himmel wuchsen, ähnlich gefühlt?
Stein gewordene Kühnheit. Ragende Beweise menschlicher
Omnipotenz. Keine Stadt; ein Wunder, unerklärlich, unbe-
schreibbar, unnachahmlich. Die Pyramide des ausklingenden
20. Jahrhunderts. Denkmal einzigartiger Willenskraft. Thron
des Kapitalismus. Mekka und Rom zugleich. Wer nicht kommen kann, das Unvergeßliche zu bewundern, träumt doch
wenigstens davon. New York, New York.

Auch in dieser Woche wieder werden sie hier so viele Menschen umbringen wie in Japan innerhalb eines Jahres. Am
Ende des Jahres wird sich ihre Zahl auf 1905 addieren.

Im John F. Kennedy Airport landen die Pilger, ebenso im
La Guardia Airport und im Airport von Newark, und die ganz
Feinen kommen mit der »Queen Elizabeth«. Immer ist Bewegung am Himmel, ein Pilgerzug ohne Ende, millionenfache
Anbetung in jedem Jahr und in allen Sprachen der Erde. Sie
alle haben die Stadt schon tausendmal gesehen, auf Fotos, im
Fernsehen oder im Kino, und sie haben diese Bilder mit sich
herumgetragen wie ständige Mahnungen an die Erledigung
einer wichtigen Etappe im Leben: New York sehen und dann
sterben. Und in der Tat: Es ist eines, die Pyramide des Gottes
Mammon daheim auf einem Foto, im Fernsehen oder Kino
zu sehen, aber es ist etwas anderes, vor ihr zu stehen und von
ihr aufgenommen zu werden, ihre Vibrationen zu spüren und
den Blick nach oben zu richten, wo sich das Unbeschreibliche
türmt, das Irdische verschattet und den Menschen zu einer
Belanglosigkeit macht, während ganz oben in den Domen
ernste Männer ihren Gottesdienst verrichten.

Auch an diesem Tag werden in dieser Stadt wieder 182 Kinder das Opfer von Mißhandlungen.

Es war wirklich schon bei der Ankunft am Airport so, wie man sich das dachte: Hier ein Rolls-Royce, da Cadillacs und dort »Stretched limousines« mit getönten Fenstern, so daß man nicht hineinsehen konnte, Fernseh- und Telefonantennen auf dem Dach, schwarze, in Grau gekleidete Fahrer, die an der geöffneten Türe warteten, die Mütze in der Hand, und dann kamen aus den Ankunftsgebäuden eilige Herren, das waren die »Masters of the Universe«, von denen man bei Tom Wolfe gelesen hatte, die Herren in der Pyramide, die Priester der einen großen Religion, der sich diese Stadt verschrieb, und dann stiegen sie ein, die schwarzen Chauffeure schlossen behutsam die Türen und setzten ihre Mützen auf, und schließlich fuhren sie ihren Master davon und reihten ihre riesigen Limousinen in den endlosen Strom der Fahrzeuge ein, die über das verwirrende System der Straßen und Autobahnen fuhren – aber wiederum: Es war eines, bei Tom Wolfe von den »Masters of the Universe« zu lesen, aber etwas anderes war es, sie leibhaftig zu sehen, ihre Aura zu spüren, die Macht beim Vollzug zu bestaunen, bei ihrer ernsten, immer zielgerichteten Geschäftigkeit.

Auch heute wieder werden in der Stadt 452 Menschen von gewalttätigen Kriminellen heimgesucht.

Und auch die Fahrt vom Flughafen zur Pyramide war so, wie man das schon ungezählte Male daheim in bewegten Bildern gesehen hatte, aber nun war man Teil der tumultuösen Prozession, die an 365 Tagen im Jahr jeweils 24 Stunden lang Stoßstange an Stoßstange stattfand, denn diese Stadt schlief nie. Nie kam diese Autobahn zur Ruhe, die gezeichnet war von tiefen Schlaglöchern, und ausgeschlachtete Wracks lagen am Fahrbahnrand, und irgendwo in der endlosen Prozession, die sich nur langsam bewegte, heulte die Sirene eines Krankenwagens wie ein waidwundes Tier, aber niemand in der Prozession machte ihm Platz, so klagend sein Ruf auch klang, denn jeder hatte es eilig, der Gottesdienst ertrug Schlendrian und Langsamkeit nicht, auch nicht den Gedanken, daß in dem Krankenwagen vielleicht jemand starb, oder vielleicht wollte auch jemand geboren werden, um bald Teil der Prozession zu sein. Nun standen die Fahrzeuge, wütend hupten sie, Flüche kamen aus den Wageninneren, denn man hält nicht, wenn man dient, Halt ist eine Sünde. Langsam setzte sich die Prozession wieder in Bewegung und zahlte am Ende der Triboro Bridge ein Eintrittsgeld für Manhattan, das Innere der Pyramide, und dann führten elegant geschwungene Rampen hinein ins Sanktuarium, und dann fuhr man wirklich am East River entlang, und so etwas wie ein Schauer ergriff die Pilger.

Auch an diesem Tag wieder werden der Polizei dieser Stadt 1917 Vergehen oder Verbrechen angezeigt.

Manhattan ist wie ein gigantischer Zirkus, und jede Straße ist eine Manege. Nichts von der physiognomischen Monotonie, die auf den Gehwegen europäischer Städte herrscht: Hier ist die ganze Menschheit präsent, und wenn sie sich auch nicht mischt, so koexistiert sie doch, dunkle Haut, gelbe, weiße und alle Zwischentöne. Sieht man nicht, daß die Pyramide ein Schmelztiegel ist, ein Weltenbeispiel für das Miteinander offensichtlicher Verschiedenartigkeit? Wo anders hastet die Inderin neben dem Chinesen, dem »Caucasian«, dem Weißen, dem Schwarzen und dem Araber über einen Bürgersteig, vorbei an Geschäften, deren Inhabernamen wiederum die verschiedenartigste Herkunft verraten? Wo anders hat man sich auf ein so kühnes Experiment der Nachbarschaft eingelassen? In der Tat: Die Pyramide, ganz wie man das daheim annahm, ist für alle da. Sie ist eine in Wahrheit freie Stadt, gebaute Versöhnung, die jedem eine Chance gibt, denn lautet nicht das Prinzip des Landes, in dem sie diese staunenswerte Pyramide bauten, daß jeder eine Chance hat?

Auch diesen Tag verbringen 33 000 Kinder in überfüllten Heimen. Die Kinder wollen oder können von ihren Eltern nicht aufgezogen werden.

Sie pilgern zur 5th Avenue, natürlich zur 5th Avenue, der Traumstraße der Welt, an der die Geschäfte stehen, die jene mit ihren Gütern belohnen, denen ihr fortgesetzter Dienst am Mammon den versprochenen Segen bescherte. Da sind sie schon wieder, die Rolls-Royces, die Cadillacs und die »Stretched limos«, die schwarzen Fahrer in ihren grauen An-

zügen putzen ein wenig an ihren makellos sauberen Fahrzeu-
gen und warten, während drinnen, in den Tempeln, geerntet
wird. Schmalbrüstig erhebt sich die St. Patrick's Cathedral an
der Avenue, aber mächtig reckt sich gegenüber das Rockefeller Center und wirft seinen breiten Schatten auf das Gottes-
haus und die Nachbarschaft, und der OlympicTower umstellt
die Kirche an der anderen Seite, und das Helmsley Palace an
der Madison Avenue kreist es vollends ein: Gotteshäuser
haben hier keinen Anspruch auf die Exklusivität des Him-
melsstrebens, sondern die wahrenTempel haben sie, in denen
bewegt wird, was diese Stadt schuf und dann zur Pyramide
machte.

Auch an diesem Tag wird die Polizei in dieser Stadt wieder
265 Menschen wegen Rauschgifthandels festnehmen.

Und dann Trump Tower, in dem irgendwo auf drei Etagen
und in 50 Zimmern zwischen rosafarbenem Marmor und
Onyx DonaldTrump lebt, der Mann mit der Midas-Faust. Er
wisse noch nicht, hat er einmal gesagt, ob er sich um das Amt
des Präsidenten des Landes bewerben wolle, aber daß er ge-
winnnen werde, würde er sich bewerben, das wisse er, und in
derTat:Was immer er berührte, wurde zu Geld und Macht. Er
hatte aus dem ordinären »Deal« eine Kunst gemacht, er war
kaum 40 und schon der Pharao. »Niemand in meinem Alter«,
sagte er, »ist reicher als ich«, und er wußte auch, woher seine
Unvergleichlichkeit kam: »Für mich«, sagte er, »sind die
wichtigsten und einzigen Dinge die Gene – und das ist ein bißchen traurig, denn es bedeutet, daß man es entweder hat oder
eben nicht«, aber er hatte sie, ein Herrenmensch, ein Erwähl-
ter über »Underlings«, denen er freilich Zutritt zu seinem
»Trump Tower« gestattete. Dahin strömten die Pilger und
staunten über einen gewaltigen Wasserfall, der die Geschäfte
umrauschte, aber das waren nicht einfach nur Geschäfte, sondern lauter kleine Kultstätten, und die Pilger hinterlegten ihr
Bares nicht für eine Bluse oder eine Hose oder ein Fläsch-
chen Parfüm, sondern für Devotionalien, und dann trugen
sie ihr aus demTrumpTower stammendesTütchen, das sie ein
kleines Vermögen gekostet hatte, mit dem Stolz, mit dem ein
Hadschi darauf verweist, daß er in Mekka war.

Auch an diesem Tag sind 400 der 2000 in New York City stehenden Brücken entweder unsicher oder dringend reparaturbedürftig.

Das Staunen der Pilger nimmt kein Ende. Wohin sie blicken, sehen sie Staunenswertes. Das staunenswert in die Höhe Gebaute hat keine Seele? Sie haben nur gebaut, was maximalen Profit versprach? Der Kampf um Höhe entsprach genau jenem, der stumm im Dschungel stattfand, wo Bäume einander überwachsen mußten, wenn sie überleben wollten? Das mochte wohl so sein, aber war es nicht trotzdem staunenswert? Und spiegelte nicht die Bemühung um Höhe das Leben? War es nicht so, daß alles Leben einem Kampf um Überlegenheit glich? Und war so gesehen die Architektur der Pyramide nicht wenigstens ehrlich? Es ging ihr ersichtlich und ausschließlich um Effizienz – aber drehte sich nicht das Leben selbst um sie? Die Rücksichtslosigkeit, nein: die Brutalität, mit der ein wachsender Wolkenkratzer dem Nachbarn das Sonnenlicht und damit gleichsam das Leben nahm – bedeutete das nicht im Großen, was sich in den kleinen Kämpfen des Marktes ja, allen Lebens abspielte? Die Pilger standen vor den Türmen des World Trade Center und staunten und ließen ihre Kameras die Endlosigkeit hinaufgleiten, die sich zum Himmel reckte, und wenn sie dann die Kamera absetzten, hatten sie eine sonderbare Ergriffenheit im Blick, als hätten sie eine Pietà betrachtet. Schließlich wandten sie sich ab, dem nächsten Staunenswerten zu.

Auch an diesem Tag leben wieder mehr als 1,5 Millionen der 7,2 Millionen Menschen dieser Stadt von Zuwendungen der öffentlichen Wohlfahrt.

Sie wunderten sich, während sie pilgerten, ein wenig über die rauhen Sitten, nach denen in der Pyramide der Straßenverkehr ablief. Niemand schien, zum Beispiel, die Ampeln für Fußgänger zu beachten; niemand hatte Zeit für Ordnung. Manchmal flüchteten sie mit grotesken Bewegungen vor nahenden Autos, ehe sie dann die nächste Straße überquerten, wo ihnen eine Ampel den Weg verbot. Hier war man frei und ließ sich nicht gängeln, schon gar nicht von einer Ampel. Sie exekutierten ein bißchen Anarchie, zur Hölle mit den Gesetzen, und manchmal zischten sie ein »Fuck you«, wenn ihnen ein Auto sehr nahe gekommen war, oder aus einem Auto schallte ein lautes »Asshole«, das einem Fußgänger galt. Erstaunlich viele Autos waren verbeult und sahen aus, als wären sie in einem Krieg gewesen, aber in Wahrheit hatten ihre Fahrer nur ein bißchen Anarchie praktiziert, wie jeder in diesem Verkehr, der keiner mehr war, denn die Fußgänger kamen schneller voran als die Autos und mächtigen Lastwagen. Böse Gesichter sah man hinter den Windschutzscheiben, ein Heer von Freudlosigkeit, überall hupte es, aber nichts rührte sich, nur aus den Auspuffenden strömte es unablässig in die Pyramide. Irgendwo versuchte ein Polizist, mit Trillerpfeife und ekstatischen Gesten das Chaos aufzulösen, aber die Kreuzungen waren längst versperrt, und die Gesichter hinter den Windschutzscheiben wurden immer böser. New York war, so begriffen die Pilger, zur Normalität gewordenes Chaos, war allseitige Anarchie, »aber einmalig, wirklich einmalig«, staunten die Pilger.

Auch an diesem Tag sind 74,7 Prozent der New Yorker Kinder im Alter zwischen sechs Monaten und fünf Jahren von Gehirnschäden bedroht, denn der Bleigehalt in ihrem Blut liegt über zehn Mikrogramm pro Deziliter.

Manche pilgerten zur Park Avenue, und sie pilgerten schon früh, denn hier lief allmorgendlich ein Ritual ab, das man nur in der Pyramide kannte: In einem Hotel trafen sich die »Masters of the Universe« zu »Power breakfasts«, nicht also, um miteinander einen Morgenkaffee zu trinken und Brot zu brechen, sondern um den Tag gesellig mit einem »Deal« zu beginnen, und nicht nur einfach mit einem Allerweltsdeal, sondern mit einem, von dem die Zeitungen mit fetten Schlagzeilen berichten würden. Da saßen sie, sonderbar uniformiert in schlichtem Grau. Wenn sie das frische Brötchen zum Munde führten, bewegten sie Millionen, vielleicht aber auch Milliarden. Sie redeten leise miteinander, während außerordentlich aufmerksame Kellner sie umgaben, und manchmal lächelten sie einander entspannt zu. Nein, sie genossen die Berühmtheit nicht, sie war ihnen selbstverständlich. Daß die anderen, die namenlosen Frühstücksgäste die »Masters of the Universe« anstarrten, störte sie längst nicht mehr. Sie lebten mit ihrem Ruhm wie ein Sproß eines königlichen Hauses, der nie etwas anderes kannte, als im Mittelpunkt des Interesses zu stehen. Eilig ging der Maître des Etablissements auf einen der Tische der »Masters« zu, wenn er sah, daß sich die illustren Gäste zum Aufbruch rüsteten, um ihnen die Stühle fortzuziehen, und dann gingen sie hinaus, wo vor dem Hotel ihr Rolls-Royse wartete oder die »Stretched limo«, Fahrer an der offenen Wagentür, während im Frühstücksrestaurant ein paar Gäste immer noch auf den verlassenen Tisch blickten, als hätten sie dort eine Erscheinung gesehen.

Auch am Abend dieses Tages gibt es in New York City wieder 90000 Obdachlose.

Wenn sie an das südliche Ende des Central Park pilgern und den Blick über die Gebäude schweifen lassen, die ihn hier umgeben, haben sie das Domizil einer Geldsumme betrachtet, die in anderen Ländern für den gesamten Staatshaushalt reicht. Nirgendwo sonst auf der Erde sind so viele Multimillionäre versammelt; nirgendwo anders ist die Berühmtheit so zu Hause wie hier. Die Wohnung mit dem Blick auf den Park ist Ausweis der Ankunft am oberen Ende der Pyramide. Man kann kein wirklicher »Master of the Universe« sein, wenn es zu einer Wohnung mit Blick auf den Park nicht reichte. Man baut nicht mehr, wie früher, Stadtpaläste, um nachzuweisen, wer man ist – Paläste hat man für die Wochenenden auf Long Island oder in Connecticut und für den Winter in Palm Beach in Florida –, sondern man lebt mit dem Blick auf den Park. Man hat für sein Wohnunseigentum zweistellige Millionenbeträge gezahlt und es von einem Innendekorateur mit einem Aufwand herrichten lassen, der abermals in die Millionen ging. An den Wänden hängen Werte, daß sich erstklassige Museen rühmen würden, könnten sie sie der Allgemeinheit zugänglich machen. Man hat Hauspersonal, daß es für den Betrieb eines mittelständischen Unternehmens reichen würde. Dies ist das Quartier der Elite, der Vorhof zum Himmel Mammons, die Realisierung des »American dream«.

Auch an diesem Tag leben in New York 60000 Millionäre.

War es hier? Die Pilger rätselten. Sie befanden sich im Süden Manhattans, unweit der Battery, von der sie einen schönen Blick auf das im Dunst liegende Liberty Island mit der Freiheitsstatue haben würden. Sie blätterten in ihren Reiseführern und blickten sich ein wenig ratlos um – war es hier? Sie suchten jene Stelle, an der 1626 der Deutsche Peter Minnewit im Auftrag einer niederländischen Handelsgesellschaft von den sogenannten »Indianern«, den Einheimischen, die Insel Manna-hatin kaufte. Sie gehörte zu einem erheblichen Teil dem kleinen Volk der Canarsee, dessen Führer Seyseys von Minnewit auf ein »Bowling Green« genanntes Stück Land befohlen wurde. Dort hatte der Deutsche ein paar Truhen aufstellen lassen, denen er Tücher, billige Perlenketten und ein paar Äxte entnahm. Die gehörten nun Seyseys und seinen Canarsee, während Manna-hatin im Besitz der 32 weißen Familien war, die auf der Insel an der Mündung des Hudson River siedelten und vom Fellhandel lebten. Seyseys mußte zum Zeichen seines Einverständnisses mit dem Handel sein Zeichen auf ein Papier drücken; er tat das, dann zog er davon, zog ins Nichts, das ihm die Weißen zugedacht hatten, die sich ins Fäustchen lachten: Was man Seyseys bezahlt hatte, entsprach dem Preis für einen dürren Ochsen, nämlich 24 Dollar – war es hier? Und wenn es denn hier war: War nicht staunenswert, was sie in nur drei Jahrhunderten aus der primitiven Wildnis der Canarsee gemacht hatten? Ringsum die Forts Mammons, auch die Wall Street, an der sie an jedem Tag mit 250 Millionen oder mehr Aktien handelten und den Blutstrom pumpten, von dessen Beständigkeit das Wohlergehen der Menschheit abhing. Ringsum das Herz der Welt, das unsichtbar hinter den hohen Fassaden pulsierte, wohl manchmal auch ein bißchen hektisch und ungesund pulsierte, so daß die Menschheit erschrak und voll von Sorge hierher blickte, nach Bowling Green, wo sie Seyseys und seine Canarsee betrogen hatten.

Auch an diesem Tag ist jede fünfte Schule der Stadt baufällig oder dringend reparaturbedürftig.

Welche Summe addiert sich, wenn man den Wert der Türme zusammenzählt, die allein im Süden der Insel stehen, die nun schon längst nicht mehr Manna-hatin, sondern Manhattan heißt und frei von Indianern ist? Die Pilger rechneten zum Spaß nach, aber dann waren sie rasch bei zweistelligen Milliardenbeträgen, und sie verloren den Spaß und ein sonderbar wohliger Schauer erfaßte sie bei der Vorstellung des Reichtums, der sie umgab. Sie lasen an den Portalen der Türme die Namen der Unternehmen mit Weltgeltung, taxierten die Ein und Ausgehenden mit ihren Blicken nach mutmaßlicher Bedeutung ab: Ein »Master of the Universe«? Oder nur ein »Underling«? Und wie kam es, daß kaum ein Schwarzer diese Häuser betrat oder verließ, und wenn, dann doch nur in der offenkundigen Gestalt eines Boten? Was hatte jener, der gerade in seine »Stretched limo« stieg, heute verdient? Eine Million? Oder hatte er eine Million verloren? War hier im Reich der Kühnen nicht alles möglich? Sie pilgerten zur Börse und bestaunten von einer Empore aus das Chaos, das sich da unten abspielte, bedrohlich rotgesichtige Menschen, lauter Komparsen einer gespenstischen Vorstellung, in der die Pilger keine Choreographie entdecken konnten. Merkwürdig unerwachsen sah aus, was die da unten exekutierten, merkwürdig unzivilisiert, aber faszinierend, fanden die Pilger, war es gleichwohl, und dann räumten sie mit Bedauern die Empore, denn neue Pilger kamen, um den Kapitalismus bei der Arbeit zu sehen.

Auch an diesem Tag weist die Statistik aus: Den zwölf Prozent Schwarzen im Lande gehören 0,7 Prozent aller Aktien, Anleihen und Werte auf Bankkonten.

Wenn sie »New York« sagten, meinten die Pilger stets nur Manhattan, und von Manhattan meinten sie nur jenen Teil, der den Weißen gehörte, und in dem Schwarze von neun Uhr morgens bis 17 Uhr nachmittags nur subalterne Rollen spielen durften. Man pilgerte nicht nach Brooklyn, wo man sich womöglich in die verruchte schwarze Gegend von Bedford-Stuyvesant verirren konnte, auch nicht ins öde Queens, von dem man genug gesehen hatte, als man es auf dem Weg vom Kennedy Airport nach Manhattan passierte, auch nicht nach Staten Island, schon gar nicht in die Bronx – war das nicht, wo man in der Hölle lebte? Auch ins nördliche Manhattan pilgerte man nicht, wenn man bei Sinnen war, denn da war Harlem. Sie hatten für ihre Pilgerfahrt nicht soviel Geld ausgegeben, um sich von Elend deprimieren zu lassen, in Gefahr zu geraten oder ihr Weltbild zu korrigieren: Ihr New York – das war das staunenswerte, und nur das. Das Empire State Building war New York, der atemberaubende Blick von seiner Aussichtsterrasse. Das Restaurant ganz oben im World Trade Center war New York. »Shopping« war New York. Und der Broadway.

Auch heute gehen in New York City 25 bewaffnete Schüler auf Lehrer, Wachpersonal oder Mitschüler los.

Das Leben in der Pyramide, so fanden die Pilger inzwischen, war hart und erzog zur Härte. New Yorker, so hatten ihnen ihre Fremdenführer nur halb im Scherz erzählt, waren nicht recht zufrieden, wenn sie im Verlauf eines Tages nicht mindestens fünf Menschen beleidigt hatten; das waren sie sich schuldig. »Dies ist New York. Zivilisiertes Verhalten ist hier einfach nicht glaubwürdig«, las einer der Pilger in einem Magazin, das »New York« hieß und dort auch erarbeitet wurde. Es war, als hätten sich in der drangvollen Enge der Pyramide, in der sich zur Feierabendzeit die Bevölkerung einer Kleinstadt aus einem einzigen der hohen Türme auf die engen Straßen ergießt, die sozialen Normen geändert. Man diente offensichtlich Mammon nicht, ohne Blessuren davonzutragen und seelisch zu verkümmern, so daß man an den vielen Bettlern vorübergehen konnte, ohne ein schlechtes Gewissen zu haben. Die Pyramide war die Härteschule der Nation. »If you can make it there, you'll make it anywhere«, hieß es in einem Schlager, und das verband sie: Sie waren »Top of the heap«, etwas Besonderes, sie waren New Yorker.

Auch an diesem Tag geschieht in New York City alle sechs Minuten eine Gewalttat.

Zur Erheiterung gab es den Broadway. Vielleicht hatten ihn sich die Pilger ein wenig gleißender vorgestellt, ein wenig ekstatischer und eleganter, aber elegant war er in seinem architektonischen Wildwuchs nicht, und vollends auf der Straße ging es nicht sehr elegant zu, wo Straßenhändler und Bettler ein wenig die Festlichkeit des Abends beeinträchtigten und den Passanten, die an der Armut vorübergingen, böse Worte nachriefen. Ein paar Obdachlose rüsteten sich zur Nacht, während die Flaneure vor dem Beginn ihrer Broadway-Show aus den Restaurants kamen und sich ein wenig ergingen. Sie gingen dorthin zum Broadway, wo die 42. Straße ihn kreuzt, und sie sahen ein paar Polizisten untätig stehen. Unweit davon tuschelten Männer miteinander, sie handelten den Preis für Rauschgift aus. Jeder konnte den »Deal« beobachten, auch die Pilger beobachteten ihn, und sie schüttelten lächelnd die Köpfe, als wären sie Zeugen einer kleinen Heiterkeit geworden, die man sich in der Pyramide leistete. Huren patrouillierten das Revier ab, darunter auch solche, von denen man nicht genau wußte, welchem Geschlecht sie angehörten, und von einem Hochhaus kamen in Leuchtschrift die letzten Angaben über die Befindlichkeit Mammons herunter: Der Dow-Jones-Index war, wie schön, gestiegen.

Auch an diesem Tag fragen sich 700 000 Rauschgiftsüchtige dieser Stadt, woher sie das Geld für die nächste Dosis nehmen sollen.

In der Nacht verwandelte sich die Pyramide auf gespenstische Weise; auch die Pilger empfanden das. In der Nacht wurden kleine Festungen aus den Wohnungen, aber sicher fühlte sich in der Nacht niemand. So spürbar war die allgemeine Angst, daß auch die Pilger in ihren Hoteltürmen sorgfältig die Türen verriegelten, Sicherheitsketten vorlegten und Zusatzschlösser betätigten, und dann hörten sie die allnächtliche Sinfonie der Sirenen von Polizei- und Rettungswagen. Es gab täglich – und das hieß vor allem: nächtlich –, 7142 kriminelle Delikte in der Stadt, 20 000 Anrufe um Hilfe bei der Polizei, acht Vergewaltigungen, mehr als 100 Schießereien, mehr als 50 Messerstechereien, 255 Fälle von Raub. Die »New York Times« schrieb, so las einer der Pilger, von den »unlebbaren Verhältnissen in dieser Stadt«. Kein vernünftiger Mensch ging nachts allein durch die geisterhaft unbelebten Seitenstraßen oder gar in die kleinen Parks, die tapfer im Schatten der hohen Türme grünten. Ausdrücklich hatte man die Pilger auf die Gefahren der Nacht aufmerksam gemacht, in der die Armut Rache nahm und die Rauschgiftsucht den

nächsten Schuß zu finanzieren suchte. Tagsüber mochten die
»Masters of the Universe« herrschen, aber die Nacht gehörte
ihnen nicht. Sie hatten sich aufwendige elektronische Sicher-
heitsanlagen legen lassen, und unten, in den Foyers ihrer
Häuser mit dem schönen Blick auf den Central Park, wachten
alerte Männer. Überall lagen Waffen schußbereit, denn trotz
der aufwendigen Elektronik war jederzeit mit dem Schlimmsten zu rechnen. Immer noch heulten die Sirenen der Polizei-
und Krankenwagen; sie würden die ganze Nacht heulen, und
die Pilger hörten das mit einem etwas wohligen Schaudern,
ehe dann der Morgen graute, und dann warf die Sonne ihre
ersten Strahlen auf die gläsernen Fassaden der hohen Türme,
die gleißend das Zeichen des neuen Tages reflektierten: Was
für ein Bild!

An jedem dritten Tag stirbt in dieser Stadt ein Kind an den
Folgen einer Mißhandlung.

In dem Maße, in dem die Türme immer gigantischer wurden, immer reicher ausgestattet und natürlich immer teurer,
verkam die Stadt. Auch die »Masters of the Universe« in
ihren Rolls-Royces oder »Stretched limos« holperten über
Straßen und Avenues mit tiefen Schlaglöchern, wenn sie sich
auf dem Weg vom Reichtum ihrer Behausung zum Reichtum
ihrer Büros befanden; die Pilger sahen das mit lächelndem
Staunen, aber sie begriffen rasch: Die Türme bewiesen den
Triumph der Privatinitiative, den Segen kapitalistischer
Kühnheit, die Effizienz, die aus dem einzigen wirklichen
Motiv des Menschen kam: dem, einen Profit zu machen. Andererseits bewies die vernachlässigte Infrastruktur der Stadt
nur einen Allgemeinplatz: Nichts, keine Gesellschaft, keine
Kommunität, keine Stadtverwaltung, noch nicht einmal jene,
die über die Pyramide gebot, konnte auch nur annähernd so
gut sein wie das Regime der Profiteure. Einer der Pilger zog
daraus den Schluß, die Nöte der Stadt würden vorüber sein,
entschlösse sie sich nur, sich zum Verkauf anzubieten und
dann als New York Inc. zu existieren, vielleicht mit einem
»Master of the Universe« als Vorstandvorsitzendem. Die Demokratie, sagte der Pilger, so gut und schön er sie fände,
taugte nicht zur effizienten Führung. Die Türme waren nicht

durch demokratische Verfahrensweisen entstanden, sondern weil Männer sie wollten, durchsetzten und profitabel machten – weil sie führten. Aber solche Führer gäbe es in Kommunen nicht, auch nicht hier in der Pyramide. Deshalb waren in New York die Straßen und Untergrundbahnen verkommen, die Wasserrohre und die Brücken, die städtischen Krankenhäuser und die Schulen.

Auch an diesem Tag leiden 15 Prozent der 90 000 Obdachlosen dieser Stadt an Schizophrenie und weitere 22 Prozent an manisch-depressiven Anfällen.

Nein, die Pilger waren in ihrem Glauben an die Kräfte, die das Wunder der Pyramide schufen, nicht anzufechten. Sie bestiegen ein Ausflugsboot, umkreisten Manhattan und sogen Bilder ein, die es auf der Erde nur einmal gab, nur in dieser Hauptstadt der Welt. Sie sahen sich nicht satt an der Wildheit der zum Himmel strebenden Türme, die auch aus der Distanz, selbst noch als filigrane Streichhölzer am Horizont, ihre Majestät nie verloren. Und vollends im Süden der Insel Manhattan, wo sich übergangslos der Absturz von der hochgebauten Wucht in die spiegelnde Ebene des Meeres ereignete, der dramatische Wechsel vom Menschgemachten zur Natur, waren sie tief angerührt und schüttelten ungläubig die Köpfe. Über ihnen strebten Jets in minütlichem Abstand nach La Guardia, und wenn die Pilger nach Westen blickten, konnten sie die nach Newark fliegenden Jets sehen, während weiter im Osten eine unendliche Reihe auf den Kennedy Airport zusteuerte, und drei, vier, nein fünf Helikopter umschwirrten die hohen Türme und sanken dann spielerisch auf einen am East River gelegenen Heliport herab, ehe sie ihre Passagiere entließen: »Masters of the Universe«, die es eilig hatten, in die nahe Wall Street zu kommen. Die »Stretched limos« warteten schon auf sie, denn ohne sie ging nichts in der Pyramide, die von Investments, Wachstum und Profit lebte.

Auch an diesem Tag befinden sich 21 Millionen Kreditkarten im Besitz der 7,2 Millionen Bewohner der Stadt, und jede Karte ist im statistischen Mittel mit 1600 Dollar überzogen.

Am Sonntagvormittag joggten sie durch den wunderschönen Central Park in der Mitte Manhattans, sie spielten Baseball, American Football und europäischen Fußball. Sie breiteten Decken aus und ließen sich zum Picknick nieder. Kleine Bands spielten mittelamerikanische und kubanische Musik, Jazz, Folk oder Country and Western. Einzelne Musikstudenten übten mit einer schönen Konzentration, die alles um sich herum vergaß, auf ihren Geigen, Celli und Querflöten. Die Pyramide ruhte und bot ein Bild des Friedens, und die Pilger bestaunten auch das, denn es verhielt sich ganz wie an Wochentagen auf den Bürgersteigen: Alle Welt war im Central Park vertreten, alle Sprachen waren zu hören, keine Menschenrasse fehlte. Dann spazierten die Pilger durch den Park nach Norden, wo bald das weniger ansehnliche Harlem zu sehen war, und schließlich befanden sie sich an der Stelle im Park, wo eine jugendliche Gang aus Harlem eine junge Joggerin überfallen, getreten, vergewaltigt, getreten und wieder vergewaltigt hatte, und dann hatten sie die junge Frau in der Annahme liegenlassen, sie wäre tot. Und dann durchquerten die Pilger jenen nun sportlich belebten Teil des Parks, in den alle Tage jugendliche Gangs aufbrechen, um ein bißchen »Wilding« zu machen, wie sie das nennen – der Polizei waren im vergangenen Jahr 622 »Wilding«-Fälle gemeldet worden: Die Kinder überfallen und quälen aus Jux, rauben wohl auch, wenn es sich so ergibt, aber der Sinn des »Wilding« war es, einfach nur Terror zu machen und damit den Terror zu vergelten, unter dem sie in Harlem, Bedford-Stuyvesant oder der südlichen Bronx an jedem Tag zu leben hatten. Und dann gingen die Pilger an die Ostseite des Parks, wo sich die berühmte 5th Avenue erstreckt, und dann waren sie an der Stelle, an der der Sohn einer sehr reichen Familie die Tochter einer sehr reichen Familie ermordet hatte; sie waren eigentlich gekommen, um einander zu lieben. Und dann, denn die Sonne verschwand schon hinter den hohen Türmen der Pyramide, verließen nicht nur die Pilger, sondern auch die sportlich Fröhlichen den Park, denn in der Dunkelheit gehörte er ihnen nicht mehr, in der Dunkelheit gehörte er den Rächern.

Auch an diesem Tag wird in 600 Armenküchen dieser Stadt ein Mahl für die »sozialen Randgruppen« bereitet. 1980 hatten dafür noch 30 Armenküchen gereicht.

Sie pilgerten zur »City Hall«, zum Rathaus dieser Stadt, die in den vergangenen 20 Jahren von mehr als einer Million Menschen verlassen worden war, weil sie die Hektik der Pyramide, die Pest der Kriminalität und die verrottete Infrastruktur nicht mehr ertrugen. Und ein paar Hunderttausend Jobs in produzierenden Unternehmen hatte die Stadt verloren, in der man früher noch Geld verdiente, indem man sich die Hände beschmutzte, aber nun, in der Ära der »Masters of the Universe«, war das alles anders, denn nun machte man großes Geld, indem man Computer bediente, telefonierte und sich zu »Power breakfasts« oder in den feinen Restaurants der Midtown zu »Power lunches« traf, indem man Papiere hin und her schob und sich zu kühnen Entscheidungen entschloß. Und Geld machte man, indem man Geschäfte eröffnete und »SALE« verkündete. Überall in der Pyramide rief es den Pilgern aus den Schaufenstern »SALE« entgegen, und jedes »SALE« versprach eine Chance, die man eigentlich ergreifen mußte, denn »SALE« – das war wie ein Schlußverkauf, nur daß er in der Pyramide dauernd stattfand und die schöne Illusion schuf, als könnte man stündlich sparen, indem man kaufte. Nach den Richtlinien, die man in der »City Hall« erarbeitet hatte, hatte das seine Ordnung, und die Pilger fanden das gut. Sie filmten auch die »City Hall«, obwohl die bei weitem nicht so imposant aussah wie einer der hohen Türme, und dann hatten sie Glück, der Bürgermeister kam aus der City Hall, so daß sie auch ihn filmen konnten, und dann staunten die Pilger, denn der Bürgermeister war schwarz. Er war nicht richtig schwarz, sondern nur so gebräunt, wie auch ein Weißer aussehen konnte, wenn er ein paar Wochen in Florida oder auf den Bahamas verbracht hatte, aber er galt als Schwarzer, und die Pilger priesen die Toleranz der überwiegend weißen Pyramide, die einen Schwarzen zum Bürgermeister gewählt hatte, und sie wollten nichts davon wissen, daß annähernd 70 Prozent der weißen Bevölkerung gegen den schwarzen Bürgermeister gestimmt hatten. Sie filmten und staunten – ein schwarzer Bürgermeister in der größten Stadt des Landes!

Auch an diesem Tag verdient ein Schwarzer, wenn er das

Glück hatte, einen Job zu finden, 57 Prozent dessen, was ein Weißer verdient.

Was für ein glorioser Aufzug, welche Pracht! Die Pilger hatten sich an das Portal eines der großen, vornehmen Hotels begeben und bewunderten die Ankunft der Stadtelite, die sich festlich traf, um ihren Beitrag für aidskranke Kinder zu leisten. Große Namen in großen Garderoben. Juwelen blitzten im Widerschein des Kunstlichts, das die Fotografen und Kameramänner auf das unendliche Gefolge der Reichen richteten. Wunderschöne, erlesen gekleidete Frauen am Arm eher unscheinbarer Männlichkeit. Sieghaftes, auch ein wenig gönnerhaftes Lächeln von Menschen, die ihr Leben lang gesiegt hatten, und deshalb gehörten sie nun dazu: Banker, Spekulanten, Bauunternehmer. Die Pilgerinnen raunten einander die Namen der berühmtesten Modemacher zu, deren Kreationen die Schönen trugen, ganze Vermögen auf vollendeten Körpern. Die »Masters of the Universe« begrüßten sich lärmend und legten einander die Hände auf die Schultern, als wären sie Freunde. Polizei ordnete den Korso der rollenden Pracht, in der die Elite gekommen war, behende sprang das Hotelpersonal an die Wagentüren und half den Reichen und Schönen. Sie schritten lächelnd zum Cocktail, mit dem im prächtigen Ballsaal des Hotels die Festivität begann, ehe eine erlesene Folge von Gerichten serviert wurde, die kein aidskrankes Kind im Getto der Schwarzen je auch nur gesehen hatte.

Die Pilger genossen jede Sekunde dieses unvergleichlichen Aufzugs und priesen die Bereitschaft der städtischen Elite, kleine Vermögen auszugeben, um zum Segen der Aids-Kinder beim Bankett im Ballsaal dabeisein zu dürfen.

Die Bruttoeinnahmen dieses Benefizbanketts betrugen 829.000 Dollar. Der allgemeine Aufwand, insbesondere der werbliche und der für die Unterhaltung der Gäste, belief sich auf 496.000 Dollar. Das Essen kostete 67.000 Dollar. Für die Aids-Kinder blieben 72.000 Dollar.

»SALE« auch an der Lexington Avenue, überall »SALE«, die Schrifttypen, die das in den Schaufenstern verkündeten, konnten gar nicht groß und farbig und laut genug sein.

»SAVE!« forderten Plakate in den Schaufenstern auf, »SPE-CIAL PRICES« versprachen andere, »REDUCED« und »CLEARANCE SALE« wiederum andere: Niemand, so schien es, forderte für die offerierten Güter normale Preise. Alle, so sah es aus, hatten nur den Vorteil des Kunden im Sinn, wollten ihn beschenken und sich selbst um den Profit bringen. Die Pilger wanden sich über die Bürgersteige der Lexington Avenue, auf denen es aussah, als hätte sich ganz Manhattan auf ihnen versammelt. Sie konnten kaum einen Schritt gehen, ohne auf den menschlichen Gegenverkehr zu achten, der sich rücksichtslos seine Bahn durch die Massen brach und Rempeleien nicht entschuldigte. Warum war so viel Freudlosigkeit auf den Gesichtern der Passanten, da sie doch das Glück hatten, in der Pyramide leben zu dürfen, wonach sich viele Millionen Menschen in allen Teilen der Welt sehnten? Weshalb blickte der junge Schwarze so feindselig, obwohl doch die meisten Weißen an ihm vorbeisahen? Und weshalb sagte der junge weiße Mann »Fuck you«, obwohl doch die etwas heruntergekommene Frau, die sitzend an einer Hausmauer lehnte, ihm nur mit einer müden Geste der Aussichtslosigkeit die verschmutzte Hand hinstreckte? Und wie erklärte sich der Schmutz auf der Straße, der achtlos fortgeworfene Müll des allenthalben lärmend forcierten Konsums? Und die Bösartigkeit der Autofahrer, die auch auf der Lexington Avenue nicht vorankamen und dauernd hupten und fluchten – wie erklärte sie sich?

Die Pilger schüttelten abermals staunend die Köpfe, und dann erreichten sie wieder einen Turm, der in den Himmel ragte, aber dieser war von ganz besonderer Art, und deshalb filmten sie ihn von oben nach unten, ganz langsam ließen sie den gigantischen Koloß Revue passieren, und ganz unten sparte der Koloß ein kleines Plätzchen aus, und dort, tief unter den Menschen, die oben am Blutstrom der Pyramide pumpten, duckte sich eine menschenleere Kirche, denn Gott war hier Aftermieter, und die Ehre der Höhe gebührte einem anderen.

Heyne Sachbuch

Interessante Themen
Kompetente Autoren

PETER SCHOLL-LATOUR
Der Tod im Reisfeld
Dreißig Jahre Krieg in Indochina
Neuausgabe

19/44

GERHARD KONZELMANN
Die Araber

19/21

Erwin Wickert
CHINA
von innen gesehen

19/4

ULI FRANZ
Deng Xiaoping
EINE BIOGRAPHIE

19/50

Hans Kirchmann
HIROHITO
»JAPANS LETZTER KAISER«
DER TENNO

19/76

WALTER HANF
CASTROS REVOLUTION
DER WEG CUBAS SEIT 1959

19/12

Wilhelm Heyne Verlag München